Jay E. Adams

Befreiende Seelsorge

Theorie und Praxis einer biblischen Lebensberatung

W0372232

BRUNNEN-VERLAG GMBH · GIESSEN UND BASEL

Titel der amerikanischen Originalausgabe:
„Competent to Counsel", Presbyterian and Reformed Publishing Company,
Nutley, N. J.
© 1970 by Jay E. Adams
Aus dem Amerikanischen von Heinrich Burckhardt und Rudolf Heinzer

1. Auflage Oktober 1972

2. Auflage September 1973

Umschlag: Erich Augstein
© 1972 by Brunnen-Verlag, Gießen
Gesamtherstellung: Buch- u. Offsetdruckerei H. Rathmann, Marburg a. d. L.
ISBN 3 7655 0280 4

Inhalt

Einleitung

Es geht mir wie vielen Pfarrern: Ich habe auf der Universität nicht viel über Seelsorge gelernt. Ich begann Seelsorge zu treiben, ohne im Grunde eine Ahnung zu haben, was ich tun sollte. Die Schwierigkeiten ließen nicht lange auf sich warten.
Kurz nach der Übernahme meines ersten Pfarramts blieb nach dem Gottesdienst ein Mann zurück. Unbeholfen begann ich mit ihm zu plaudern, um herauszufinden, was er wollte. Er brach in Tränen aus, konnte aber nicht sprechen. Ich wußte nicht, was ich tun sollte. Ich war völlig hilflos. Er ging damals heim, ohne sein Herz ausgeschüttet und ohne echte Hilfe von seinem Pfarrer erhalten zu haben. Knapp einen Monat später starb er. Heute vermute ich, daß sein Arzt ihn über seinen bevorstehenden Tod informiert hatte und daß dieser Mann bei mir Beistand suchte. Ich hatte ihm gegenüber versagt. Damals begann ich, Gott um eine vollmächtige Seelsorge zu bitten.

Während meiner ersten Bemühungen, ein besserer Seelsorger zu werden, entlieh, kaufte und verschlang ich so viele der neueren Bücher über Seelsorge, wie ich nur konnte, fand aber nur wenig Hilfe darin. Fast alle empfahlen Methoden, die auf den Prinzipien von Rogers oder Freud aufgebaut waren. Mit einem unguten Gefühl versuchte ich in die Praxis umzusetzen, was ich gelesen hatte. Es behagte mir nicht, daß ich als Christ und Pfarrer das, was Sünde zu sein schien, „Krankheit" nennen sollte. Ich fand es lächerlich, zu nicken und zustimmend zu brummen, ohne biblische Richtlinien anzubieten.
Es zeigte sich bald, daß ich auf diese Weise kaum jemandem helfen konnte und daß ich wertvolle Zeit verschwendete. Dazu kam, daß ein großer Teil der Ratschläge in den Lehrbüchern aus vagen Verallgemeinerungen bestand, die in konkreten Seelsorgefällen praktisch wertlos waren. Viele Interpretationen von Fällen, die in der Fachliteratur aufgeführt wurden, klangen phantastisch oder absurd. Noch schlimmer war, daß eine Anzahl von Autoren offen bekannte, daß sie selbst nur wenigen Hilfesuchenden hatten helfen können, trotz

regelmäßiger Behandlungen, die sich über viele Monate oder sogar Jahre erstreckt hatten. Wie sollte ich da von meiner Arbeit viel erwarten können? Woher sollte ein vielbeschäftigter Pfarrer die Zeit nehmen für derart ausgedehnte Seelsorge? Hieß das „die Zeit auskaufen" (Eph. 5, 16)? Konnte ich so jemals das Rüstzeug für die Seelsorge erwerben?

Bald war ich gänzlich ernüchtert und begann, Ratsuchende mit ernsten Problemen an Psychotherapeuten oder Nervenkliniken zu verweisen, wie es allgemein üblich war. Das wurde einem ja auch in den Büchern empfohlen. Die von der *Mental Health Association* herausgegebenen Bücher und Broschüren warnten eindringlich davor, jemand seelsorgerlich zu beraten, dessen Schwierigkeiten das Ausmaß eines „psychischen Kratzers" überstiegen. Den Lesern wurde vor Augen gestellt, welchen Schaden sie anrichten könnten, wenn sie solche Ratsuchende nicht an „Fachleute" verweisen würden. Diese im großen und ganzen bequeme Lösung befriedigte schon deshalb nicht, weil die überwiesenen Leute oft in schlimmerem oder zumindest nicht besserem Zustand zurückkamen. Und zudem waren sie verwirrt durch die Ratschläge, die ihnen von Psychiatern gegeben worden waren, die nicht viel vom Christentum hielten. Wie konnte man das rechtfertigen?[1]
Als ich mich in Praktischer Theologie weiterbildete, benutzte ich die Gelegenheit, mich für einen Kurs einzuschreiben, der von einem Psychiater einer großen Universitätsklinik gegeben wurde. Hier erwartete ich nun die wahre innere Erleuchtung. Am Ende des zweiten Semesters jedoch war ich überzeugt, daß der Dozent nicht mehr von der Seelsorge verstand als die Männer in seinem Hörsaal (fast alle waren Pfarrer) — und wir waren ratlos.

Zugegeben, er hatte ein umfassendes Wissen über die Lehren Freuds, die er uns auch eifrig beizubringen versuchte. Wenn er jeweils unsere Berichte von Seelsorgegesprächen kritisierte, die wir in die Vorlesung

[1] Diese Anweisungen betrafen immer, wie es schien, Werte und Maßstäbe, für die ein Pfarrer eher zuständig gewesen wäre. Treffend bemerkt Raymond Meyers: „Der Psalmist des ersten Psalms nennt den Mann glücklich, der nicht nach dem Rat der Gottlosen lebt. Aber weil die christliche Kirche es versäumt hat, diesen guten, weisen Rat weiterzugeben, sind die Menschen gezwungen, zu denen zu gehen, die gottlos sind, um Lösungen für ihre Probleme zu suchen." Dann stellt er die wichtige Frage: „Haben wir Angst, unser Herr könnte mit unseren menschlichen Problemen nicht fertig werden?" (*Pastoral Counseling*, Lake Luzerne, N.Y., o. J., S. 4.)

einbrachten, verordnete er als Heilmittel jede Menge Freud. Doch meistens erwiesen sich seine „Einsichten" als unzutreffend, und seine besten Ratschläge waren unbrauchbar, wenn man sie in die Praxis umsetzen wollte.

Allmählich schlitterte ich in eine „Aufs-Geratewohl-Seelsorge" hinein, die darin bestand, daß ich biblische Ermahnungen anwandte, die ich gerade im Gedächtnis hatte. Erstaunlicherweise war ich erfolgreicher denn je. Alter und Erfahrung mögen natürlich auch dazu beigetragen haben. Jedenfalls wurde deutlich: Je ungeschminkter ich den Leuten erklärte, was Gott von ihnen verlangte, desto mehr wurde ihnen wirklich geholfen. Nachdem sie sündiges Verhalten in ihrem Leben erkannt, bekannt und sich davon abgewendet hatten, erklärte ich im Detail die biblischen Verhaltensweisen und hielt die Leute an, sich verbindlich daran zu halten. Dieses Vorgehen schien Erleichterung zu schaffen und Resultate zu zeitigen.

Als Pfarrer schien mir wichtig zu sein, mit den Leuten offen zu reden und die Schwierigkeiten durchzusprechen, bevor sie so groß wurden, daß sie nicht mehr zu meistern waren. Die Stellen bei Matthäus unterstreichen das: „Wenn du nun deine Opfergabe zum Altar bringst und dort eingedenk wirst, daß dein Bruder etwas gegen dich hat, so laß deine Gabe dort vor dem Altar und geh zuerst hin und versöhne dich mit deinem Bruder, und dann komm und bring deine Gabe dar!" (Matth. 5, 23—24.)

„Wenn aber dein Bruder sündigt, so geh hin und weise ihn zurecht unter vier Augen! Hört er auf dich, so hast du deinen Bruder gewonnen. Hört er dagegen nicht, so nimm noch einen oder zwei mit dir, damit jede Sache auf Aussage von zwei oder drei Zeugen beruhe. Wenn er jedoch nicht auf sie hört, so sage es der Gemeinde! Wenn er aber auch auf die Gemeinde nicht hört, so sei er dir wie der Heide und Zöllner! Wahrlich, ich sage euch: Was ihr auf Erden binden werdet, das wird im Himmel gebunden sein, und was ihr auf Erden lösen werdet, das wird im Himmel gelöst sein." (Matth. 18, 15—18.)

Als ich die ersten Erfolge sah, gab ich meine Erfahrungen an andere weiter und erlebte, wie sie andern Menschen sogar noch besser helfen konnten. Aber meine Erfahrungen und Methoden entwickelten sich in unsystematischer Weise, die Zielsetzung blieb unklar, und ich war noch immer ein sehr unbeholfener Seelsorger.

Auf unerwartete Weise wurde ich dann gezwungen, das ganze Problem viel entschiedener anzugehen. Man bot mir am *Westminster*

Theological Seminary einen Lehrstuhl für Praktische Theologie an. Eine Vorlesung über Poimenik (die „Hirtenarbeit" des Pfarrers) gehörte zu meinem Lehrauftrag. Man erwartete von mir, daß ich im Rahmen dieser Vorlesung die Grundbegriffe der Seelsorge lehrte. Ich hatte weniger als ein Jahr Zeit, das Problem zu durchdenken und meine Vorlesungen vorzubereiten. Wo sollte ich anfangen? In meiner Verzweiflung begann ich, Auslegungen von jedem Bibeltext zu machen, der mir eine Beziehung zu diesem Thema zu haben schien. Bald merkte ich, daß ich mir eine Riesenaufgabe aufgeladen hatte.

Ich entdeckte, daß die Bibel viel aussagt über die Beratung von Menschen mit persönlichen Nöten. Schwierige Fragen tauchten auf, zum Beispiel, wie Besessenheit und Wahnsinn sich zueinander verhalten. Ich fing an, nach dem ursächlichen Zusammenhang von persönlicher Schuld und seelischen Störungen zu forschen, wovon offenbar in den Psalmen 31, 38 und 51 die Rede ist. Ferner scheint Jakobus zu bestätigen, wie wichtig sowohl das Sündenbekenntnis als auch die ärztliche Behandlung bei gewissen körperlichen Krankheiten ist: „Ist jemand unter euch krank, so lasse er die Ältesten der Gemeinde zu sich rufen, und sie sollen ihn mit Öl salben im Namen des Herrn und über ihm beten! Das Gebet des Glaubens wird den Kranken retten, und der Herr wird ihn aufstehen lassen, und wenn er Sünden getan hat, wird ihm vergeben werden. So bekennt nun einander die Sünden und betet füreinander, damit ihr gesund werdet!" (Jak. 5, 14—16.)

Ich fragte mich: Wenn zuweilen sündiges Verhalten für körperliche Leiden verantwortlich gemacht werden kann, wie Jakobus darlegt, könnte nicht auch ein gleicher Zusammenhang zwischen seelischer Störung und sündigem Verhalten bestehen? Diese Jakobusstelle brachte mich dazu, die Verantwortung des *Pfarrers* gegenüber den sogenannten seelisch Kranken neu zu überdenken.

Jakobus scheint zu sagen, man solle den Kranken zumindest bitten, sich zu überlegen, ob nicht einige der Schwierigkeiten von unvergebener Schuld herrühren könnten. Tatsächlich lautete die Frage dann bald: Schreibt Jakobus hier nicht ausdrücklich über psychosomatische Krankheit?

Einige Zeit später überraschte ich mich bei der Frage: Sind einige Erscheinungen, die man „seelische Krankheiten" nennt, überhaupt Krankheiten? Diese Frage drängte sich auf, da die Bibel Homosexualität und Alkoholismus als Sünden darstellt, während ein Großteil der Fachliteratur sie als „Leiden“ oder „Krankheiten“ bezeichnete.

Da ich nun den biblischen Standpunkt als den richtigen betrachtete, mußte ich folgern, daß die Auffassung der *Mental Health*-Bewegung irreführend war. Sie nahm dem Menschen die Verantwortung ab, indem sie die Ursache seines Alkoholismus oder seiner Homosexualität in der Körperbeschaffenheit oder in sozialen Faktoren suchte, über die er selber keine Kontrolle hat. Die Bibel sagt jedoch, daß die Ursache dieser Probleme in der Verdorbenheit der gefallenen menschlichen Natur liegt. Das ist eine klare Aussage.

Es war nur natürlich, diesen Gedanken weiterzudenken. Die Frage drängte sich auf, ob auch andere Probleme wie Depressionen, Neurosen oder gar Psychosen zu Unrecht in der Literatur als „Krankheiten“ klassifiziert wurden.

Als diese „psychiatrische Ketzerei“ in meinen Gedanken Gestalt anzunehmen begann, kam mir der Name eines Mannes in den Sinn, dessen Bücher ein Psychologe mir einmal empfohlen hatte: O. Hobart Mowrer.

Ich las einige seiner Bücher, darunter *The Crisis in Psychiatry and Religion* und *The New Group Therapy*, die neu erschienen waren. Diese Bücher verblüfften mich. Mowrer war viel weiter gegangen als ich. Er bestritt der traditionellen Psychiatrie sogar die Daseinsberechtigung. Er sagte unverblümt, daß seiner Meinung nach die allgemein verbreiteten Dogmen der Psychiatrie falsch seien, und er wies überzeugend nach, daß die Psychiatrie im großen ganzen versagt hatte.

Ich korrespondierte mit Mowrer über gewisse Fragen, worauf er mich einlud, an seinem *Eli-Lilly*-Arbeitsprogramm an der Universität des Staates Illinois teilzunehmen, wo er einen Lehrstuhl für psychologische Forschung innehatte. Ich folgte der Einladung und arbeitete während eines Sommers unter Mowrer. Es war eine unvergeßliche Erfahrung, für die ich immer dankbar sein werde. Alles andere liegenzulassen, mich für zwei Monate ganz auf die Frage der Seelsorge zu konzentrieren, war genau das, was ich brauchte.

Im Sommer 1965 arbeiteten wir in zwei staatlichen Nervenkliniken in Kankakee und Galesburg, Illinois. Zusammen mit Mowrer leiteten wir täglich sieben Stunden lang Therapiegruppen.[2] Von Montag bis

---

[2] Das war meine erste Begegnung mit Gruppentherapie. Ich bin heute zu dem Schluß gekommen, daß diese Art von Gruppenarbeit von der Bibel her nicht zu begründen ist und sich schädlich auswirkt.

Freitag waren fünf Studenten, Mowrer und ich beim Fliegen, Autofahren und Essen, bei der Therapie und den Diskussionen zusammen. Ich lernte viel während dieser Zeit, und obschon ich mich heute nicht als Anhänger der Mowrer-Schule betrachten kann, habe ich den Eindruck, daß dieses Sommerprogramm einen Wendepunkt in meinem Denken darstellte.

In jenen Nervenkliniken sahen wir, wie Menschen, denen man das Etikett „neurotisch", „psychoneurotisch" oder „psychotisch" angehängt hatte, mit Mowrers Methoden geholfen wurde. Diese bestanden vor allem darin, daß die Personen ihr anomales Verhalten bekannten und die persönliche Verantwortung dafür übernahmen.

Mowrers zentraler Ansatzpunkt war das Verantwortungsbewußtsein. Wenn Leute andern gegenüber Fehler begangen hatten, forderte er sie auf, dies den Betreffenden zu bekennen (nicht etwa Gott!) und dort wiedergutzumachen, wo es noch möglich war. Mowrer ist kein Christ; er glaubt auch nicht an Gott, und das Thema „Humanismus" war den ganzen Sommer über im Mittelpunkt unserer Debatten.

Während jener Zeit studierte ich die biblischen Grundlagen zum Thema Seelsorge, besonders die Aussagen über das Gewissen. Die Erfahrungen jenes Sommers ließen einige feste Überzeugungen in mir wachsen. Zunächst einmal fand ich bei den meisten Patienten heraus, weshalb sie überhaupt in einer Nervenklinik waren. Da wir sehr viel Zeit mit solchen Menschen verbrachten, lernten wir sie wirklich kennen und verstehen.

Ein Teil der Insassen der beiden Anstalten in Illinois war dort, weil sie organische Schäden, zum Beispiel Gehirnschäden, hatten, die andern aber, weil sie an den Problemen des Lebens gescheitert waren. Einfach ausgedrückt: Sie waren dort, weil ihr sündiges Verhalten nicht vergeben und nicht geändert worden war.

Dann aber verwies mich die ganze Erfahrung zurück an die Bibel, und ich fragte erneut: Was sagt die Bibel über solche Leute und über die Lösung ihrer Probleme?

Wie schon erwähnt, hatte mich Mowrers Buch *The Crisis in Psychiatry and Religion* aufgerüttelt. Mowrer, der in Anerkennung seiner bahnbrechenden Forschungen auf dem Gebiet der Lernpsychologie mit der Präsidentschaft der Amerikanischen Psychologischen Gesellschaft *(American Psychological Association)* geehrt worden war, greift in diesem Buch die gesamte Psychiatrie an. Er zeigt ihr Versagen auf und versucht, ihre Freudschen Voraussetzungen zu widerlegen. Ebenso deutlich fordert er aber auch die Christenheit heraus. Er fragt: „Hat die evangelische Theologie ihr Erstgeburtsrecht für eine psychologische Wassersuppe verkauft?“[3]

In diesem Buch wendet sich Mowrer vor allem gegen die Grundvorstellung aus der Medizin, von der die derzeitige Auffassung von Geistes*krankheit* abgeleitet ist.[4] Er zeigt, wie diese dem Hilfesuchenden jede Verantwortung abnimmt.

Da einer ja nicht getadelt werden kann, wenn ihn eine Grippe erwischt, behandelt ihn seine Familie mit wohlwollendem Verständnis und Nachsicht. Man weiß, daß er nichts für seine Krankheit kann. Er ist von außen befallen worden. Dazu kommt, daß er, hilflos wie er ist, sich auf Fachleute verlassen muß, die ihm zur Besserung verhelfen können.

Mit Recht behauptet Mowrer, daß dieser medizinische Krankheitsbegriff in der Psychotherapie jedes persönliche Verantwortungsbewußtsein aufhebt. Aus dieser Haltung heraus entwickelte sich jedoch die Psychoanalyse, deren Ziel es ist, die Vergangenheit zu durchforschen, um die andern herauszufinden, denen man die Schuld zuschieben kann (Eltern, Kirche, Gesellschaft usw.). Die Therapie besteht dann darin, daß man Partei ergreift gegen das zu strikte Über-Ich (Gewissen), das von den andern in das „arme, kranke Opfer“ hineinsuggeriert worden ist.

Im Gegensatz dazu fordert Mowrer volle Verantwortlichkeit. Er sagt, daß die Probleme des „Patienten“ nicht in den Bereich der Medizin, sondern der Moral gehören. Es ist echte Schuld, nicht Schuldgefühle (falsche Schuld), die dem Menschen zu schaffen macht. Der Grund der Störung liegt nicht ursächlich im Gemüt, sondern im Verhalten. Der Mensch ist nicht das *Opfer* des fehlgesteuerten Gewissens, sondern er selber ist es, der es verletzt hat. Er muß aufhören, den andern die Schuld in die Schuhe zu schieben und anfangen, für sein eigenes Fehlverhalten Verantwortung zu übernehmen. Die Probleme können ge-

---

[3] O. Hobart Mowrer: *The Crisis in Psychiatry and Religion* (Psychiatrie und Religion in der Krise), Van Nostrand Company, Princeton, 1961, S. 60.

[4] Das neueste Buch, das die medizinische Analogie angreift, ist Ronald Leifers *In the Name of Mental Health* (Science House, New York, 1969). Dieses Buch ist in mancher Hinsicht besser als das von Thomas Szasz: *The Myth of Mental Illness.*

löst werden, aber nicht dadurch, daß man die Gefühle untersucht, sondern seine Schuld bekennt.[5]
Als wir uns mit den Menschen in Kankakee und Galesburg eingehend befaßten, sahen wir erstaunlich oft, daß sie sich selbst das Hauptproblem waren. Andere Menschen (Großeltern usw.) rückten in den Hintergrund; sie selbst waren sich die schlimmsten Feinde. Sie hatten mit ungedeckten Schecks bezahlt, waren in Unsittlichkeit verstrickt, andere hatten bei der Einkommensteuer betrogen usw. Viele hatten sich in die Anstalt geflüchtet, um den Konsequenzen ihres Fehlverhaltens zu entrinnen. Andere wollten einfach der Verantwortung ausweichen, schwierige Entscheidungen fällen zu müssen. Wir sahen, wie es Menschen sehr schnell wieder besser ging, wenn sie solche Dinge in Ordnung gebracht hatten. Es war offensichtlich, daß Mowrer sogar mit humanistischen Methoden in wenigen Wochen erreichen konnte, was die Psychotherapie in vielen Fällen über Jahre vergebens versucht hatte.
Ich kehrte heim, Mowrer zutiefst verpflichtet dafür, daß er mich indirekt zu der Einsicht geführt hatte, die ich als Pfarrer schon immer hätte haben müssen, nämlich, daß „seelisch Kranke" Menschen sind, denen man helfen kann, wenn man die Anweisungen der Bibel auf ihre praktische Situation anwendet. Dies habe ich seither versucht.

Ich möchte noch etwas anfügen über mein Verhältnis zu Mowrer. Ein für allemal soll hier klargestellt sein, daß ich weder ein Schüler Mowrers noch William Glassers bin (ein Autor in der Tradition Mowrers, der durch sein Buch *Reality Therapy* berühmt geworden ist. Dieses Buch hat Mowrers Behauptungen in einem anderen Kontext bestätigt.[6]). Ich bin von beiden weit entfernt. Ihre Systeme stehen und fallen mit dem Menschen. Mowrer und Glasser ignorieren das

[5] Die theologischen Begriffe in Mowrers Büchern muß man erst „übersetzen". Er definiert Begriffe wie „Sünde" und „Bekennen" auf humanistische Weise. Er hat mir einmal gesagt, daß die Bibel schon recht wäre, wenn man die vertikale Dimension aus ihr entfernen könnte. Dr. Caroll R. Stegalls Eintreten für Mowrer: „Dr. Mowrer weiß wenigstens, woher die Hilfe kommt — von Gott" (*The Reformed Presbyterian Reporter*, Februar 1967) ist ein typisches Beispiel dafür, wie naiv oft Christen Mowrer einfach übernehmen.

[6] William Glasser: *Reality Therapy: A New Approach to Psychiatry* (Harper and Row, New York, 1965). Dieses Buch berichtet über Glassers Arbeit an der Ventura-Schule für Mädchen, Ventura, Kalifornien, und über die Versuche von G. L. Harrington und William Mainord. Das Vorwort ist von O. H. Mowrer.

grundlegende Verhältnis des Menschen zu Gott durch Christus, sie lassen das Gesetz Gottes außer acht und kennen die Kraft des Heiligen Geistes in Wiedergeburt und Heiligung nicht. Als Christen müssen wir ihre Grundvoraussetzungen zurückweisen. Wir danken Gott, daß er in seiner Voraussicht Mowrer und andere gebraucht hat, um uns die Tatsache wieder bewußt werden zu lassen, daß den „seelisch Kranken" geholfen werden kann. Christen jedoch müssen sich an die Bibel wenden, um herauszufinden, wie dies zu geschehen hat.

Alle Entwürfe, Begriffe und Methoden, die wir in der Seelsorge verwenden, müssen von der Bibel her neu überprüft werden. Es kann nichts aus der Vergangenheit (oder Gegenwart) ohne biblische Grundlage übernommen werden.

Eine biblische Seelsorge entsteht nicht dadurch, daß man der Bibel Mowrers oder Glassers (oder den eigenen) Stempel aufdrückt. Mowrer und Glasser haben uns gezeigt, daß viele der alten Ansichten falsch sind. Sie haben Freuds Abneigung gegen Verantwortung aufgedeckt und uns herausgefordert (wenn wir ihre Bücher als Christen lesen), die Antworten in der Bibel zu suchen. Aber sie haben nicht das Problem der Verantwortlichkeit gelöst. Die Verantwortung, für die sie eintreten, ist eine relative, wechselnde, menschliche, eine nichtchristliche Verantwortung, die genauso abgelehnt werden muß wie die Verantwortungslosigkeit Freuds und Rogers'. Im besten Fall stützt sich die Verantwortung, wie sie Mowrer sieht, auf die Meinung der Mehrzahl. Aber die öffentliche Moral ändert sich; und wenn man Mowrer in die Enge treibt mit der Frage, wer denn nun zu sagen habe, was das Beste sei, gleitet er in Subjektivismus ab, der darauf hinausläuft: jedes Individuum sei sich selbst Maßstab. Es gibt aber keinen Maßstab außer der von Gott gegebenen objektiven Norm, wie sie in der Bibel festgelegt ist. Tweedie hat deshalb recht, wenn er Mowrers vorgeschlagene Lösung zum Problem der Sünde als einen zwar „scharfsinnigen", aber fehlgeschlagenen Versuch ablehnt.[7]

In den folgenden Jahren war ich völlig in Anspruch genommen von der Aufgabe, eine biblische Seelsorge zu entwickeln. Und ich glaube eine Reihe von wichtigen biblischen Prinzipien gefunden zu haben. Es ist erstaunlich, wieviel die Bibel über Seelsorge aussagt, und wie aktuell ihre Beiträge dazu sind.

---

[7] Donald F. Tweedie Jr: *The Christian and the Couch* (Baker Book House, Grand Rapids Michigan, 1963, S. 109).

Die Schrift hat sich mir als völlig vertrauenswürdiger Führer für den Umgang mit Menschen erwiesen. Aufsehenerregende Resultate stellten sich ein; Ergebnisse, die weit dramatischer waren als jene, die ich in Illinois miterlebt hatte. Nicht nur momentane Probleme konnten gelöst werden, sondern es haben sich auch Lösungen für langfristige Schwierigkeiten gezeigt. Unsere Arbeit ist klar evangelistisch ausgerichtet, und so kam es auch zu Bekehrungen in der Seelsorge.

Vielleicht denkt mancher: Das klingt nicht schlecht, aber das alles ist schon dagewesen, und immer läuft es auf den alten Eklektizismus mit christlichem Mäntelchen hinaus. Ich bin mir dieser Versuchung durchaus bewußt, und es ist ständig mein Bestreben, ihr nicht zu verfallen. Eine Broschüre mit dem Titel *Some Help for the Anxious* (Hilfe für Ängstliche) ist ein warnendes Beispiel jener Art von Anpassung und Eklektizismus, die abgelehnt werden muß.[8] Auf Seite 3 stellt der Autor fest, daß die Schüler Freuds Angst als Resultat innerer Konflikte betrachten. Dann erwähnt er eine zweite Schule der Psychiatrie, die die Ansicht vertritt, daß Angst aus zwischenmenschlichen Problemen stamme. Die Hauptvertreter seien Karen Horney, Erich Fromm und Harry S. Sullivan. Horney behauptet, ein Gefühl der Unsicherheit bilde den Grund für die Angst. Fromm dagegen glaubt, daß das Ziel des Lebens im Finden von „Sinn" bestehe. Sullivan lehrt, daß Angst von Störungen im Verhältnis zu andern Menschen herrühre. Nachdem der Autor die zweite Schule in diese drei Segmente aufgeteilt hat, führt er noch eine dritte Schule auf, die existentialistisches Denken widerspiegle. In diese Kategorie plaziert er Ludwig Binswanger und Rollo May. Dann stellt er auch deren Ansichten noch dar und schließt auf Seite 5: „Um zusammenzufassen: Angst entsteht durch Bedrohungen von innen oder von außen. Angst kann aus der Vergangenheit, Gegenwart oder Zukunft kommen. In der Vergangenheit haben wir Erinnerungen, Erfahrungen und ungelöste Konflikte, die Angst hervorrufen können. In der Gegenwart haben wir Rechnungen, Termine, Arbeit, Prüfungen und Verhältnisse zu andern Menschen, die Angst bewirken. Und wenn wir in die Zukunft schauen, wird unsere Angst geweckt durch die Sinnlosigkeit und durch das Wissen um den Tod, der das Leben noch sinnloser erscheinen läßt."
Dieser Autor hat also die Vorstellungen all dieser verschiedenen Psychologen zusammengefaßt und angenommen, daß jeder recht hat mit seinen Lehrmeinungen, obschon diese sich oft widersprechen.

[8] Merville O. Vincent: *Some Help for the Anxious*, Broschüre, o. J.

In dieser Schrift wird das Christentum interpretiert als das, was der Mensch nötig hat gemäß den Diagnosen von Freud, Horney, Sullivan und anderen. Auf Seite 10 steht zum Beispiel: „Was wir nötig haben, sind drastische Veränderungen von innen. Mir scheint, daß Christus und Freud den Urzustand des Menschen gleich beurteilen." Das ist eine ungeheuerliche Vereinfachung, die zeigt, daß der Autor entweder Freud oder Christus oder beide mißverstanden hat.

Wir müssen uns gegen die christliche Bemäntelung rein weltlicher Lehren über den Menschen zur Wehr setzen. Die Seelsorge ist heute leider weitgehend von ihnen geprägt. Christen sollten diese Lehren durchschauen und deren grundsätzlich unchristliche Voraussetzungen sehen.[9]

Meine Schlußfolgerungen sind nicht von wissenschaftlichen Ergebnissen abgeleitet. Meine Methode geht von folgenden Voraussetzungen aus: Ich akzeptiere die Bibel als voll vertrauenswürdigen Maßstab für Glauben und Handeln. Die Bibel ist also die Basis, und sie enthält die Kriterien, die ich den Urteilen in diesem Buch zugrunde lege.[10]

Zwei Dinge seien noch festgehalten. Erstens: Ich bin mir voll bewußt daß meine Interpretation biblischer Texte und deren Anwendung be. Beratungen nicht unfehlbar sind. Zweitens: Ich habe nicht die Absicht, Ergebnisse wissenschaftlicher Forschung zu mißachten. Sie sind mir im Gegenteil willkommen als Ergänzung und Illustration. Sie stellen auch falsche, menschliche Interpretation der Bibel in Frage und zwingen den Christen zu genauem Schriftstudium. Auf dem Gebiet der Psychiatrie hat jedoch die Wissenschaft leider zu einem beträchtlichen Teil humanistischem Philosophieren und plumpen Spekulationen weichen müssen.[11]

---

[9] Dr. C. Van Til (Westminster Theological Seminary) hat gezeigt, wie wichtig das Studium der Voraussetzungen ist. Er hat klar gezeigt, daß im Grunde alle nichtchristlichen Systeme Autonomie für den Menschen verlangen und damit Gott zu entthronen versuchen.

[10] Der Leser wird feststellen, daß die Beispiele nicht als Beweismaterial gebraucht werden, sondern nur zur Illustration. Dieses Material soll nicht biblische Positionen bestätigen oder beweisen (Gottes Wort braucht keine menschliche Unterstützung); ich habe es vielmehr zum Illustrieren, Konkretisieren und Erläutern gebraucht.

[11] Lewis Gordon Sherrill schrieb in *Guilt and Redemption* (John Knox Press, Richmond, o. J.): „Die verschiedenen psychologischen Richtungen sind — genau wie jedes theologische System — voll von Dogmen. Wenn man ‚Dogma' so definiert, daß es eine Behauptung ist, die ohne Begründung durch nach-

Um einen umfassenden und brauchbaren Arbeitsplan biblischer Seelsorge zu entwerfen, muß noch viel Arbeit geleistet werden; in diesem Buch skizzierte ich einige Grundzüge dazu.

---

prüfbare Beweise aufgestellt wird ... dann sind sich Theologie und Psychologie gleich, und keine ist berechtigt, die andere anzuschwärzen." (S. 15.)
Der entscheidende Unterschied ist jedoch, daß christliche Theologen bereit sind, zuzugeben, daß ihr Glaube auf unbeweisbaren Voraussetzungen beruht, während Psychiatern diese Bereitschaft oft abgeht. Erich Fromm ist eine bemerkenswerte Ausnahme. Zum Beispiel stellt er fest, daß Freud über das Aufgabengebiet der Medizin hinausging, wenn er eingesteht, daß „die Psychologie das Studium der Menschenseele sei, um die Grundlage für die Lebenskunst und die Erlangung von Glücksgefühl" zu erlangen (*Psychoanalyse und Religion,* Diana-Verlag, Zürich, 1966, S. 15).
Masur mag recht haben, wenn er sagt, daß die „Psychoanalyse eine Ersatzreligion für die Mittelklasse geworden ist". Er fährt fort: „Die Analyse ist von Zeremonien und Ritualen begleitet, die einem religiösen Ritus ähnlich sind. Ihre Lehrsätze, die sicher diskutabel sind, werden wie Glaubensartikel wiederholt (G. Masur, *Prophets of Yesterday,* The Macmillan Co., New York, 1961, S. 311). Percival Bailey erklärt: „Viele von Freuds psychologischen Schriften sind keine wissenschaftlichen Abhandlungen, sondern Träumereien." (Percival Bailey: „The Great Psychiatric Revolution" in *Morality and Mental Health,* O. H. Mowrer Hrsg., Rand McNally Co., Chicago, 1966, S. 53.)

1. Christentum und Psychiatrie heute[1]

Vor etwa zwanzig Jahren, am ersten Tag einer einleitenden Vorlesung über Psychologie an der John-Hopkins-Universität, saß der Professor auf seinem Pult und las schweigend die Morgenzeitung. Er schien das Läuten der Glocke nicht zu bemerken. Schließlich begann er, die Schlagzeilen der Titelseite vorzulesen: schwierige Weltprobleme, Verbrechen, von Menschen an ihren Mitmenschen begangen, kurz, die typische, sensationell aufgemachte Titelseite einer Tageszeitung. Dann blickte er auf und sagte: „Die Welt ist verrückt." Den Rest der Stunde verbrachte er damit, uns auseinanderzusetzen, daß die Psychologie die einzige Hoffnung für die Welt sei, das Durcheinander wieder in Ordnung zu bringen.
Aber die Schlagzeilen sind inzwischen nicht anders geworden, die Verbrechen nehmen zu, unsere Straßen sind unsicher geworden, Krawalle beunruhigen die Städte, und die Nervenkliniken sind, trotz Beruhigungspillen, übervoll. Ja, die Psychiatrie, dieses illegitime Kind der Psychologie, die früher die grandiosesten Versprechungen gemacht hat, steckt selbst in ernsten Schwierigkeiten.

Psychiatrie in Verlegenheit

Hervorragende Psychiater sind desillusioniert. Im Jahre 1955 führte die Amerikanische Psychiatrische Gesellschaft *(American Psychiatric Association)* einen Kongreß durch unter dem Thema „Fortschritt in der Psychiatrie". In den veröffentlichten Beiträgen finden wir Feststellungen wie diese: „Heute ist die Psychotherapie in einem Zustand der Verwirrung, der der Situation vor zweihundert Jahren gleichkommt."[2] Ein Jahr später sagte Percival Bailey in einem Vortrag vor

---

[1] Der Autor beschreibt die Lage in den USA. Natürlich bestehen wesentliche Unterschiede zwischen der Situation in den USA und derjenigen in Westeuropa. Das Hauptargument dieses Kapitels scheint uns aber auch für den deutschen Sprachraum gültig zu sein. (Anm. d. Übers.)

[2] G. Zilboorg, in O. H. Mowrer (Hrsg.): *The Crisis in Psychiatry and Religion* (Van Nostrand, Princeton, 1961, S. 3).

derselben Gesellschaft: „Die große Revolution in der Psychiatrie hat wenig Probleme gelöst. Man fragt sich, wie lange die alten Irrtümer Freuds die Psychiatrie noch verfolgen werden."[3]

Auch Patienten, die nach Jahren der Analyse (die Tausende von Dollars kosteten) keine Heilung erfahren haben, fangen an, sich Gedanken über die großtuerischen Versprechungen der Psychiatrie zu machen. Einige, denen es schlechter geht als vorher, haben den Verdacht, daß viele ihrer Probleme *iatrogen* (durch ärztliche Behandlung hervorgerufen) sind. H. J. Eysenck, Dekan der Psychologischen Fakultät der Universität London, schrieb kürzlich: „Der Erfolg der Revolution Freuds schien eine ausgemachte Sache zu sein. Nur etwas ist schiefgegangen: Den Patienten geht es kein bißchen besser."[4]

Berelson und Steiner sagen in ihrem Buch *Human Behavior, An Inventory of Scientific Findings,* das eine Übersicht über den Fortschritt der Verhaltenswissenschaften unserer Zeit gibt, folgendes: „Es hat sich gezeigt, daß die Psychotherapie zur Behandlung von Neurosen und Psychosen nicht wirkungsvoller ist als eine Beratung durch einen praktischen Arzt. Die Therapie zeigt die besten Ergebnisse bei jungen Leuten mit guter Schulbildung und aus guter Familie, die nicht ernsthaft krank sind."[5]

Sogar bekannte Journalisten haben nun diese Ernüchterung in der Psychiatrie wahrgenommen. In einem Artikel im *This Week Magazine* vom 18. September 1966 mit dem Titel „Abschied von Freud" sagt Leslie Lieber:

„Die Psychotherapie, einst so verheißungsvoll, scheint heute kaum die Millionen wert zu sein, die wir jährlich dafür vergeuden. In den USA gibt es ungefähr 18 000 Psychiater, gegenüber 484 in Frankreich und etwa 1000 in Italien. Ungefähr neun Prozent davon sind Psychoanalytiker. Viele dieser Ärzte und Patienten haben angefangen, Inventur zu machen. Rechtfertigen die Resultate der Psychoanalyse diese Stunden quälender Selbstprüfung, die Jahre qualvoll sich hinziehender Untersuchungen und die etwa 25 000 Dollar, die man für eine ‚vollständige Behandlung' ausgibt? Kurz, sind die Psychiatrie und die Psychoanalyse die Millionen wert, die jährlich dafür verschleudert werden? In Wahrheit gibt es kaum einmal einen dramatischen Durchbruch und eine Heilung. Aber Tausende von Patienten, die Millionen

---

[3] Mowrer: *The Crisis . . .*, S. 132.
[4] Mowrer: *The Crisis . . .*, S. 134.
[5] In *Time Magazine,* 14. Februar 1964, S. 43.

und Abermillionen ausgegeben haben, bezweifeln, daß sie auch nur einen Deut weniger ‚neurotisch' sind als vor der mühsamen Pilgerschaft zur Praxis des Analytikers, fünfmal pro Woche, für 25 Dollar pro Sitzung."

Noch viel bedeutsamer als die fortschreitende Ernüchterung der Patienten ist die Massenabwanderung der Analytiker selbst aus der Herde der Nachfolger Freuds. Viele Ärzte stellen nun die Notwendigkeit von langwierigen Ausgrabungen aus dem Unterbewußtsein stark in Frage.[6]

Lieber fährt mit einem Zitat aus dem Vortrag von Dr. H. J. Eysenck fort: „Übersichten zeigen, daß bei zwei von drei Patienten, die mehr als 350 Stunden in der Praxis des Analytikers zubrachten, nach einigen Jahren eine gewisse Besserung festzustellen war. Ärgerlich für den Analytiker ist allerdings, daß beim selben Prozentsatz von Menschen, die ganz ohne ärztliche Betreuung oder unter der Aufsicht eines gewöhnlichen Arztes waren, ebenfalls eine Besserung festgestellt werden konnte. Übrigens hatten schon vor hundert Jahren die Irrenanstalten dieselbe Erfolgsrate: Zwei von drei Leuten erfuhren Besserung ... Den Patienten geht es mit der Zeit besser, ungeachtet dessen, was man mit ihnen macht. Natürlich interpretiert der Analytiker die Besserung, die sich einstellt, als ein Resultat seiner Behandlung. Es kümmert ihn nicht, daß andere Leute mit andern Methoden dasselbe erreichen: durch Hypnose, Elektroschock, kalte Bäder, Handauflegen, Zahnziehen, Suggestion, Placebopillen, Beichte, Gebet."

Aber Lieber ist noch nicht fertig: „Ein anderer ‚Ketzer' ist Thomas A. Szasz, Professor der Psychiatrie am *Upstate Medical Center* der Universität des Staates New York und Autor des Buches *The Ethics of Psychoanalysis.* Ich zitiere Szasz: ‚Verfechter der Psychiatrie ... verwenden diese als Deckmantel, um darunter gewisse häßliche Tatsachen zu verbergen ... Wenn wir also in der Zeitung lesen, daß der Alkoholiker oder Sexualverbrecher in psychiatrischer Behandlung sei, versichert man uns damit, daß das Problem wirksam angegangen werde, und wir gehen zur Tagesordnung über. Ich behaupte, daß wir kein Recht haben, die Verantwortung auf so billige Weise abzuschieben.'"[7]

Es steht also außer Frage, daß vieles neu überdacht werden muß. Und die Christen müßten an der Spitze derer sein, die damit anfangen.

---

[6] In *This Week Magazine*, 18. September 1966.
[7] a.a.O. S. 5.

Die Freudsche Ethik

Die Lehren Freuds waren eine der Hauptvoraussetzungen, die zum allgemeinen Zusammenbruch des Verantwortungsgefühls in der modernen amerikanischen Gesellschaft geführt haben. Freud ist es auch, der die Grundlagen zur „neuen Moral" legte.

Angeregt von Charcot, bei dem er in Frankreich studiert hatte, begann er seelische Konflikte als „Krankheiten" zu sehen. Durch ihn wurde diese Betrachtungsweise populär.[8] Vorher hatte man in der „seelisch kranken" Person eher einen Simulanten als einen Patienten gesehen.

Der Ausdruck „seelische Krankheit" förderte jedoch wirkungsvoll die Ansicht, daß seelische Probleme ebenfalls in die medizinische Kategorie gehörten. Diese Anschauungsweise hat sich so stark durchgesetzt, daß die meisten Leute in unserer Gesellschaft naiv glauben, Psychiater und Psychotherapeuten befaßten sich mit eigentlichen Krankheiten.

Ein typisches Beispiel für diese Propaganda ist Harry Milt, Informationsdirektor der amerikanischen *National Association for Mental Health,* wenn er in seiner Broschüre *How to Deal With Mental Problems* (Wie geht man mit seelischen Problemen um?) sagt: „Begegnen Sie einem seelisch Kranken mit wohlwollendem Verständnis, wie Sie dies einem körperlich Kranken entgegenbringen. Dieser braucht Ihre Nachsicht, da er ja nichts für seine Krankheit kann. Die Person mit einem seelischen Problem ist ebenfalls krank, und in den meisten Fällen kann auch sie nichts dafür."[9] Milts Auffassung ist es, daß ein „seelisch Kranker" ebensowenig Grund hat, sich seiner Krankheit zu schämen wie einer, der Windpocken oder Masern hat.

Wie sehr das heutige Denken von der Ethik Freuds beeinflußt ist, läßt sich an der Haltung erkennen, mit der man dem Verbrechen begegnet. Einige wollten die Schuld am Tod des Präsidenten John F. Kennedy eher der Stadt Dallas zuschieben als Oswald. Als Charles Whitam von einem Turm in Texas unschuldige Passanten niederschoß, sagten viele, daß die Gesellschaft die Schuld für diese Tat tragen müsse. Als ein jordanischer Einwanderer Senator Robert F. Kennedy ermordet hatte, war das Fernsehen voll von Anklagen gegen die amerikanische Öffentlichkeit. So gesehen ist der Mörder nicht mehr selbst verantwortlich für das, was er tut.

---

[8] Vgl. Thomas Szasz: *The Myth of Mental Illness* (Dell, New York, 1960).
[9] 1960, S. 2 f.

„Er konnte nichts dafür", ist seit Freud eine gängige Entschuldigung geworden. Richard T. LaPiere klagt: „Psychiater haben versucht, die Zähne des Gesetzes abzustumpfen, wenn nicht sogar auszureißen — und zwar in der eindeutig von Freud herkommenden Annahme, der Verbrecher habe so handeln müssen, und es sei unvernünftig von der Gesellschaft, ihn wegen seines asozialen Verhaltens zur Verantwortung zu ziehen."[10]

Soll Krankheit die Ursache persönlicher Probleme sein, fällt jedes Verantwortungsgefühl weg. Hier liegt die Hauptschwierigkeit. Man weiß sich nicht mehr verantwortlich für die Fehler, die man begeht. Man behauptet, die Probleme seien *allogen* (von andern verursacht) und nicht *autogen* (selbstverursacht). Anstatt für das eigene Verhalten persönliche Verantwortung zu übernehmen, beschuldigt man die Gesellschaft.[11]

Es ist nicht schwer, der Gesellschaft den Schwarzen Peter zuzuschieben; denn wenn alle verantwortlich sind, ist niemand verantwortlich. Aber auch die Gesellschaft läßt man nun laufen: Unsere Gesellschaft ist krank, sagt man. Andere wieder schieben die Schuld auf die Großmutter, die Mutter, die Kirche, einen Lehrer oder sonst jemanden ab.

Die Freudsche Psychoanalyse ist eine archäologische Expedition in die Vergangenheit, wo man nach demjenigen sucht, dem man die Schuld am Verhalten des Patienten in die Schuhe schieben kann. Ein Hauptziel ist, herauszufinden, wie andere ihm Unrecht getan haben.

Indem die Psychoanalyse entschuldigen und die Schuld abschieben will, wird sie selber Teil des Problems, das sie lösen möchte. Es sollte nicht schwierig sein zu sehen, daß Verantwortungslosigkeit der Endeffekt einer derartigen Entwicklung ist und daß viele Probleme unserer Zeit direkt damit zusammenhängen. D. Elton Truebloods Aussage dürfte nicht übertrieben sein: „Die gesamte Grundlage menschlicher Verantwortlichkeit ist unterhöhlt."[12]

Eine Folge davon — um nur eine zu erwähnen — ist das allmähliche Verschwinden der erzieherischen Strafe im Elternhaus. Richard T. LaPiere schreibt: „Karen Horneys Ruf nach Sicherheit steht im Mittelpunkt des Denkens von klinischen und Kinder-Psychologen.

---

[10] *Psychiatry and Responsibility* (Van Nostrand, Princeton, 1962, S. 80).

[11] Wayne Oates sagt zum Beispiel, daß „seelische Krankheiten" das Resultat der „Ablehnung und Ausbeutung des Individuums durch die Gesellschaft" seien. In *Baker's Dictionary of Practical Theology* (Baker Book House, Grand Rapids, Michigan, 1961, S. 303).

[12] In: LaPiere, *Psychiatry and Responsibility*, S. 25.

Horney sieht das Individuum als einen von Natur aus äußerst zerbrechlichen Organismus ... Wenn die Gesellschaft es nicht mit extremer Rücksichtnahme behandelt, dann ist sein Sicherheitsgefühl gefährdet ... und es wird neurotisch."[13]
Eltern haben nun Angst, sie könnten ihren Kindern durch die Anwendung von Körperstrafen einen traumatischen Schock zufügen und sie dadurch innerlich verletzen, wenn es tatsächlich so ist, daß Ereignisse der Vergangenheit die Ursache künftiger psychischer Schwierigkeiten sind. Die Ermahnungen in bezug auf Körperstrafen im Buch der Sprüche (13, 24; 19, 18; 22, 6. 15; 23, 13. 14; 29, 15. 17) wurden deshalb zum größten Teil preisgegeben.[14] Auch die Idee John Deweys[15], Kinder ohne Verbote aufwachsen zu lassen, paßt sehr schön in dieses Freudsche Gedankengefüge.
Ein weiteres Übel kommt von der Ansicht, psychische Störungen als Krankheiten zu betrachten. Krankheiten sind recht oft, besonders für den Laien, eine mysteriöse Angelegenheit. Krankheit kommt von außen an einen heran, und ein ernsteres Leiden muß von außen — von einer Zweitperson, dem Fachmann — geheilt werden. Der Kranke kommt sich hilflos vor und wendet sich an den Arzt. Dieser löst das Problem *von außen,* wie auch die Krankheit den Patienten von außen befallen hat.[16]
Wiederum sind also persönliche Hilflosigkeit, Hoffnungslosigkeit und Verantwortungslosigkeit die natürlichen Folgen dieser Sicht. Wenn nämlich Lebensprobleme als Krankheit angesehen werden und nicht als Verhaltensprobleme, dann besteht für ihre Lösung keine Hoffnung

---

[13] a.a.O. S. 77.

[14] Es ist interessant, daß Gott widerstrebenden Eltern versichert, daß vernünftig angewandte Körperstrafe dem Kind nicht schaden wird. (Sprüche 23, 13.) Ein energischer Klaps ist humaner als viele Strafen, die sich in die Länge ziehen und eher einer psychologischen Folter gleichkommen als einer Strafe.

[15] John Dewey (1859—1952), amerikanischer Philosoph und Pädagoge, hatte einen starken Einfluß auf die Erziehungsmethoden der letzten und vorletzten Elterngeneration in den USA (Anm. d. Übers.).

[16] Eine neuere Untersuchung von Allport und Plos zeigt, daß die psychiatrische Fachsprache fünfmal mehr Begriffe enthält, die Passivität ausdrücken, als solche, die eine Handlung wiedergeben (G. W. Allport, „The Open System in Personality Theory", *Journal of Abnormal and Social Psychology,* November 1960, S. 301—310). Die für die heutige psychiatrische Theorie charakteristische passive Hilflosigkeit, in auffälliger Übereinstimmung mit der Ansicht, daß seelische Störungen „Krankheiten" seien, muß zu Hoffnungslosigkeit führen.

mehr, außer es gebe ein Medikament oder eine Behandlung für diese Krankheit. Weil es aber im allgemeinen keine ärztliche Behandlung für Leute mit solchen Problemen gibt, geraten sie in immer tiefere Verzweiflung.

Die Verwirrung auf dem Gebiet der Ethik und die Hilflosigkeit, die aus all dem resultieren, kann man sogar im zeitgenössischen Humor sehen. Anna Russell zum Beispiel charakterisiert unsere Zeit in einem *Folksong* wie folgt (man beachte besonders die letzten zwei Zeilen):

> „Ich ging zu meinem Psychiater zur Analyse,
> um herauszufinden, warum ich die Katze umgebracht
> und meinem Mann ein blaues Auge geschlagen habe.
> Er legte mich auf eine weiche Couch,
> um zu sehen, was er herausbringen könnte.
> Und folgendes hat er aus meinem
> Unterbewußten ausgebaggert:
> Als ich ein Jahr alt war,
> versteckte meine Mutti mein Püppchen im Koffer,
> daraus folgt logischerweise,
> daß ich jetzt dauernd betrunken bin.
> Als ich zwei Jahre alt war,
> sah ich, wie Vati das Dienstmädchen küßte,
> und deshalb leide ich heute an Kleptomanie.
> Mit drei Jahren war ich zwiespältig
> meinen Brüdern gegenüber.
> Daraus folgt logischerweise,
> daß ich alle meine Liebhaber vergifte.
> Aber ich bin glücklich.
> Ich kenne die Lektion, die es daraus zu lernen gibt:
> An allem, was ich tue, ist stets ein andrer schuld."[17]

Thomas Szasz machte folgende treffende Beobachtung: „Die These zu verfechten, man müsse alle Leute, sogar jene, denen man das Etikett

[17] Häufig werden Menschen mit persönlichen Schwierigkeiten als Opfer ihrer Verhältnisse angesehen. Sylling schrieb kürzlich: „Die meisten unverheirateten Mütter sind die Opfer der Probleme ihrer Eltern." Diese merkwürdige, unbiblische Annahme führt ihn zu folgendem Schluß: „Dabei spielt die sexuelle Beteiligung des Mädchens keine Rolle." Das Grundproblem für das Mädchen, denkt er, sei nicht Sünde, sondern grundlegende Bedürfnisse und Wünsche, denen ihre Eltern nicht auf gesündere Art hätten begegnen können. (In *Baker's Dictionary of Practical Theology*, S. 234.)

‚paranoid' (geistesgestört, wahnsinnig) angehängt hat, ernst nehmen und als verantwortliche Menschen behandeln, kommt einer Schändung des psychiatrischen Heiligtums gleich. Es schlägt dem Hauptgrundsatz der institutionalisierten Psychiatrie ins Gesicht, nämlich dem, daß man die Handlungen von sogenannten seelisch Kranken nicht in dem Sinne ernst nehmen dürfe, daß sie die Verantwortung für ihr Tun zu tragen hätten."[18]

Man braucht sich nicht zu wundern, daß die Zeitschrift *Look* in einer einundzwanzigseitigen Reportage die Psychiatrie die „verwirrte Wissenschaft" genannt hat.[19]

Vor einiger Zeit (1965) nahm ich an einem Pfarrer-Kurs für Psychohygiene teil. Einer der Teilnehmer war Seelsorger einer staatlichen Nervenklinik. Hier eine Zusammenfassung seines Vortrags:

„Erstens gibt es sehr wenig, was Sie in Ihrer Eigenschaft als Pfarrer für die Insassen einer Nervenklinik tun können. Zweitens: Was Sie tun können, ist: den Patienten darin zu bestärken, daß er sich mit Recht von andern verletzt fühlt. Drittens müssen Sie verstehen, daß Menschen mit Schuldgefühlen in einer Heilanstalt keinem Vorwurf von andern mehr ausgesetzt sein dürfen; der Druck muß von ihnen genommen werden, und auf diesem Weg verlieren sie langsam ihr Schuldgefühl und genesen. Viertens: Wir haben die Insassen einer solchen Klinik nicht als Verletzer, sondern als Opfer ihres Gewissens zu betrachten. Ihr unberechenbares Verhalten sieht wie Sünde aus; es ist aber nicht Sünde; der Patient ist nicht eigentlich verantwortlich für sein Verhalten. Er kann nichts dafür; er ist krank. Oft klagt er sich selbst an wegen etwas, was nicht sein Fehler ist, und das ist eine Hauptursache seines Problems. Daraus folgt, daß in einer Nervenklinik falsches Verhalten nie getadelt werden darf. Das Gewissen der Patienten ist ohnehin überempfindlich. Diese Leute sind moralisch neutrale Menschen, und wir können nichts anderes tun, als ihnen dazu zu verhelfen, daß sie sich wohlfühlen."[20]

---

[18] In LaPiere, a.a.O. S. 3. Die Auffassung, daß solche Probleme *allogen* seien, führt zu einer allgemeinen Degradierung der menschlichen Persönlichkeit. Der Mensch wird als nichtverantwortliche Marionette gesehen. Die psychiatrische Behandlung wächst aus dieser Auffassung heraus. Die manipulierende mechanische Ausrichtung dieser Behandlung offenbart die zugrunde liegende unbiblische Lehre vom Menschen, die vom Ebenbild Gottes im Menschen (zwar entstellt, aber dennoch gegenwärtig) nichts wissen will.

[19] *Look*, 2. Februar 1960.

[20] Der Determinismus dieses Gesichtspunktes wird hier deutlich. Als unausweichliche Konsequenz folgt, daß das Verhalten der Hilfesuchenden entschul-

Diese kurze Zusammenfassung des Vortrags des Anstaltspfarrers legt die gängige Auffassung unserer Zeit dar. Jede einzelne dieser Behauptungen muß in Frage gestellt werden.

Die Freudsche Theorie und Therapie

Wie ist es zu diesen Meinungen gekommen? Die Prinzipien der Theorie und Therapie Freuds geben uns die Antwort. Freud glaubte, der Mensch sei in seinem Innern zerrissen. Er habe grundlegende primitive Wünsche, Impulse oder Triebe, die sich ausdrücken wollen. Freud nannte sie das Es (Geschlechtlichkeit und Aggression).
Aber da ist auch noch das Über-Ich im Menschen (grob gesagt das, was man häufig „Gewissen" nennt). Dieses Über-Ich ist durch Eltern, Kirche, Lehrer usw. in den Menschen hineingelegt worden. Das Über-Ich ist der Schuldige im Freudschen System. Nach Freud besteht das Problem bei den „seelisch Kranken" darin, daß das Über-Ich zu stark, zu streng geworden ist. Der „seelisch Kranke" ist das Opfer seines Über-Ichs. Das Ich ist die dritte Instanz im Menschen, das Bewußtsein, das als Schiedsrichter wirkt. Ein Konflikt entsteht, wenn das Es sich ausdrücken will, aber vom Über-Ich daran gehindert wird. Der primitive Trieb will sich durchsetzen, aber das überstrenge Über-Ich steht an der Schwelle und erlaubt dem Es nicht, sich im bewußten Leben des Individuums zu äußern. Dieser Kampf, der sich im Unterbewußtsein abspielt, ist die Ursache der Probleme.
Das Ich bewegt sich auf einer anderen Ebene als das Über-Ich und das Es. Es bewegt sich auf der Ebene der Verantwortlichkeit, während jede Verantwortlichkeit auf der Ebene des Es und des Über-Ich fehlt. Wenn nun das Es vom Über-Ich verdrängt wird, hat der Mensch, der diesem Konflikt unterworfen ist, „Schuldgefühle", wie Freud es nennt. Diese Schuldgefühle rühren aber nicht von echter Schuld her. Es sind falsche Schuldgefühle; man braucht sie deshalb nicht als Sünde zu bekennen (wie der Seelsorger jener Nervenklinik auch bestätigt hat), sondern man muß vielmehr versuchen, sie loszuwerden.

---

digt wird. Laurence LeShan sagt, daß diese Philosophie zu „den Bemühungen des Therapeuten geführt habe, negatives und unerwünschtes Verhalten des Patienten zu entschuldigen, aufgrund der Annahme, daß dieses von der Vergangenheit determiniert war und der Patient somit keine Ursache hat, sich schuldig zu fühlen". („Changing Trends in Psychoanalytically Oriented Psychotherapy", *Mental Hygiene,* Juli 1962, S. 454—463.)

Logischerweise besteht dann die Therapie darin, daß man dem Patienten hilft, seine falschen Schuldgefühle zu vertreiben. Der Therapeut ergreift dabei die Partei des Es. Er versucht, das Über-Ich zu schwächen, zu verwässern und zu überwinden, damit es seine quälenden Forderungen einstelle. Freies Ausleben der verdrängten Gefühle ist ein Teil der Therapie. Der andere wichtige Teil der Hilfe ist das Wiedereinführen in die Gesellschaft gemäß neuen, vernünftigeren und realistischeren Maßstäben.

Eine moderne Anwendung dieser Prinzipien finden wir in der Therapie Albert Ellis'. Ein Tonband aus der Sammlung der *American Psychiatric Association,* Band I, bringt ein Interview mit einer Frau, die „Loretta" genannt wird. Den Höhepunkt bildet Ellis' scharfe Attacke auf Lorettas Gewissen. Er droht ihr, sie nicht aus der Behandlung zu entlassen, wenn sie ihre moralischen Werte nicht auf die Seite räume. Hier einige Auszüge:

„Ihr Problem ist, daß Sie eine ganze Menge ‚Soll' und ‚Muß' im Kopf haben, die man Ihnen leider in Ihrer frühesten Jugend beigebracht hat. Von Ihrem Vater, Ihrer Mutter und Ihrer Kirche haben Sie diese Dinge gelernt ... Aber wenn Sie nicht diese Forderungen im Kopf hätten, die viel stärker sind als das, was Sie eigentlich wollen, dann wären Sie nicht verwirrt."

Nachdem Loretta ihm widersprochen hat, sagt Ellis:

„Nun, Sie haben natürlich das Recht, Ihre eigenen Ansichten zu haben, aber solange Sie nicht davon abweichen wollen, werden Sie leider weiterhin in dieser Anstalt sitzen müssen. Wenn Sie aber Ihre Ansichten ändern, werden Sie herauskommen."

Wenn man dieses Trommelfeuer auf das Wertsystem des Patienten gehört hat, kann man nur noch staunen über die unglaubliche Naivität, mit der ein evangelischer Christ schreiben kann: „Der Pfarrer gibt den christlichen Trost und der Psychiater die nötige Behandlung, ohne daß einer mit dem andern in Konflikt gerät."[21]

Diese fein säuberliche Verteilung der Rollen ist keine vereinzelte Erscheinung. Clifford McLaughlan schreibt dazu: „Man könnte sagen, daß die Psychiatrie in die Vergangenheit schaut und versucht, die

---

[21] Wesley W. Nelson in: *Baker's Dictionary of Practical Theology*, S. 300 f. Vgl. auch Frieda Fromm-Reichmann: „Manchmal ist es auch möglich, daß der Patient den Analytiker als sein Gewissen braucht, während er seine eigenen moralischen Maßstäbe, die den Konflikt erzeugt hatten, revidiert." (Patrick Mullohy, Hrsg.: *Interpersonal Relations*, Science House, New York, 1967, S. 125.)

Fehler und Probleme der Vergangenheit aufzudecken und gutzumachen. Die Religion schaut in die Zukunft und legt dar, wie es sein kann, nachdem die Fehler und Probleme der Vergangenheit gefunden und beseitigt sind."[22]

Und E. Mansell Pattison versichert zuversichtlich: „... die religiösen Überzeugungen von Patient und Therapeut sind nicht die entscheidenden Faktoren. Es kommt vielmehr darauf an, wie der Therapeut mit seinen eigenen Überzeugungen und denen des Patienten umgeht."[23]

In *Baker's Dictionary of Practical Theology*, einer der neuesten Sammlungen von Artikeln von evangelikaler Seite, begegnet man häufig (wenn auch nicht ausschließlich) dieser Zweiteilung der Rollen. Man meint dort, der Pfarrer sei durch seine Ausbildung, Fähigkeit und Mittel begrenzt und müsse deshalb schwierigere Fälle dem Psychiater überweisen. Er wird ganz einfach als unzuständig angesehen. Die Frage, ob die Psychiatrie eine gültige Wissenschaft sei, wird anscheinend gar nie gestellt.[24]

Wenn die Ansichten Freuds richtig wären (daß nämlich Schwierigkeiten überall dort entstehen, wo das Es von einem überengen Gewissen oder Über-Ich verdrängt worden ist), dann müßte unsere Zeit vor seelischer Gesundheit strotzen und nicht an einer noch nie dagewese-

---

[22] C. Clifford McLaughlan: *The Pastoral Counselor,* Frühling 1964, S. 26.

[23] E. M. Pattison: „Psychiatry", in: *Christianity and the World of Thought,* Hudson T. Armerding, Hrsg. (Moody Press, Chicago, 1968, S. 343).

[24] Ein Zweck dieses Buches ist zu zeigen, daß die Psychiatrie (nicht Psychologie!) sich auf unrechtmäßige Art die Aufgabe des Seelsorgers angeeignet hat. Psychiater arbeiten im Grunde nicht wie Ärzte. Ihr Ziel ist Persönlichkeits- und Verhaltensveränderung, und ihre Methode ist die Veränderung der Werte. Diese unrechtmäßige Aneignung kam so zustande, daß man eine Unmenge Leute für krank erklärte, die es gar nicht waren, womit natürlich die psychiatrische Medizin für sie zuständig wurde.

Oskar Pfister, ein mit Freud befreundeter Schweizer Theologe, hat dies vorausgesehen. Er erwähnt in einem Brief an Freud: „... das ungeheure Gebiet der Erwachsenen ...", die nicht im ärztlichen Sinn krank sind und doch der Analyse im höchsten Grad bedürfen. ... Ohne Zweifel wird es ein außerkirchliches Seelsorgeamt geben, sogar ein nichtreligiöses. Wenn nur Menschen gut und glücklich gemacht werden mit oder ohne Religion, wird der liebe Gott freundlich lächelnd dieser Arbeit zunicken." (Ernst L. Freud und Heinrich Meng, Hrsg., *Sigmund Freud — Oskar Pfister, Briefe 1909—39.* S. Fischer Verlag, Frankfurt a. M., 1963, S. 109 f.)

Die Idee, daß seelische Schwierigkeiten „Krankheiten" seien, wurde das Mittel zur Machtergreifung. Vgl. Ronald Leifer, *In the Name of Mental Health* (Science House, New York, 1969, S. 167): „Der sich mit Ethik befassende Psychotherapeut ist ein funktional gleichartiger Ersatz für die traditionelle Familienstruktur, den Kasuisten und den geistlichen Führer."

nen Zahl von Menschen mit persönlichen Problemen kranken; denn wir leben nicht in einer Zeit der Repression, sondern in einer Zeit der Hemmungslosigkeit.

Wenn es jemals eine Zeit gegeben hat, in der man sich keinen Zwang antut, in der es offene Rebellion gegen Autorität und Verantwortung gibt, dann ist es die unsere. Indessen gibt es heute so viele Menschen mit seelischen Schwierigkeiten wie noch nie. Wenn Freud recht hätte, dann müßten die unmoralischsten Menschen die gesündesten sein. Das Gegenteil trifft zu. Viele Insassen von Nervenkliniken und zahlreiche Menschen, die zur Beratung kommen, sind unverkennbar Leute, die durch ihr unsittliches Verhalten in Schwierigkeiten geraten sind. Damit sind nicht nur sexuelle Verirrungen gemeint. Sittenlosigkeit jeder Art, unverantwortliches Verhalten Gott und den Mitmenschen gegenüber (d. h. Übertretung der Gebote Gottes), kommen häufig vor bei Menschen mit seelischen Schwierigkeiten.

Die Revolution in der Psychologie

Eine Revolution hat sich angebahnt, die bis jetzt noch größtenteils auf das Gebiet der Psychologie beschränkt blieb. Eine wachsende Anzahl junger, dynamischer Persönlichkeiten hat angefangen, die traditionellen Ideen von Freud und Rogers in Frage zu stellen. Einige Namen dieser Bewegung sind: Steve Pratt, William Glasser, G. L. Harrington, William Mainord, Perry London und O. Hobart Mowrer.[25] Der letztere ist wohl der inoffizielle Leiter der Bewegung.

Im wesentlichen geht es bei diesem Angriff auf das allgemein anerkannte System um folgendes: Die neue Bewegung wendet sich grundsätzlich gegen die von Freud begründete Idee der Nichtverantwortlichkeit. Mowrer fragt, ob wir nicht die irreführende Analogie zur Medizin fallen lassen und den Begriff der moralischen Verantwortung einführen müssen. Thomas Szasz bejaht diesen Vorschlag in seinem Buch *The Myth of Mental Illness*. Im Gefolge von Harry S. Sullivan nennt Szasz seine Psychiatrie eine „Theorie des persönlichen Verhaltens".

Vertreter der „Revolution" fragen eindringlich, ob man weiterhin von einem verdrängten Es sprechen dürfe. Sie lehnen es ab und er-

---

[25] Sie unterscheiden sich natürlich in manchem. Für eine prägnante Darstellung von Übereinstimmungen und Unterschieden zwischen Mowrer, Glasser und Szasz vgl. Glen A. Holland: „Three Psychotherapies Compared and Evaluated" in: *The Dis-Coverer* (Urbana), Jahrgang 3, Nr. 3 (Mai 1966).

klären, es sei Zeit, von einem verdrängten Über-Ich (Gewissen) zu sprechen. Sie lehnen es ab, alle Schuldgefühle als falsch anzusehen und anerkennen, daß es echte Schuld gibt, mit der man sich befassen muß. Psychologisch betrachtet ist Schuld die Angst davor, daß alles herauskommt; die Anerkennung der Tatsache, daß man seinen Maßstab verletzt hat; der Schmerz, der davon herrührt, daß man nicht so gehandelt hat, wie man hätte handeln müssen.[26]

Anstatt der Hemmungslosigkeit das Wort zu reden, müsse eigenes Fehlverhalten eingestanden werden. Sie sprechen nicht mehr von „emotionalen Problemen", sondern von Verhaltensstörungen und verlangen, der Ausdruck „seelische Krankheit" müsse durch einen Begriff abgelöst werden, in dem die Verantwortungslosigkeit des Verhaltens zum Ausdruck kommt.

Wo man früher davon gesprochen hat, daß Menschen den Kontakt mit der Wirklichkeit verloren hätten, ist man jetzt der Auffassung, die Betreffenden versuchten, ihr Fehlverhalten zu verbergen. Die neue Bewegung ergreift nicht mehr für die Triebe Partei, sondern kümmert sich in erster Linie um die Verhaltensnormen.

Man kann diese Bewegung nicht leichtfertig auf die Seite schieben. Ihre Therapie (die meisten gebrauchen diesen Ausdruck inkonsequenterweise weiterhin) hat — verglichen mit den Versagern der Freudschen Analyse — aufsehenerregende Erfolge erzielt. Zum Beispiel

---

[26] Anhänger Freuds verstehen unter Schuldgefühlen falsche Schuld; Schuld, die dem Es—Über-Ich—Konflikt entstammt und nicht der Verletzung einer Norm.

Ein typisches Schlagwort in diesem Zusammenhang heißt: „Susi ist doch nicht schuldig, weil sie Lippenstift gebraucht hat!" Sie könnte sehr wohl schuldig sein, wenn sie aus einem Elternhaus stammt, wo ihr beigebracht wurde, daß der Gebrauch von Lippenstift Sünde sei. Wenn sie nun auf der Höheren Schule anfängt, im Widerspruch zu ihren Normen Lippenstift zu gebrauchen, um nicht als Sonderling aufzufallen, hat sie gesündigt, und ihre Schuld ist echt. Auch wenn der Gebrauch von Lippenstift ganz und gar nicht Sünde ist, so ist Susis Handlung trotzdem Sünde, weil sie nicht „aus Glauben" gehandelt hat (vgl. Römer 14, 21—23). Als sie ihre Lippen anstrich, dachte sie, daß es Sünde gegen Gott sei (oder sein könnte); sie tat es aber trotzdem. Sie hat sich der Auflehnung gegen Gott schuldig gemacht, und ihr Gewissen läßt ihr mit Recht keine Ruhe. Sie muß ihre Sünde bekennen, um Vergebung und Frieden zu finden. Ihr zu sagen, daß ihr Schuldgefühl falsch sei, ist nicht richtig. Später muß die Frage natürlich aufgegriffen und beantwortet werden, ob Susis Maßstäbe biblisch sind oder nicht, aber das ist eine ganz andere Frage. Leider hat man diese zwei verschiedenen Dinge immer wieder durcheinander gebracht.

arbeitete G. L. Harrington mit zweihundertzehn Kriegsveteranen in einem Spital in Los Angeles. Es handelte sich um Abteilung 206, die letzte Station. Jede Hoffnung für diese Männer war aufgegeben worden. Viele konnten nicht einmal für ihre elementarsten Bedürfnisse sorgen. In der Abteilung 206 hatte es im Durchschnitt zwei Entlassungen pro Jahr gegeben. Ein Jahr nachdem Harrington mit seinem „Verantwortlichkeitsprogramm" angefangen hatte, wurden jedoch fünfundsiebzig Mann entlassen, und Harrington kündigte für das folgende Jahr zweihundert weitere Entlassungen an, d. h. daß praktisch alle Insassen die Abteilung innerhalb eines Jahres verlassen konnten.
Glasser erzielte in der *Ventura State School* für Mädchen in Kalifornien eine Erfolgsrate von achtzig Prozent. Er hatte mit verstockten, asozialen Mädchen gearbeitet und ihnen mit seinem Verantwortlichkeitsprogramm geholfen. Erfolg bedeutet für Glasser: keine Rückkehr in die Anstalt und künftig keine Übertretung der Gesetze mehr.[27] Ich selber hatte Gelegenheit, die raschen und aufsehenerregenden Erfolge Mowrers in Illinois mitzuerleben.

Freud — Freund oder Feind?

Freud begann sein Wirken an einem Ostersonntag. Bei einem, für den jede Handlung eine Bedeutung hatte, wenn sie auch versteckt und ohne Folgen sein mochte, muß dies symbolisch ausgelegt werden. Daß Freud wenig für Religion im allgemeinen und für das Christentum im besonderen übrig hatte, ist eine historisch belegte Tatsache. Er nannte sich einen „ganz gottlosen Juden" und einen „unverbesserlichen Heiden".[28] In seiner Kindheit warfen einige Männer, die als Christen galten, seinen Vater zu Boden und beschmutzten seine Kleider. Der schon ältere Mann ließ es mit sich geschehen. Freud war tief verletzt und dachte, sein Vater hätte zurückschlagen müssen. Er schwor, diese Tat eines Tages zurückzuzahlen. Einige sind der Ansicht, die Psychoanalyse sei die Waffe, die er dazu brauchte.[29]
Freuds *Der Mann Moses und die monotheistische Religion*, *Die Zukunft einer Illusion* und *Totem und Tabu* sind Bücher, mit denen er der Religion einen entscheidenden Stoß versetzen wollte. Für ihn war

---

[27] Vgl. William Glasser: *Reality Therapy.*
[28] Ernst L. Freud und Heinrich Meng (Hrsg.), a.a.O. S. 64, 116.
[29] Wayne E. Oates: *What Psychology Says About Religion* (Association Press, New York, 1958), S. 31.

das Christentum eine Illusion, die es zu zerstören galt. Wie alle andern Religionen sei auch das Christentum den Gedanken neurotischer Menschen entsprungen. Religion sei Ausdruck der Angst vor dem großen, ungezähmten Universum, das den primitiven Menschen umgab. Am Anfang habe es noch keine moralischen Skrupel gegeben. Aber da jeder Mensch seinen eigenen Wünschen (Instinkten) nachgehen wollte, geriet er mit den andern in Konflikt. Um überleben zu können, war es für die Menschen unerläßlich, miteinander zu wohnen und zu arbeiten. Moral entstand dann mit dem Wachstum der Gesellschaft, die nur existieren konnte, wenn sie Verhaltensregeln aufstellte. Verletzungen der Regeln wurden von der Sippe streng geahndet, und so wurde das Gewissen (Über-Ich) geprägt.

Nach und nach dachte man sich die Regeln als von einem Gott (oder von Göttern) erlassen, was den Moralkodex auf eine höhere Ebene stellte. Die Religion gehört in die Kindheit der Rasse. Der Mensch muß nun den Kinderschuhen entwachsen, d. h. die Religion zur Seite schieben.

Freud nennt die biblischen Berichte „Märchen". Religion, so sagt er, wurde der Bedürfnisse des Menschen wegen erfunden. Wenn einer erwachsen wird, braucht er die Religion nicht mehr. Christen sollten diese Voraussetzung Freuds kennen, bevor sie seine Prinzipien übernehmen. Sie liegt allem, was er geschrieben hat, zugrunde.

Man könnte natürlich entgegnen, daß die Gegner Freuds wieder einen Sündenbock gefunden hätten, nämlich Freud selbst. Anstelle der Gesellschaft oder einzelner Glieder der Gesellschaft, wird nun Freud zum Prügelknaben, der die Hiebe einstecken muß. Damit hat der Patient wieder jemanden, dem er die Verantwortung zuschieben kann. Wenn man Freud angreift, scheint man ihn für alle Übel der Gesellschaft verantwortlich machen zu wollen. Aber dies scheint nur dem oberflächlichen Betrachter so. Wir sagen ja nicht, daß Freud oder seine Ansichten Krankheiten im Patienten verursacht hätten. Alles, was man über Freud sagen kann, ist, daß seine Ansichten verantwortungslose Menschen ermuntert haben, in ihrer Verantwortungslosigkeit zu verharren und sie anwachsen zu lassen. Er hat unverantwortliches Verhalten sanktioniert und salonfähig gemacht. Seine Ansichten sind nur insofern gefährlich, als sie sekundäre Komplikationen verursachen können.[30] Freud hat Menschen nicht verantwortungslos gemacht; aber

---

30 In einem interessanten ironischen Artikel mit dem Titel „Parnassian Psychiatry" teilt Jay Silber die modernen psychiatrischen Systeme in drei Richtungen auf: lyrische, dramatische und erzählende Psychiatrie. Lyrische

er hat eine philosophische und pseudowissenschaftliche Grundlage geliefert, auf der verantwortungslose Menschen ihr Verhalten rechtfertigen können. Freud ist nicht Urheber der Übel unserer modernen Gesellschaft, sondern nur ein komplizierender Faktor. Die tiefste Ursache ist die Sünde des Menschen.

Wo stehen wir?

Die ganze Fragestellung betrifft Christen sehr direkt. Mowrer fragt: „Hat die evangelische Theologie ihr Erstgeburtsrecht für eine psychologische Wassersuppe verkauft?"[31]

Fast alle neueren Fachbücher über Seelsorge, auch solche von evangelikaler Seite, basieren großenteils auf den Voraussetzungen der Freudschen Ethik der Verantwortungslosigkeit. Wo ihnen nachgelebt wird, sind bestehende Feindseligkeiten und Ressentiments, die Gemeindeglieder andern Menschen gegenüber hegten, vertieft worden. Kommunikationsschwierigkeiten haben sich verschlimmert, da man ermutigt wurde, die Schuld auf andere abzuschieben.

Kurse für Psychohygiene werden durchgeführt, um die Pfarrer davon zu überzeugen, daß sie „seelisch Kranken" nicht helfen können. (Häufiger heißt es sogar: „Sie dürfen es sich nicht anmaßen.") Das große Wort an solchen Konferenzen heißt: „Überweisung an den Fachmann."[32]

Lehrer, die Christen sind, fühlen sich hilflos und haben Angst, ihre Schüler zu strafen, weil sie dadurch seelisch verletzt werden könnten. Sie neigen dazu, sich auf die „Fachleute" zu verlassen und merken nicht, daß sie im Klassenzimmer eine vorzügliche Gelegenheit zur Beratung hätten: das tägliche Zusammensein, das beinahe ideale Bedingungen bieten würde für Veränderung und Wachstum.

Psychiatrie, die er mit der Auszeichnung „die momentan fruchtbarste" beehrt, hat als ihre hohe Aufgabe die Erschaffung von „Problemen, Konflikten und Spannungen, die vom Patienten bisher noch nie klar erkannt wurden". Wenn man also dem Patienten nicht Probleme verschaffe, sähe sich dieser gezwungen, auf unbestimmte Zeit eine langweilige Routineexistenz zu führen. Eine interessante Schau der iatrogenen (vom Arzt provozierten) Probleme, die ernsthafte Beachtung verdient. (Jay Silber, *Medical Opinion and Review*, August 1969, S. 61.)

[31] *The Crisis in Psychiatry and Religion*, S. 60.

[32] Wiesbauer schreibt: „*Das Hauptanliegen jedes Pfarrers muß sein, dem seelisch Kranken so schnell wie möglich psychiatrische Hilfe zukommen zu lassen.*" Henry H. Wiesbauer: *Pastoral Help in Serious Mental Illness* (The National Association for Mental Health, New York, o. J., S. 3).

Dieses Buch will nun endlich einen völlig neuen Ton anschlagen. Diener am Evangelium und andere christliche Mitarbeiter, die von Gott berufen sind, seinem Volk in der Not zu helfen, sollen ermutigt werden, Menschen nicht an den Psychiater zu überweisen, sondern ihre Rechte und Pflichten wieder wahrzunehmen. Nur in Ausnahmefällen sollen sie schwierige Fälle an den Fachmann überweisen, und auch dann nur an einen kompetenteren Christen. Ihre Aufgabe ist nicht überweisen, sondern unterweisen. Der Leitsatz dieses Buches ist: Qualifizierte Seelsorger mit einer hinreichenden biblischen Ausbildung sind kompetente Berater — kompetenter als Psychiater oder sonst irgend jemand.

Als Leo Steiner im Jahre 1958 an der Harvard-Universität sprach, stellte er fest: „Der Pfarrer macht einen ungeheuren Fehler, wenn er nach der psychoanalytischen Methode greift... Welche Stellung nimmt die Psychoanalyse in 25 Jahren ein? Ich prophezeie, daß sie ihren Platz neben Phrenologie und Heilmagnetismus haben wird."[33]

Die wichtigste Frage für den Pfarrer heißt also: „Soll ich dieses Gemeindeglied an einen Psychiater oder in eine Nervenklinik überweisen, oder kann ich selbst etwas tun?"[34]

In Anbetracht der neuesten Veränderungen in der Psychologie muß er die Propaganda der letzten Psychiatergeneration neu überprüfen. Um dies zu tun, muß er sich Klarheit über die Natur der Probleme von sogenannten „Geisteskranken" und „seelisch Kranken" verschaffen. Dabei gilt es, biblische Maßstäbe anzulegen und nicht etwa zu versuchen, Freud (oder Mowrer) die christliche Weihe zu geben. Da wird es sich zeigen, daß es letztlich um die Frage geht: Ist *Krankheit* oder *Sünde* das Grundproblem der Menschen, die in die Seelsorge kommen?[35] Damit wird sich das dritte Kapitel befassen. Zuerst müssen wir uns aber einer anderen wichtigen Frage zuwenden.

---

[33] „Are Psychoanalysis and Religious Counseling Compatible?" Vortrag vor der *Society for the Scientific Study of Religion*, Harvard- Universität).

[34] Überweisung jeder Art sollte für den Pfarrer nur eine letzte Zuflucht sein. Allein schon die Tatsache, daß der Hilfesuchende einen *Seelsorger* aufgesucht hat, ist bedeutsam. Vielleicht ist er zu ihm gekommen, weil er sich seiner Sünde bewußt ist und Vergebung nötig hat. Schon früh hat die Kirche vor der Psychoanalyse kapituliert. Oskar Pfister, enger Freund Freuds und liberaler Pfarrer, zeigt durch seine Haltung diese Kapitulation, die in den letzten fünfzig Jahren allgemein stattgefunden hat. Siehe E. L. Freud und H. Meng, a.a.O.

[35] Die Frage ist hier, ob die nichtmedizinischen Probleme der Ratsuchenden *allogen* (von anderen verursacht) oder *autogen* (selbstverursacht) sind.

2. Heiliger Geist und Seelsorge

Seelsorge als Werk des Heiligen Geistes

Ohne den Heiligen Geist gibt es keine Seelsorge. Er wird „Paraklet" genannt („der als Beistand Zugezogene", vgl. Joh. 14, 16. 17: „... und ich werde den Vater bitten, und er wird euch einen andern Beistand geben, damit er in Ewigkeit bei euch sei, den Geist der Wahrheit, den die Welt nicht empfangen kann, weil sie ihn nicht sieht und nicht erkennt."), der an Stelle von Jesus kam, um ein „anderer"[1] Berater zu sein, ein Berater, wie Christus es für seine Jünger war.[2] Weil ungläubige Berater den Heiligen Geist nicht kennen, rechnen sie nicht mit seinem seelsorgerlichen Wirken und unterstellen sich nicht seiner Leitung und Macht.

Wenn unsere Seelsorge wirklich christlich sein will, muß sie in Übereinstimmung mit dem erneuernden und heiligenden Wirken des Geistes ausgeübt werden. Der Heilige Geist heißt nicht nur seiner Natur wegen „heilig", sondern auch weil sein Wirken heiligend ist. Durch ihn wird ein menschliches Leben geheiligt. Gott sagt, daß jeder erstrebenswerte Charakterzug eine Frucht des Geistes sei: Liebe, Freude, Friede, Geduld, Freundlichkeit, Güte, Treue, Sanftmut, Enthaltsamkeit (Gal. 5, 22. 23).

Es ist nutzlos, diese Eigenschaften ohne ihn erzeugen zu wollen und im Grunde auch Auflehnung gegen Gott, weil der Versuch von der humanistischen Anmaßung der Autonomie des Menschen ausgeht.

Wer dem Heiligen Geist keine Beachtung schenkt, verneint die Verdorbenheit der menschlichen Natur und behauptet, der Mensch sei von Natur aus gut. Er vertritt die Auffassung, Gnade und Versöhnung durch Jesus Christus seien überflüssig. So wird der Hilfesuchende einer äußerlichen, legalistischen Werkgerechtigkeit überlassen, die

[1] Der griechische Ausdruck bedeutet: „ein anderer derselben Art".

[2] Auch in Jes. 9, 6 wird der Messias „Wunderrat" genannt. Die Worte Christi in Joh. 14, 16. 17 deuten darauf hin, daß er sich als Berater und Seelsorger der Jünger verstanden hat.

letztlich zur Verzweiflung führen muß, weil sie auf die Kraft und das Leben des Geistes verzichtet.

Der Geist Gottes ist der Urheber jeder echten Persönlichkeitsveränderung, die eine Heiligung des Gläubigen bedeutet.[3] Er allein ist es auch, der dem geistlich toten Sünder Leben verleihen kann. Es wäre an der Zeit, daß Pfarrer und andere Seelsorger wieder einmal fragten: „Wer hat euch bezaubert ... Ihr habt im Geist begonnen und wollt nun im Fleisch enden?" (Gal. 3, 1. 3.)

Warum wenden sich Christen, die keinen Frieden haben, an solche, die vom „Frieden Gottes, der allen Verstand überragt" (Phil. 4, 7), nichts wissen? Wie kommt es, daß ein Pfarrer ein Gemeindeglied, dem es an Selbstbeherrschung fehlt, zu einem Psychiater schickt, der vielleicht das Geheimnis der Selbstbeherrschung für sein eigenes Leben nie entdecken konnte und wollte? Äußerlich mag er sicher und ruhig, geduldig und gewinnend wirken. Aber sieht es in seinem Innern auch so aus, wenn er Jesus Christus nicht kennt? Er kann die Frucht des Geistes nicht haben ohne den Geist selbst.[4]

Das indirekte Wirken des Heiligen Geistes

Der Heilige Geist bewirkt die Erneuerung der Persönlichkeit im Leben der Gläubigen durch Gottes Gnade (Hebr. 13, 9). Er benutzt die Verkündigung und das Studium von Gottes Wort, die Sakramente, das Gebet und die Gemeinschaft des Volkes Gottes. Wer diese Tatsache nicht ernst nimmt, kann nicht erwarten, daß dauerhafte Veränderungen zustande kommen. Veränderungen sind ja immer eine Frucht des Wachstums in der Gnade.

Eigentlich weiß das jeder evangelische Pfarrer. Aber Unsicherheit und Angst, die der Propaganda für den psychiatrischen Fachmann entstammen, Enttäuschung darüber, daß man nicht weiß, wie man mit schwierigeren Problemen umgehen soll, sind oft stärker als dieses Wis-

---

[3] Heiligung besteht darin, daß sich ein Mensch immer mehr von der Sünde entfernt und der Gerechtigkeit zustrebt. In 2. Kor. 3, 18 schreibt Paulus über dieses wachsende Sich-Verändern, durch das Gläubige in das Bild des Herrn verwandelt werden, und dort schließt er: „... weil der Herr, der Geist ist, am Werk ist."

[4] Die Selbstmordrate bei Psychiatern ist bedeutend höher als bei allen andern der sechzehn Spezialistengruppen, die die Amerikanische Medizinische Gesellschaft als medizinische Berufe anerkennt. (*Bulletin of Suicidology*, Dezember 1968, U. S. Government Printing House, Washington D. C.)

sen. Dazu kommt, daß die Überweisung an den Psychiater oft einen bequemen Ausweg darstellt.
Wir müssen unseren Standpunkt als Christen neu überprüfen. Das Wichtigste an dieser Neuüberprüfung ist, daß man sich ehrlich überlegt, welche Rolle dem Heiligen Geist in der Seelsorge zukommt.

Der Heilige Geist wirkt souverän

Der Heilige Geist ist eine Person, nicht eine Kraft oder eine Gesetzmäßigkeit. Obschon er immer in voller Übereinstimmung mit seinem in der Schrift offenbarten Willen wirkt, wählt er selbst seine Zeit und seine Mittel für sein Werk. Mit andern Worten: Er wirkt, wann, wo und wie es ihm gefällt.
Seelsorger wie Ratsuchender müssen mit der Souveränität des Heiligen Geistes rechnen. Die Erwartungen des Ratsuchenden und die Versprechungen des Seelsorgers müssen das souveräne Wirken des Geistes in Betracht ziehen. Dies soll für den Seelsorger nicht eine Entmutigung, sondern eine Ermutigung sein, weil er weiß, daß das, was er tut, letztlich nicht von seinen eigenen Fähigkeiten abhängt.
Das heißt natürlich nicht, daß er seine Fähigkeiten, die Gaben, die ihm der Heilige Geist gegeben hat und die unter seiner Leitung zur Ausübung gelangen sollen, vernachlässigt. Er darf nicht liederlich sein in seiner Seelsorge und erwarten, daß der Heilige Geist sein Werk auch ohne ihn tue.
Der Heilige Geist wirkt in der Regel dann, wenn die Gaben, die er gegeben hat, richtig angewendet werden. Es hat ihm gefallen, durch Menschen zu wirken; das hat er dadurch bestätigt, daß er seiner Kirche Gaben des Dienstes gegeben hat (Eph. 4, 7—13).
Der Geist gibt keine Gaben, daß sie ungenutzt liegenbleiben. Die Tätigkeit des Menschen ist das normale, hauptsächliche Instrument, dessen er sich bedient. Aber wenn der Mensch die Kraft des Heiligen Geistes weder gebraucht noch anerkennt, dann versucht er eigenmächtig, wie Paulus in Galater 3 sagt, den Geist zu umgehen. Ihm fehlt dann die Kraft, das zu tun, was nur der Geist tun kann.

Der Heilige Geist wirkt durch sein Wort

Der Geist Gottes erwartet vom Seelsorger, daß dieser sich auf die Bibel stützt. Wir werden später (S. 45) sehen, daß er sein Wort zu

diesem Zweck gegeben hat, und daß es voller Kraft ist, wenn es auch dazu gebraucht wird (2. Tim. 3, 16. 17: „Jede von Gottes Geist eingegebene Schrift ist nütze zur Lehre, zur Überführung des Sünders, zur Besserung, zur Erziehung in der Gerechtigkeit, damit der Mensch Gottes vollkommen sei, zu jedem guten Werk völlig ausgerüstet.").
Das seelsorgerliche Wirken des Geistes vollzieht sich in der Regel durch den Dienst am Wort. Es ist hier nicht nötig, auf alle Bibelstellen einzugehen, die von diesem Zusammenhang zwischen Geist und Wort reden, weil das in der Systematischen Theologie schon öfter getan worden ist und in Werken, die sich speziell mit dem Wirken des Heiligen Geistes befassen.[5] Aber es wird nötig sein, die Bibel daraufhin zu untersuchen, *was* der Heilige Geist über Seelsorge sagt. Dies ist bisher nicht in befriedigender Weise getan worden.
Ein Wort soll jedoch noch gesagt werden über die Art, wie der Heilige Geist die Schrift gebraucht. Man sollte Aussagen wie zum Beispiel: „Vom Geist getrieben werden" (Gal. 5, 18: „Doch wenn ihr vom Geist getrieben werdet, seid ihr nicht mehr unter dem Gesetz.") nicht so verstehen, als ob man ohne die Weisungen der Bibel geführt würde. Vielmehr bedient sich der Heilige Geist der Bibel, um Menschen zu führen.[6] Das Wort „getrieben" (geführt) bezieht sich nicht auf Gefühle, Ahnungen, Visionen oder außerbiblische Offenbarungen.

Wir müssen den Leitsatz nochmals unterstreichen: Weil der Heilige Geist sich vor allem seines Wortes bedient, um dem Christen in seinem Wachsen den Weg zu zeigen, kann keine Seelsorge wirklich Erfolg haben, die ohne die Bibel arbeitet.[7]
In diesem Buch werden wir oft das Wirken des Heiligen Geistes in der Seelsorge erwähnen; aber auch wo dies nicht der Fall ist, wird dennoch daran gedacht. Wir werden ausführlich auf die Methodik der Seelsorge zu sprechen kommen, und es könnte der Eindruck entstehen, der Geist Gottes könne durch menschliche Methoden ersetzt werden (besonders, wenn man dieses Buch nur auszugsweise liest).

---

[5] So z. B. die Studie von Otto Rodenberg: *Wort und Geist*, Theologischer Verlag Rolf Brockhaus, Wuppertal, 1969 (Anm. d. Übers.).

[6] Der Heilige Geist öffnet den Gläubigen das Verständnis der Bibel. In 1. Kor. 2 stellt Paulus fest, daß die Menschen die Dinge Gottes nicht verstehen können, wenn der Geist nicht Verstehen schenkt.

[7] Man vergleiche zum Beispiel die Stellen in Röm. 15, 13 und 15, 4. „Hoffnung" und „Trost" kommen durch die „Schriften" und auch durch die „Kraft des Heiligen Geistes". Beides ist wahr; denn der Heilige Geist gebraucht die Schrift, um Hoffnung zu geben.

Es ist irrig zu meinen, menschliches Planen schließe das Wirken des Heiligen Geistes aus, oder das Wirken des Geistes mache eine gute Methodik überflüssig. Als der Heilige Geist die ersten Christen in Jerusalem dazu bewegte, spontan ihre Güter an die Armen in der Gemeinde zu verteilen, war er nicht anders oder mächtiger am Werk als in der Sammlung, die Paulus mit demselben Zweck unter den Christen des Mittelmeerraumes durchführte. Methode, Organisation, Gewandtheit und Begabung stehen nicht im Gegensatz zum Wirken des Heiligen Geistes. Der Unterschied liegt in der inneren Haltung und Absicht des einzelnen. Stützt sich einer in seiner Arbeit auf seine eigenen Anstrengungen, ist er abhängig von Methoden, *oder* anerkennt er seine eigene Unfähigkeit und bittet er den Geist, seine menschlichen Gaben und Methoden zu gebrauchen?

Natürlich kann man Methoden, Fertigkeiten und Gaben mißbrauchen. Man kann sie dem Geist entgegensetzen und mit ihnen sein Werk zu ersetzen suchen. Aber sie können auch in völliger Unterordnung für ihn gebraucht werden, zur Ehre Gottes und zum Nutzen seiner Gemeinde. Davison hat das deutlich gesehen, wenn er mit Recht davor warnt, ein geistliches Ziel dadurch erreichen zu wollen, daß man nur Methoden übernimmt, Regeln vermehrt und äußere Normen beachtet. Auch wenn das alles an sich gut ist, ist es doch erst dann hilfreich, wenn wir es dem Heiligen Geist unterordnen.[8]

---

[8] W. T. Davison: *The Indwelling Spirit* (Hodder and Stoughton, New York, 1911), S. 167 f.

3. Was fehlt den „seelisch Kranken"?

In der Nummer vom 3. November 1967 brachte *Time Magazine* einen Bericht mit dem Titel: „Der Aufstand des Leo Held“:
„Praktisch nichts im Leben von Leo Held deutete auf das Ende hin, das es nehmen sollte. Held, ein vierzigjähriger, stämmiger (1,80 m, 90 kg) Laboratoriumstechniker in einer Papierfabrik in Lockhaven, Pennsylvania, war Mitglied eines Schulbeirates, Pfadfinderführer, Sekretär einer Feuerwehrbrigade, Kirchgänger und liebevoller Vater. Zwar zankte er sich hin und wieder mit seinen Nachbarn, fuhr allzu rücksichtslos über die steigungsreichen Straßen zwischen der Papierfabrik und seinem Heim in Loganton und ärgerte sich zuweilen über seine Arbeit, die er nun schon während neunzehn Jahren versah. Aber für die meisten seiner Nachbarn und Mitarbeiter galt er als verantwortungsvoller und achtbarer Bürger.
Dieses Bild wurde jählings zerstört, als Held sich entschied, eine Einmannrevolte gegen die Welt, die er fürchtete und haßte, zu inszenieren. Nachdem Held seine Frau zur Arbeit und seine Kinder zur Schule gebracht hatte, steckte er — ein treffsicherer Schütze — zwei Pistolen ein: eine automatische 0,45 und eine Smith and Weston, 0,38 Kaliber, und fuhr zur Papierfabrik. Nachdem er den Wagen sorgfältig geparkt hatte, betrat er die Fabrik, in beiden Händen eine Pistole. Zornerfüllt, aber mit kühler Berechnung, begann er auf seine Mitarbeiter zu schießen, traf jedes seiner Opfer mit zwei oder drei Kugeln und feuerte im ganzen mindestens dreißig Schüsse ab ... Ein hastig formierter Trupp fand ihn trotzig schnaubend: ‚Fangt mich nur; ich knalle keinen der Bullen mehr nieder!‘
Verwirrte Beamte entdeckten dann dürftige Motivationen für seine Handlungsweise: Eine seiner Mitarbeiterinnen war aus einer Auto-Interessengemeinschaft ausgetreten und hatte sich über Helds Autofahren beklagt. Viele seiner Opfer in der Fabrik waren entweder Vorgesetzte oder Mitarbeiter, die befördert worden waren, während er selbst nicht berücksichtigt worden war. Held hatte sich über den Rauch geärgert, der durch das Verbrennen von Blättern entstanden war ...
Unter Helds gleichmütigem Äußeren hatten sich unauslöschlicher Haß

und Zorn angesammelt. Eine Nachbarin erzählte von einem Streit wegen eines abgefallenen Astes, der Held so wütend gemacht hatte, daß er die einundsiebzigjährige Witwe mit einem Holzstück schlug. Sie klagte ihn des tätlichen Angriffes und der Mißhandlung an, aber das Gericht lehnte ihre Klage samt Helds Gegenbeschwerde ab. Wenn der Richter ‚es sich ein wenig besser überlegt', sagte die Witwe, ‚und gesehen hätte, daß er hier einen kranken Mann vor sich hatte, der in psychiatrische Behandlung gehörte, wäre dieses Unglück verhütet worden.'"

War Held tatsächlich krank? Hatte die Witwe recht? *Time Magazine* hat die Frage — absichtlich oder nicht — beantwortet. Der Kommentar unter einem Bild des Mörders, der verwundet am Boden liegt, lautete: „Verantwortlich, achtbar — und voller Haß."

Time berührt den strittigen Punkt. Held war nicht krank, sondern voller Haß. Der erste Gedanke der Witwe ist bezeichnend: „Er ist krank und braucht einen Psychiater." Dies zeigt, wie sehr man schon dem Denken und der Propaganda der Psychiatrie erlegen ist.

Der tatsächliche Zustand solcher Menschen wie Held wurde aber schon lange vorher erkannt: in Sprüche 26, 23—26, einer Stelle, die Menschen beschreibt, in denen sich Mißgunst, Haß und Bitterkeit ansammeln. Lange Zeit konnte Held seinen Haß äußerlich scheinbar mit Ruhe und Freundlichkeit überdecken. Schließlich aber brach er durch. Das meinen diese Worte: „Blanke Glasur, mit der ein irdenes Gefäß überzogen ist: So sind liebeglühende Lippen und ein boshaftes Herz." (Spr. 26, 23.)

Äußerlich schien Held vertrauenswürdig und achtbar; aber innerlich gärte der Haß. Zu seinen Pfadfindern sprach Held mit „liebeglühenden" Lippen. In der Kirche und als Mitglied der Feuerwehrbrigade trug er eine Glasur von Ehrbarkeit zur Schau. Spr. 26, 24 f.: „Mit seinen Lippen verstellt sich der Hasser; aber in seinem Innern hegt er Trug. Wenn er freundlich redet, traue ihm nicht, denn sieben Greuel sind in seinem Herzen."

Dieser Abschnitt sagt, daß Wut, Haß, Groll und Bitterkeit, innerlich angestaut, eine Menge weiterer Probleme verursachen. Als die Verbitterung in Held schließlich den Siedepunkt erreichte, beschloß er, alle, die ihm seiner Meinung nach Unrecht getan hatten, umzubringen. Die Stelle in Sprüche 26 schließt mit der Warnung, daß man zwar für eine gewisse Zeit Haß verdecken kann, daß aber auf die Dauer „die Bosheit offenbar wird". Die verdeckten Gefühle und Einstellungen werden an den Tag kommen. Genauso explodierte der Haß bei Held in der Öffentlichkeit und zeigte, wie es in Wahrheit in ihm aussah. Held ist nur ein Beispiel. Haß kommt noch auf zahllose andere Arten an den Tag.

„Seelische Erkrankung" — eine unrichtige Bezeichnung

Der Fall Leo Helds illustriert, warum eine wachsende Anzahl von bedeutenden Fachleuten angefangen hat, gegen den Begriff der „seelischen Krankheit" und gegen die starke Propagandakampagne, die unter dieser irreführenden Bezeichnung geführt wurde, Stellung zu nehmen.

Die Bezeichnung „seelische Krankheit" wird äußerst vieldeutig verwendet. Bockoven spricht zum Beispiel von der Unmöglichkeit, „seelische Krankheit" zu definieren.[1]

Organische Funktionsstörungen des Gehirns, verursacht durch Gehirnverletzungen, Tumore, Erbfaktoren, Drüsenstörungen oder Unregelmäßigkeiten des Stoffwechsels könnte man mit Recht „Geisteskrankheiten" oder „seelische Krankheiten" nennen. Aber gleichzeitig werden viele andere menschliche Störungen zu den „seelischen Krankheiten" gezählt, auch wenn es keine Anzeichen gibt, daß sie von einer Krankheit verursacht sind. Wenn der Ausdruck „seelische Krankheit" für solche Probleme steht, ist er nichts anderes als ein bildhafter Ausdruck, und dazu meistens ein äußerst schlechter.[2]

Um es einfach zu sagen: Die Bibel spricht einerseits von Krankheiten, die organische Ursachen haben, andererseits von Störungen, die sündhafter Haltung und sündhaftem Verhalten entstammen. Aber wo haben wir in der Bibel auch nur eine Spur einer dritten Quelle von Störungen, die in die Nähe des modernen Begriffs der „seelischen Krankheit" käme? Wer als Christ lautstark versichert, daß es eine Krankheit der Seele oder des Geistes gibt, sollte dies auch von der Bibel her beweisen können. Solange dieser Beweis nicht erbracht

---

[1] J. Sanborn Bockoven: „Community Psychiatry, a Growing Source of Social Confusion", *Psychiatry Digest,* März 1968, S. 51.

[2] Vgl. Thomas Szasz, a.a.O.

Vom Pfarrer erwartet man, daß er ein Förderer der *Mental Health*-Propaganda werde; man fordert ihn auf, „der Familie *und* der Gemeinde zu helfen, ‚seelische Krankheiten' als Krankheiten und nicht als Unehre anzunehmen". (Archibald F. Ward und Granville L. Jones, *Ministering to Families of the Mentally Ill,* The National Association for Mental Health, New York, o. J., S. 4.)

ist, ist es sicher am besten, mit der Bibel zu erklären, daß der Ursprung von Krankheiten zweifacher und nicht dreifacher Art ist.

Gewisse Verwirrung entsteht aus der Tatsache, daß körperliche Krankheiten psychisch bedingt sein können. Sorgen können zum Beispiel Magengeschwüre verursachen, Angst kann zu Lähmungen führen. Die resultierenden Störungen werden in der Regel „psychosomatische Krankheiten" genannt. Es sind also echte, körperliche Krankheiten, die Folgen seelischer Schwierigkeiten sind. Aber man muß unterscheiden zwischen Krankheiten, die von seelischen Spannungen verursacht sind, und solchen, die die *Ursache* seelischer Spannungen sein sollen.

Die Maske — ein Weg, Probleme zu verdecken

Was fehlt also den „seelisch Kranken"? Ihre Schwierigkeiten liegen in ihnen selbst, sind selbstverursacht. Der gefallene Mensch entfernt sich von Gott. Der Mensch ist in Sünde geboren, geht in die Irre von Geburt an (Ps. 58, 4) und wird deshalb „natürlicherweise" sündhafte Schliche versuchen, um seiner Sünde nicht ins Auge sehen zu müssen. Den Problemen des Lebens gegenüber nimmt er verschiedene Haltungen ein, die ihn in Sünde und Schuld verstricken, und ändert diese, je nachdem, ob sie zu Erfolg oder Mißerfolg führen. Abgesehen von den Menschen, deren Störungen organisch bedingt sind, sind die „seelisch Kranken" in Wahrheit Menschen, die ihre Probleme nicht bewältigt haben.

Man ist je länger desto mehr davon überzeugt, daß viel abwegiges Verhalten als Maske dient, die die Aufmerksamkeit von anderem abwegigem Verhalten ablenken soll.[3]

Man hat sich die Sache folgendermaßen vorzustellen: Irgendwann in der Vergangenheit (vielleicht weit zurückliegend) wurde durch fremdartiges Benehmen eine positive Reaktion in der Umwelt erzielt, wobei die Aufmerksamkeit von anderem falschem Verhalten abgelenkt wer-

---

[3] Vgl. O. H. Mowrer: *The Crisis in Psychiatry and Religion*, S. 81—102 (besonders S. 83—91), wo Mowrer Tim Wilkins' „Dick Tracy Theorie der Schizophrenie" darlegt. Eine neuere Illustration dieses Gesichtspunktes stellt die Arbeit von Walter C. Stolov dar, der am Spital der Universität von Washington bei der Rehabilitation von Patienten mit ernsten Gehstörungen arbeitete. Vgl. *Medical News*, Band 209, Nr. 10 (8. Sept. 1969), S. 1442.

den konnte.[4] Bei der nächsten Gelegenheit versuchte man dann wieder, sich hinter fremdartigem Benehmen zu verstecken, und entdeckte, daß diese List häufig verfing. Wenn dies oft genug vorkam, entwikkelte sich daraus eine Gewohnheit. Sie wurde zum üblichen Mittel, zu dem immer dann Zuflucht genommen wurde, wenn man eine Sünde begangen hatte.

Man mag diese Taktik häufig mit Erfolg anwenden (so häufig, um sie zu einer ausgeprägten Gewohnheit werden zu lassen), aber sie wird auf die Dauer nicht so erfolgreich sein wie am Anfang. Wenn man zum Beispiel den Kinderschuhen entwächst und erwachsen wird, wird es schwieriger, sich einfach zu verstecken. Nun werden rationale Erklärungen für das Verhalten erwartet. Die unter dem Zwang von Gewohnheiten stehende Person wird weiterhin versuchen wollen, sich in fremdartiges Benehmen zu flüchten, statt sich zu ändern.

Wiederholtes Versagen solcher Versuche zwingt schließlich dazu, gewisse Änderungen vorzunehmen. Aber auch dann wird nicht die Art des Verhaltens geändert, sondern nur dessen Intensität. Um also weiterhin das wahre Ich zu verbergen, steigert man sich in immer fremdartigere Handlungsweisen hinein. Wenn die Gewohnheit nicht gebrochen wird, verhält man sich u. U. bald so „anormal", daß die Gesellschaft einen schließlich in eine Anstalt einweisen wird. Auf diese Weise kann das Verhalten eines Menschen in kürzester Zeit völlig unannehmbar werden.

Ein solcher Mensch wird bald herausfinden, daß sein Verhalten ihm keinen echten Nutzen bringt, auch wenn es ihn vor dem Entdecktwerden schützt. Je grotesker seine Handlungen werden, desto mehr wird er merken, daß ihn sein Verhalten von der Umwelt trennt. Seine Beziehungen zu Freunden brechen ab, und er entfremdet sich der Gesellschaft, die er so verzweifelt nötig hat, im selben Maße, wie er sich verbirgt. Er weiß, daß er eine Lüge lebt, und sein Gewissen löst schmerzhafte, psychosomatische Reaktionen aus. Schließlich wird er ein elender Mensch, äußerlich isoliert und andern entfremdet, innerlich zerrissen.

Stefan war ein junger Mann, den ich in einer psychiatrischen Klinik in Illinois kennenlernte. Die Diagnose lautete auf katatonische Schizophrenie. Er sagte praktisch kein Wort und schlurfte wie betäubt um-

---

[4] Auch diese Art von anomalem Verhalten ist (wie jedes sündhafte Verhalten) das Produkt eines „hinterhältigen Herzens". (Jer. 17, 9: „Hinterhältig ist das Herz über alles, und heillos ist es. Wer kann es erforschen?")

her. Wenn er sich setzte, erstarrte er in einer bestimmten Stellung. Zuerst schien jedes Gespräch mit Stefan unmöglich. Er weigerte sich zu sprechen.

Die Berater sagten ihm, sie wüßten genau, daß er alles verstehe, daß er wisse, was um ihn her vorgehe; er habe vielleicht andere zum Narren gehalten — die Psychiater, die Eltern, die Schulbehörden —, aber sie würden sich von ihm nicht täuschen lassen. Sie versicherten ihm, daß er um so eher die Klinik verlassen könne, je eher er zu sprechen anfange.

Stefan blieb bei seinem Schweigen, aber er durfte in der Gruppe weiterhin die Beratung der anderen mitverfolgen. Die folgende Woche konzentrierte man sich dann auf ihn, und die Berater arbeiteten jeweils länger als eine Stunde mit ihm. Sein Widerstand begann zusammenzubrechen. Seine zögernden Antworten zeigten, daß er alles verstand. Es bestand kein Grund anzunehmen, daß er den Kontakt mit der Wirklichkeit verloren hatte.

Als Stefan zu antworten anfing, zeigten sich langsam die groben Umrisse seiner Probleme. In der dritten Woche brach sein Widerstand vollends zusammen. Stefan hatte weder geistige noch emotionale Störungen. Sein Denken und seine Gefühle waren völlig intakt. Er selbst war der Urheber seiner Schwierigkeiten. Sein Problem war zwar schwerwiegend, aber klar zu erkennen.

Er erzählte uns, wie er seine Zeit als Statist in einem Theaterstück vertrödelt hatte, anstatt seinen Studien nachzugehen. Aus diesem Grunde hatte er in der Mitte des Semesters die Mitteilung erhalten, seine Leistungen seien in vielen Fächern ungenügend. Das bedeutete, daß er durchfallen würde. Stefan aber wollte seinen Freunden und seinen Eltern nicht als verkrachte Existenz gegenübertreten und tarnte sein eigentliches Problem. Er fing an, sich fremdartig zu benehmen, und fand heraus, daß dadurch jedermann von seinem eigentlichen Problem abgelenkt wurde. Man glaubte, er befinde sich in einer geistigen Umnachtung, habe den Kontakt mit der Wirklichkeit verloren, kurz: er sei geisteskrank.

Stefan gebrauchte also die „Krankheit" als Vorwand, um die Konfrontation zu vermeiden, so wie etwa ein kleiner Schüler sich krank stellt, um einer Klassenarbeit auszuweichen, für die er sich nicht genügend vorbereitet hat.

Stefan hatte diese Methode schon früher angewendet, aber noch nie auf so radikale Weise. Manchmal hatte er sich einfach zurückgezogen, so daß es schwierig geworden war, mit ihm zu verkehren. Dann wieder war er einfach fortgelaufen und hatte sich stundenlang nicht mehr blicken lassen. So hatte er über Jahre hin eine Ausweich-Gewohnheit entwickelt, zu der er jeweils in unangenehmen und spannungsreichen Situationen Zuflucht nahm. In der Krise im College tat er nun dasselbe.

Stefans Problem bestand nicht in einer seelischen Krankheit, sondern in Schuld, Scham und Angst.

Während er mit den Beratern sprach, merkte er, daß sie von ihm jene Entscheidung forderten, die er bisher nicht hatte treffen wollen. Er mußte sich entscheiden, ob er nach Hause gehen und seinen Eltern und Freunden die Wahrheit sagen, oder aber den Bluff fortsetzen wollte.

Als wir in der fünften Woche abreisten, arbeitete er immer noch an dieser Entscheidung. Er faßte die Frage in folgende Worte: „Ist es besser, für den Rest meines Lebens so weiterzumachen, oder heimzugehen und die Suppe auszulöffeln?"

Bei der Arbeit mit Stefan zeigte es sich, daß er sich desto schuldiger fühlte, je mehr ihn die andern wie einen Kranken behandelten. Er war sich ja seiner Lüge voll bewußt.

Der Berater muß wissen, daß es den Menschen schadet, wenn man auf ihre Täuschungen eingeht. Wenn Leute sich tarnen, wenn sie sich verstecken, um einer Entdeckung zu entgehen, wenn sie vorgeben, krank zu sein, wird es mit ihnen um so schlimmer, je mehr man sie wie Kranke behandelt. Ihren Zustand zu entschuldigen, ist das Liebloseste, was man tun kann. Man erschwert ihnen dadurch nur ihre Lage.

Sobald man Stefan als verantwortlichen Menschen behandelte, gab er Antwort. Zum erstenmal begann er, sich selbst wieder etwas zu achten. Und so fing er dann auch an, über seinen Zustand zu sprechen.

Im Gegensatz zu vielen heutigen Auffassungen zeugt es nicht von Barmherzigkeit, sich des Urteilens zu enthalten. Wenn man in solchen Leuten Opfer und nicht Übertreter ihres Gewissens sieht, wenn man ihr Verhalten „neutral" nennt, vergrößert man nur ihre Lüge und damit die Last ihrer Schuld. Diese „Rücksicht", erklärte Stefan, sei für ihn grausam gewesen, da sie zusätzliche Qual und Bedrängnis erzeugt habe. Nichts habe ihn mehr geschmerzt als der Besuch seiner Eltern, die ihn als unschuldiges Opfer der Umstände freundlich behandelten.

Genau wie Stefan versuchte Maria sich zu tarnen, damit das eigentliche Problem nicht entdeckt würde. Die Methode, die sie über Jahre entwickelt hatte, war allerdings ganz anders. Nach der Diagnose des Psychiaters war Maria manisch-depressiv. Anstatt sich zu verschließen und den Kontakt mit der Welt abzubrechen, wie Stefan es getan hatte, hieß Marias Taktik: „Ich übertöne euch so lange, bis ihr aufhört, mich zu belästigen."

Sobald der Berater den Finger auf die wunde Stelle in Marias Leben legte (wie sich herausstellte, war es Ehebruch mit ihrem Nachbarn), begann sie zu brüllen, zu heulen und zu schreien, was ihre Lungen hergaben. Unter Schluchzen schrie sie: „Lassen Sie mich allein! Lassen Sie mich allein!"

Bisher hatte Maria erfolgreich ihre Eltern und andere Menschen abgewehrt und vertrieben, als sie herauszufinden versuchten, was ihrer Not zugrunde lag. Jetzt wandte sie ihren erprobten Trick auch gegenüber den Beratern an, die sich aber von ihren Reaktionen nicht einschüchtern ließen. Sie schauten Maria in die Augen und sagten: „Seien Sie still! Wenn Sie nicht aufhören, sich so unsinnig zu betragen und sich weigern, dieses Thema anzuschneiden, dann können wir Ihnen einfach nicht helfen. Wir wissen, daß Sie echte Schwierigkeiten haben, und wir wissen, daß etwas in Ihrem Leben nicht in Ordnung ist. Und jetzt rücken Sie heraus mit der Sprache!"

Ohne ihr *falsches* Mitleid zu zeigen, ohne auf ihre Tränen zu reagieren, ohne sich von ihrer Taktik übers Ohr hauen zu lassen, entfernten die Berater die Maske und versuchten, so direkt wie möglich zur Sache zu kommen. Darauf änderte Maria ganz plötzlich ihr Gesicht und erzählte ihre Geschichte, diese erbärmliche Geschichte, die sie bisher keinem Menschen anzuvertrauen gewagt hatte.

Nur wer sich von ihrem Schreien und ihren Tränen nicht beeindrukken ließ, konnte dieser Frau helfen. Die Berater kümmerten sich in der rechten Art um ihre Gefühle, wollten aber auch die dahinterliegenden Tatsachen kennen. Sie bestanden darauf, mit Fakten zu arbeiten.[5] Sie nannten die Dinge beim Namen. Maria hatte zu lernen, daß sie ihre Schutzmaske ablegen mußte, wenn sie wirklich Hilfe wollte. Sie fand Hilfe, indem sie ihre Schuld Gott bekannte und ihr Verhalten änderte.

---

[5] Rogers' Theorie ist in diesem Punkt höchst mangelhaft, weil er sich nur mit Gefühlen befassen will. Vgl. Kapitel 6.

Häufig kommen Leute in die Seelsorge, die gut darauf vorbereitet sind, ihre kleinen Vorstellungen zu geben, die gewohnte Platte ablaufen zu lassen. Frauen bringen Handtaschen mit, die mit Wegwerftaschentüchern vollgestopft sind, und Männer kommen in schlechter Laune, bereit, jeden Augenblick in Zorn auszubrechen.

Für den Seelsorger ist dieses Benehmen eine Gelegenheit, dem Betreffenden zu helfen. Er macht den Ratsuchenden auf sein gegenwärtiges Verhalten aufmerksam, befaßt sich also nicht nur mit dessen übrigen Problemen, sondern konfrontiert ihn gerade auch mit dem unehrlichen Betragen in der Seelsorge.

Ausweich-Gewohnheiten müssen korrigiert werden. Der Seelsorger deckt auf, was solchem Verhalten zugrunde liegt. Er muß erklären, wie man sich in solchen Situationen nach biblischen Grundsätzen verhält. Er muß dem Hilfesuchenden zeigen, wie diese Ausweich-Gewohnheiten seine Schwierigkeiten noch vergrößert haben. Der Berater wertet also nicht *nur* Informationen aus, sondern trägt auch den Gefühlen und dem momentanen Verhalten Rechnung.

Wenn Gefühlsregungen dazu dienen, etwas anderes zu verbergen, korrigiert der Berater dieses Verhalten genauso wie das Problem, das hinter dieser Tarnung steckt. Dem ganzen Menschen muß geholfen werden. Seine Schwierigkeiten müssen in ihrem vollen Ausmaß gesehen werden.

Homosexualität — kein Spezialfall

Das Gesagte wird auch am Beispiel der Homosexualität deutlich. Viele Fälle von Homosexualität zeigen eine ähnliche Entwicklung, die oft so aussieht: Frank wurde früh (oft geschieht dies schon vor der Pubertät) in homosexuelle Beziehungen verwickelt. Bevor er das dreizehnte Lebensjahr erreichte, begann er, sich mit einer gewissen Regelmäßigkeit homosexuell zu betätigen. Vielleicht hat er aus reiner Neugier angefangen, vielleicht wollte er vor den anderen ein Kerl sein.

Bei vielen anderen hatte es genauso angefangen wie bei Frank: Eine Schar Knaben kam in einem Versteck zusammen, um eine Bande zu formieren. Alles verlief recht unschuldig, bis einer auf die Idee kam, es sollte nur aufgenommen werden, wer bereit war, sich vor den anderen ganz auszuziehen. Wie die Einzelheiten einer Geschichte auch aussehen mögen, homosexuelle Sünde scheint nicht allein ein Ergebnis genetischer Faktoren[6], sondern, wie auch in Franks Fall, eine angelernte Gewohnheit zu sein. Nach kurzer Zeit wird homosexuelle Betätigung zur festen Gewohnheit, die schließlich zu einer Lebensweise wird. Die Gewohnheit kann sich so tief einprägen, daß Homosexualität ein genetisches Problem zu sein scheint.

Von der Bibel her gesehen haben wir keinen Grund, Homosexualität als durch Erbfaktoren bedingt zu betrachten. Die Bibel nennt homosexuelle Betätigung Sünde. Ohne Erlösung durch Christus würde jeder sündige Mensch Gottes wunderbare Gabe der Sexualität auf irgendeine Weise entstellen. Wie sich die Sünde im einzelnen Fall zeigt (ob nun homo- oder heterosexuell), kommt auf das gelernte Verhalten an. Manche Menschen, die mit den sexuellen Schwierigkeiten der Pubertät oder des späteren Lebens nicht zurechtkommen, suchen einen Ausweg in der Homosexualität.[7]

In der Regel entwickelt derjenige, der sich homosexueller Sünde hingegeben hat, eine grob entstellte Sicht der Geschlechtlichkeit und anderer zwischenmenschlicher Beziehungen. Er entdeckt zum Beispiel, daß er ein Doppelleben führen muß. Er trägt also eine schwere Last von Angst und Schuld mit sich herum.

Zum Bild der Homosexualität gehört die Lüge. Jeder, der ein Doppelleben führt, wird mit der Zeit ein gerissener Lügner. Es ist schwierig, ihm zu glauben, weil er Versprechungen macht, die er nicht hält. Dies kann für den Berater, der ihm zeigen muß, welche Rolle die Lüge in seinem Leben spielt, zu häufigen Enttäuschungen führen. Die Charakterzüge von Homosexuellen stimmen voll mit dem überein, was

---

[6] In Röm. 1, 26 ist gesagt, daß Homosexualität *para physin*, gegen die Natur, ist, und in V. 27 wird sie eine „Verirrung“ genannt. In der Bibel gibt es nur *eine* von Gott gegebene Antwort auf den Wunsch nach Erfüllung des geschlechtlichen Verlangens: „Es ist besser, zu heiraten, als sich in Begierde zu verzehren.“ (1. Kor. 7, 9.) Die Ehe ist (unter vielem anderen) Gottes Alternative zur Unzucht: „Um der Vermeidung von Unzuchtssünden willen soll jeder Mann seine eigene Frau, und jede Frau ihren eigenen Mann haben.“ (1. Kor. 7, 2.)

Die alte sündhafte Gewohnheit muß gebrochen und durch eine neue, gottgewollte ersetzt werden. Ziele, Mittel und Methoden der Seelsorge an Homosexuellen müssen im Einklang sein mit 1. Kor. 7. Vgl. auch 1. Mose 19, 1—10; 3. Mose 18, 22; Richter 19, 22—26; 20, 13; 1. Kor. 6, 9; 1. Tim. 1, 10. Siehe auch S. 119.

[7] Es ist möglich, daß manche Pubertierende ihre sexuellen Wünsche deshalb homosexuell befriedigen, weil sie dadurch der Gefahr einer Schwängerung entgehen können.

wir über andere angelernte Verhaltensweisen wissen. Bei den Themen „Wut“ und „Groll“ werden wir auf diese Übereinstimmungen zurückkommen.

Adrenochrom oder Schizophrenie?

Die Ansicht, die ich in diesem Buch vertrete, ist, daß es kein Fachgebiet gibt, auf das die Psychiatrie ein exklusives Recht hätte.[8]

Phillips und Wiener kommen mit Recht zu dem Schluß: „Der Psychotherapeut ist nur einer von vielen, die Verhaltensweisen ändern, und die Psychotherapie ist nur eine von vielen Methoden zur Verhaltensänderung.“[9]

Selbst Freud ging nicht so weit, daß er sagte, die Analyse müsse von einem Arzt durchgeführt werden.[10]

Wenn Christen, die ganz in der Seelsorge tätig sind, es vorziehen, sich „Psychiater“ zu nennen, dann ist dagegen nicht viel einzuwenden (obschon es sicher keine sehr glückliche Bezeichnung ist), solange sie nicht dem Pfarrer oder dem praktischen Arzt gegenüber ein Gebiet exklusiv für sich beanspruchen.[11] Der Seelsorger arbeitet Seite an Seite mit dem Arzt. Dieser wird ihm unschätzbare Dienste leisten, indem er feststellt, wo eine Funktionsstörung der Schilddrüse oder etwas Ähnliches Ursache des anomalen Verhaltens ist. Natürlich gibt es

---

[8] Vgl. John S. Werrys interessanten Artikel *The Psychiatrist and Society (The Dis-Coverer*, Nr. 3, August 1968), in dem es heißt, die Spezialausbildung gebe dem Psychiater „keine bessere Ausrüstung als die, die jeder andere Mensch gleichen Alters und gleicher Erfahrung im Umgang mit gestörten Menschen auch habe“ (S. 8). Werry meint, die psychiatrische Ausbildung sei größtenteils irrelevant für die Arbeit, die der Psychiater leisten müsse.

Vgl. auch Harry S. Sullivan, „Therapy and Education in Psychiatry“, in: *Interpersonal Relations*, Patrick Mullahy Hrsg. (Science House, New York, 1967, S. 204 f.).

Bernard Steinzor schrieb: „Ich werde an einigen Stellen die Frage aufwerfen, ob das Fachwissen, das der Psychiater hat, eine Bedeutung habe für die Veränderung des Lebens eines Patienten.“

[9] E. L. Phillips und D. N. Wiener: *Short-Term Psychotherapy and Structured Behavior Change* (MacGraw-Hill Book Co., New York, 1966, S. 9).

[10] Freud schrieb: „Ob diese Person (d. i. diejenige, die zur Ausübung der Analyse ‚sich durch bestimmte Ausbildung die Berechtigung erworben hat‘) nun Arzt ist oder nicht, erscheint mir als nebensächlich.“ (*Gesammelte Werke*, Imago Publishing Co., London, 1948, Band 14, S. 267.)

[11] Der Pfarrer hat nicht direkt mit Gallensteinen und Blinddarmentzündungen zu tun, aber er hilft auch in solchen Fällen, indem er denen Gottes Wort bringt, die eine Operation oder eine längere Krankheit vor sich haben.

Grenzfälle, wo weder der Arzt noch der Pfarrer sicher sein können, ob ein Problem organische oder nichtorganische Ursachen hat. Das folgende Beispiel soll diese Schwierigkeit verdeutlichen.

Fremdartiges Verhalten bei sogenannten „schizophrenen“ Personen kann durchaus organisch bedingt sein. Osmonds und Hoffers Theorie z. B. geht von der Voraussetzung aus, daß das Wahrnehmungsvermögen durch eine chemische Unregelmäßigkeit gestört sein kann.[12] Wenn im Körper Adrenochrom gebildet wird, zerfällt es normalerweise sofort in andere chemische Verbindungen. Nach Osmond und Hoffer zerfällt bei manchen Menschen dieses Adrenochrom erst nach einiger Zeit, was Wahrnehmungsstörungen zur Folge hat. Bei anderen Menschen zerfällt es zwar sofort, verursacht aber anomale chemische Verbindungen. Beides führt zu chemischen Unregelmäßigkeiten, die Wahrnehmungsstörungen zur Folge haben und den Menschen zu einem Verhalten veranlassen können, das andere als anomal bezeichnen.

Der Osmond-Hoffer-Theorie gemäß liegt die Schwierigkeit also nicht beim Verstand oder bei den Gefühlen, es liegt auch kein sündhaftes Verhalten vor[13], sondern die Wahrnehmung ist durch chemische Vorgänge beeinträchtigt.

Ähnliche Störungen treten auch unter dem Einfluß von LSD, Meskalin oder anderen halluzinogenen Rauschgiften auf. Die Wahrnehmung kann auf verschiedene Weise gestört sein: Farben können außerordentlich kräftig oder blaß erscheinen; gedruckte Wörter fangen an zu tanzen; Bücher, die auf einem Tisch liegen, scheinen fortzufliegen; das Gefühl für Perspektive geht verloren; Speisen werden als sehr bitter empfunden, obwohl sie es gar nicht sind; der Gehörsinn kann zu Zeiten so scharf werden, daß man Töne hört, die aus einem weit entfernten Raum kommen.

Wenn also ein Patient davon spricht, daß er „Stimmen hört“, hat man das Halluzinationen genannt. Vielleicht sind es aber gar keine Halluzinationen, sondern wirkliche Stimmen. Der Patient ist sich darüber gar nicht im klaren, daß er auf große Distanz noch hören kann. Wenn Bücher vom Tisch fortzufliegen scheinen, hebt er vielleicht seine Arme abwehrend vor den Kopf und weicht zurück. Wenn an-

---

[12] Abraham Hoffer und Humphry Osmond: *How to Live With Schizophrenia* (University Books, New York, 1966). Leider behalten die Autoren die irreführende Bezeichnung „Schizophrenie“ auch bei Adrenochromstörungen bei.

[13] Vgl. Anm. 15.

dere dieses Verhalten beobachten, werden sie es natürlich anomal nennen.

Erweist sich die Osmond-Hoffer-Theorie als richtig (die letzte Bestätigung steht noch aus), wird man eine Anzahl derer, die man „schizophren" genannt hat, nicht mehr zu den „Geisteskranken" zählen dürfen, sondern man wird sie vielmehr „Wahrnehmungsgestörte" nennen müssen.[14] Ihre Reaktionen auf falsche Wahrnehmungen mögen durchaus in Ordnung sein.

Wenn ein Buch auf mich zugeflogen kommt (wie mir meine Sinne irrtümlicherweise mitteilen), ist es der einzig richtige Reflex, die Arme zum Schutz des Kopfes zu heben. Vorher unverständliche Gesten können nun als richtig interpretiert werden.

Ist mein Gefühl für Perspektive gestört, so daß ich meine, im nächsten Moment mit jemand zusammenzustoßen, dann ist es ganz korrekt, wenn ich plötzlich zur Seite springe. Mit anderen Worten: Mein Urteilsvermögen ist nicht krank; ich sehe die Dinge zwar nicht, wie sie sind, reagiere aber richtig auf meine (falsche) Wahrnehmung.

Unseres Erachtens braucht die Osmond-Hoffer-Theorie weitere Abklärung. Sie illustriert die Möglichkeit, daß noch zu entdeckende organische Störungen anomalem Verhalten zugrunde liegen können.

Der *Hoffer-Osmond-Diagnostic-Test* (H. O. D.) ist ein Kartentest (heute ein Fragentest), mit dem Hoffer und Osmond die „Schizophrenen" mit organischen Störungen von den anderen glauben unterscheiden zu können. Bestätigt sich diese Theorie, dann dürfte dieser Test ein wertvolles Werkzeug für den Seelsorger sein. Es hilft ihm festzustellen, wer den Arzt und wer den Seelsorger nötig hat.[15]

Hoffer und Osmond haben auch einen Urintest entwickelt, um Störungen im Adrenochrom-Abbau erkennen zu können. Sie behaupten, daß in solchen Fällen eine Niacinamid-Behandlung eine sehr hohe Erfolgsrate erzielt habe.

---

[14] Natürlich schließt Wahrnehmung geistige Vorgänge ein und darf nicht zu streng von ihnen unterschieden werden. Das Urteilsvermögen jedoch wird dadurch nicht beeinträchtigt. Das Problem ist, daß aufgrund falscher Informationen richtig geurteilt wird.

[15] Ich möchte hier allerdings keine völlige Trennung vornehmen. Wenn sich falsche Gewohnheiten aufgrund von Wahrnehmungsstörungen entwickeln (zum Beispiel Rückzug aus der Gesellschaft, Verdächtigung von andern usw.), kann eine seelsorgerliche Behandlung zusätzlich zur ärztlichen von großer Bedeutung sein.

Ob die Probleme also durch chemische Störungen oder durch moralisches Fehlverhalten bedingt sind, die Antwort auf die Titelfrage dieses Kapitels (Was fehlt den „seelisch Kranken"?) scheint klar: Einiges mag nicht in Ordnung sein mit den „seelisch Kranken", aber das eine muß in den meisten Fällen ausgeschlossen werden: eine Krankheit der Seele oder des Geistes.[16]

[16] D. h. mit der Ausnahme von organisch verursachten Störungen wie Gehirnverletzungen, Arterienverkalkung oder vererbten Gehirnstörungen. In jedem Falle (auch bei den Adrenochromstörungen) ist der Patient im Rahmen seiner Möglichkeiten dafür verantwortlich, seine Beeinträchtigungen so zu ertragen, wie Gott uns das in seinem Wort zeigt.

4. Was ist „nuthetische Beratung"?

Jesus Christus ist die Mitte aller christlichen Seelsorge. Seelsorge, die Christus aus dieser zentralen Stellung rückt, hat in dem Maße, in dem sie dies getan hat, aufgehört, christlich zu sein.
Wir kennen Christus und seinen Willen durch sein Wort. Deshalb wollen wir uns der Bibel zuwenden, um zu erfahren, welche Anweisungen Christus, König und Haupt der Kirche, zur Beratung von Menschen mit persönlichen Problemen gegeben hat. Wir werden sehen, daß die Bibel viel über dieses Thema aussagt. Wir beginnen mit einer Untersuchung dessen, was wir „nuthetische Zurechtweisung" nennen.
Den Begriff „nuthetisch" haben wir nach dem griechischen Substantiv *nouthesia* und dem Verb *noutheteo* gebildet. Eine Untersuchung der wichtigsten Stellen, in denen diese beiden Wörter im Neuen Testament vorkommen, wird uns zu deren Verständnis führen.

Nuthetische Zurechtweisung — eine Aufgabe der ganzen Gemeinde

Zuerst wird klar: Nach dem Neuen Testament sollten sich alle Christen (nicht nur Pfarrer) nuthetisch betätigen. In Kol. 3, 16 sagt Paulus: „Lasset das Wort Christi reichlich unter euch wohnen; indem ihr einander mit Weisheit belehrt und (vorläufig wollen wir das nächste Wort in Umschrift wiedergeben) *nuthetisch zurechtweist.*"
Nach Paulus sollten alle Christen einander belehren und nuthetisch zurechtweisen. Das wird auch deutlich in Röm. 15, 14, wo Paulus schreibt: „Was euch betrifft, meine Brüder, bin ich selbst überzeugt, daß auch ihr voller Güte seid, erfüllt mit aller Erkenntnis, fähig, auch einander nuthetisch zurechtzuweisen."
In beiden Briefen schildert Paulus Christen, die in alltäglichen Begegnungen sich gegenseitig geistlich zurechthelfen, und zwar in Güte und Erkenntnis. Diese Eigenschaften befähigen die Christen, einander nuthetisch zurechtzuweisen. Dies steht also fest: Jeder Christ sollte sich nuthetisch um den andern kümmern.[1]

---

[1] Die biblische Lehre vom allgemeinen Priestertum der Gläubigen, die in der Reformation neu entdeckt wurde, hat dazu geführt, daß man den Pfarrer

Im speziellen — ein Dienst des Pfarrers

Im speziellen ist nuthetische Zurechtweisung Aufgabe des Hirten der Gemeinde, des Pfarrers. Für Paulus ist sie ein wesentlicher Teil seines Dienstes. Beiläufige Bemerkungen an verschiedenen Stellen zeigen klar, daß sie eine seiner Hauptbeschäftigungen war. In Kol. 1, 28 zum Beispiel sagt er: „Ihn (d. h. Christus) verkündigen wir, indem wir jeden Menschen nuthetisch zurechtweisen."

Wenn Paulus Christus verkündigte, schloß dies nuthetische Zurechtweisung ein. Kol. 1, 28 bezieht sich nicht in erster Linie auf die Predigttätigkeit des Paulus, sondern vor allem auf seinen Seelsorgedienst an einzelnen. Darum sagt er, er weise *jeden Menschen* zurecht.

Den umfassendsten biblischen Bericht darüber finden wir in seinen Abschiedsworten an die Ältesten aus Ephesus (Apg. 20). Dies ist eine bewegende Szene: Von nun an würden sie einander nie mehr sehen. Paulus schaut auf seinen dreijährigen Dienst in Ephesus zurück. Er erinnert sie an Vergangenes, blickt in die Zukunft und beschreibt die Gegenwart. Warnend weist er auf zukünftige Probleme hin und fordert sie auf, nach seinem Vorbild die Arbeit in ihrer Gemeinde fortzusetzen.

Vers 31 zeigt uns auf umfassende Weise, was nuthetische Zurechtweisung ist. Seine Worte geben uns einen tiefen Einblick in den Dienst des Paulus an dem Ort, wo er (soweit wir dies wissen) länger als woanders das Evangelium verkündigte. Drei Jahre lang hielt er nicht nur missionarische Predigten, sondern stand auch in einem ausgedehnten Seelsorgedienst. „Daher wacht und denkt daran, daß ich drei Jahre lang Tag und Nacht nicht aufgehört habe, jeden einzelnen unter Tränen nuthetisch zurechtzuweisen."

Es ist wichtig zu sehen, daß der Dienst nuthetischer Zurechtweisung einen ansehnlichen Teil seiner Zeit beanspruchte, denn er sagt, daß er *nicht aufgehört habe*, dies *Tag und Nacht* zu tun. Immer und immer wieder ermahnte er Menschen nuthetisch.

Man vergißt leicht, daß Paulus mit Seelsorge beschäftigt war. Unser Bild von ihm ist das des Missionars, der weite Länder bereiste und Meere überquerte. Wir denken oft nur an seinen Dienst, durch welchen der christliche Glaube über die ganze *oikumene,* d. h. den ganzen griechisch-römischen Kulturraum, verbreitet wurde. Aber da, wo er

---

pastor pastorum, d. h. Hirte der Hirten, genannt hat. Alle Gläubigen haben einen gegenseitigen Dienst aneinander, der nach Paulus Seelsorge oder nuthetische Zurechtweisung einschließt.

sich eine gewisse Zeit aufhielt, war er als Hirte tätig, um einzelne in ihrem Glauben zu stärken. Er sagt, daß nuthetische Tätigkeit einen Hauptteil dieser Arbeit ausmachte. Das ist ein Grund, weshalb seine Briefe die Namen vieler Menschen enthalten, mit denen er in sehr engem Kontakt stand. Paulus predigte nicht nur auf Marktplätzen, er befaßte sich auch mit einzelnen Menschen, mit Gruppen und Familien, und er wies sie nuthetisch zurecht.

Drei Aspekte nuthetischer Beratung

Der Begriff „nuthetische Zurechtweisung" muß nun genau bestimmt werden. Was heißt *nouthesia?* Dieses griechische Substantiv hat mehrere grundlegende Bedeutungen. Deshalb ist es so schwer zu übersetzen.

Walter Bauer[2] gibt als Übersetzung des Substantivs *nouthesia* „Zurechtweisung", „Ermahnung", „Warnung" an. Die Bibelübersetzungen gebrauchen „Warnung" in 1. Kor. 10, 11 (Zürcher Bibel, Luther, Menge) und schwanken zwischen „Zucht" (Zürcher Bibel) und „Vermahnung" (Luther, Menge) in Epheser 6, 4.

Das Verb *noutheteo* wird von Bauer[3] mit „ermahnen", „warnen", „zurechtweisen" übersetzt. Die genannten Bibelübersetzungen haben in den meisten Fällen „ermahnen" (bzw. „vermahnen" in der Luther-Übersetzung), selten „zurechtweisen". Jörg Zink[4] gibt das Verb an zwei Stellen mit „zurechtbringen" und an einer Stelle mit „den rechten Weg zeigen" wieder.

Doch keiner dieser deutschen Ausdrücke gibt den vollen Sinn von *nouthesia* und *noutheteo* wieder. Da es ein bedeutungsträchtiges Wort ist, dem kein deutsches genau entspricht, wird es in diesem Buch transkribiert. Es wäre u. E. wichtig, dies auch weiterhin zu tun. Da das Wort keine genaue Entsprechung im Deutschen hat, ist wohl auch die damit gemeinte Sache im deutschen Sprachraum weitgehend unbekannt. Vielleicht würde der erste Schritt, *nouthesia* als Begriff und dann auch in der Praxis einzuführen, darin bestehen, daß man versucht, vorerst den griechischen Ausdruck *nouthesia* ins Deutsche einzuführen.

---

[2] *Wörterbuch zum Neuen Testament* (Töpelmann, Berlin, 5. Aufl., 1963), Spalte 1076.

[3] a.a.O. Spalte 1077.

[4] *Das Neue Testament,* übertragen von Jörg Zink (Kreuz-Verlag, Stuttgart, 1965).

Mindestens drei Aspekte sind grundlegend im Begriff der „nuthetischen Zurechtweisung"[5]:

I

Das Wort wird oft im Zusammenhang mit *didasko* (lehren) gebraucht. Aber in Kol. 3, 16 und an anderen Orten ist es davon unterschieden. Nuthetische Zurechtweisung ist auf ein Problem gerichtet, setzt ein Hindernis voraus, das überwunden werden muß: Etwas ist nicht „recht" im Leben dessen, der zurechtgewiesen werden muß. Cremer sagt: (Es geht um eine) „Rektifizierung, indem man einer gewissen Opposition zu begegnen hat und diese durch Einwirkung auf den *nous* (Einsicht, Vernunft), nicht durch Strafe, überwinden oder aufheben will".[6]

Didasko sagt nichts über den Zuhörer aus, es bezieht sich nur auf die Tätigkeit des Lehrenden. Es wird also nicht gesagt, ob der Zuhörer wißbegierig ist. Es kann sein, daß er große Opfer auf sich nimmt, um etwas zu lernen, daß er dafür viel Geld anlegt oder weit reist — oder aber er hat die typische Ansprechbarkeit eines widerspenstigen Schuljungen —, *didasko* sagt nichts darüber aus.

Anders das Wort *nouthesia:* Es hat sowohl den, der zurechtweist, wie auch den, der zurechtgewiesen wird, im Auge. Durch *nouthesia* betont man die Notwendigkeit einer Änderung im Leben dessen, der zurechtgewiesen wird. Ob dieser Widerstand leistet, wird dabei nicht gesagt, doch gibt es in seinem Leben Sünde, Probleme, Schwierigkeiten oder Nöte, die eingestanden und behandelt werden müssen.

Kurz: Nuthetische Zurechtweisung hat ihren Platz dort, wo der Ratsuchende sich in einem Zustand befindet, den Gott geändert haben will. Es gilt, Änderungen im Charakter und Verhalten herbeizuführen.

II

Die zweite Besonderheit, die in dem Begriff der nuthetischen Zurechtweisung enthalten ist, besteht darin, daß die Probleme *im Gespräch* gelöst werden. Trench sagt: „Es ist Erziehung durch Worte — durch das Wort der Ermunterung, wenn dies genügt, aber auch durch das des

[5] Eine gute Abhandlung über den Begriff findet sich im *Theologischen Begriffslexikon zum Neuen Testament,* herausgegeben von Lothar Coenen u. a. (Theologischer Verlag Rolf Brockhaus, Wuppertal, 1967—72, Band I, S. 273 f.). Siehe auch Gerhard Kittel (Herausgeber): *Theologisches Wörterbuch zum Neuen Testament,* Band IV (Kohlhammer, Stuttgart, 1942, S. 1013—1016), und Hermann Cremer: *Biblisch-theologisches Wörterbuch der neutestamentlichen Gräzität* (Gotha, 10. Aufl. 1915, S. 773).

[6] a.a.O. S. 773.

Protestes, der Zurechtweisung, des Tadels. Im Gegensatz dazu steht die Erziehung durch Züchtigung, die mit *paideia* ausgedrückt wird." Als Beleg zitiert Trench Plutarchs Gebrauch von *nouthetikoi logoi* (nuthetische Worte) und fährt fort: „*Nouthetein* hatte oft, wenn nicht immer, die Bedeutung von ermahnen mit Tadel", wofür auch die Herkunft des Wortes von *nous* (Herz) und *tithemi* (legen) spreche. Was Änderung bewirken soll, muß „ans Herz gelegt" werden, damit es ankommt.[7]

Nuthetische Zurechtweisung im biblischen Sinn hat also zum Ziel, das Leben einzelner Menschen durch Änderungen und Anpassung ihrer Verhaltensweisen an biblische Normen in Ordnung zu bringen.[8] Das Wort *nouthesia* schließt formelle Seelsorge weder ein noch aus. Es ist weit genug, um Seelsorge im Studierzimmer des Pfarrers wie auch eine brüderliche Zurechtweisung unter Freunden zu bezeichnen.

In der Bibel finden wir typische Beispiele nuthetischer Zurechtweisung: David wird nach seiner Sünde an Uria und mit Bathseba durch Nathan zurechtgewiesen (2. Sam. 12, 1—14). Christus richtet nach seiner Auferstehung Petrus wieder auf (Joh. 21, 15—19). Andererseits bestand das Versagen des Eli darin, daß er es versäumte, seine Söhne nuthetisch zurechtzuweisen. „So tue ihm nun kund, daß ich sein Haus auf ewig verurteile, weil er wußte, daß seine Söhne Gott lästern, und er es unterließ, sie zu züchtigen" (1. Sam. 3, 13).

In der Septuaginta (der griechischen Übersetzung des Alten Testamentes) findet sich die Verbform *enouthetei*. Eli unterließ es, früh genug, streng genug und ernst genug mit seinen Söhnen zu reden, um die nötigen Veränderungen in ihnen zu bewirken. Zwar finden wir in 1. Sam. 2, 22—25 den Bericht über einen schwachen, aber wirkungslosen Versuch, der viel zu spät kam. „Eli aber war sehr alt geworden. Wenn er nun hörte, was alles seine Söhne an ganz Israel verübten, und daß sie bei den Frauen schliefen, die am Eingang des heiligen Zeltes Dienst taten, sprach er zu ihnen: ‚Warum tut ihr solches, wie ich es vom ganzen Volke höre? Nicht doch, meine Söhne! Das ist kein guter Bericht, den ich vom Volk des Herrn verbreiten höre. Sün-

---

[7] R. C. Trench: *Synonyms of the New Testament* (W. B. Eerdmans, Grand Rapids, 1948, S. 112—114).

[8] Charakterveränderung im biblischen Sinn schließt Sündenbekenntnis, Umkehr und den Aufbau neuer Verhaltensweisen ein. Das darf nicht gesetzlich verstanden, sondern muß als Werk des Heiligen Geistes gesehen werden. Die Verkündigung des Wortes Gottes gehört zur nuthetischen Zurechtweisung. Nur durch die Macht des Heiligen Geistes wird dieser Dienst wirksam.

digt Mensch wider Mensch, so ist die Gottheit Schiedsrichter. Wenn aber ein Mensch wider den Herrn sündigt, wer wollte da für ihn Schiedsrichter sein?' Doch sie hörten nicht auf ihren Vater; denn der Herr hatte beschlossen, sie zu töten."

Das Wort „züchtigen" *(enouthetei)* in 1. Sam. 3, 13 wird wohl am besten wiedergegeben durch „nuthetisch zurechtweisen". Das hebräische Wort bedeutet „schwächen" und drückt aus, daß man sündhafte Handlungen eines anderen zu unterdrücken sucht.

Typischerweise fragt Eli seine Söhne: „Warum tut ihr solches, wie ich es vom ganzen Volke höre?" Etwas war nicht in Ordnung, wenn Eli von anderen Leuten vernehmen mußte, was seine Söhne Böses getrieben hatten. Eigentlich hätte er unter den ersten sein sollen, die davon wußten, und er hätte sie wegen dieser Untaten nuthetisch zurechtweisen müssen.

Bemerkenswert ist auch, daß Eli, als er endlich zu seinen Söhnen sprach, mit dem verhängnisvollen „Warum" begann. „*Warum* tut ihr solches?" Elis Betonung des „Warum" mag auf eines seiner Versäumnisse als Vater hinweisen. Seine Aufgabe war nicht, über die Gründe der Verfehlungen seiner Söhne zu spekulieren; er wußte, daß sie Sünder waren. Seine Aufgabe wäre gewesen, sie davon abzubringen.

Ein zu großer Nachdruck auf dem „Warum" läßt das Bestreben durchschimmern, mildernde Gründe zur Entschuldigung eines Verhaltens zu finden, welches sonst als sündhaft bezeichnet werden müßte. Versäumte Eli in früherer Zeit, seine Söhne nuthetisch zurechtzuweisen, weil er immer damit beschäftigt war, Entschuldigungen für ihr schlechtes Verhalten zu finden?[9] Eli hätte besser daran getan, Nachdruck auf das „Was" zu legen. Hätte er das Verhalten seiner Söhne an Gottes Maßstäben gemessen, hätte er ihnen helfen können.

Die üblichen psychologischen Beratungsmethoden empfehlen oft lange Streifzüge in die Verwicklungen des „Warum" und „Weshalb" des Verhaltens. Im Gegensatz dazu befaßt sich nuthetische Beratung weitgehend mit dem „Was".

---

[9] Vielleicht ist das Wort „warum" hier nur rhetorisch gebraucht, wie anderswo in der Bibel, wo nicht eigentlich nach Gründen gefragt wird, z. B. 1. Mose 4, 6. Wie dem auch sei, wichtig ist, daß Christen die Frage nicht stellen müssen; sie wissen bereits, warum der gefallene Mensch sündigt. Gott hat uns klar gezeigt, weshalb Sünden begangen werden. Das Wissen darum rechtfertigt nuthetische Zurechtweisung.

All die Gründe, die ein Ratsuchender kennen muß, können klar gezeigt werden im „Was". *Was* wurde getan? *Was* muß getan werden, um es in Ordnung zu bringen? *Was* sollte in ähnlichen Fällen in der Zukunft getan werden?

In der nuthetischen Beratung fällt das Gewicht auf das „Was" statt auf das „Warum", weil das „Warum" schon klar ist, bevor die Beratung beginnt. Der Grund, weshalb Menschen in ihrem Verhältnis zu Gott und ihren Mitmenschen in Schwierigkeiten geraten, liegt in ihrer sündigen Natur. Der Mensch kommt als Sünder zur Welt.

Durch die Frage nach dem „Warum" wird viel Zeit verschwendet[10], und oft führt sie nur zu Spekulationen und zum Abschieben der Schuld. Die Frage „Was?" führt zur Lösung von Problemen. „Was hast du getan?" ist eine sehr bedeutsame Frage. Wenn sie beantwortet ist, kann der Berater weitergehen: „Was kann nun getan werden? Was sagt Gott, daß getan werden muß?"

Weil das Ziel nuthetischer Beratung darin besteht, sündhafte Verhaltensweisen durch persönliche Zurechtweisung und Mahnung zur Umkehr zu korrigieren, liegt das Gewicht auf dem „Was". „Was ist nicht in Ordnung? Was kann dagegen getan werden?" Man versteht das „Warum" nie deutlicher, als wenn man sich auf das „Was" konzentriert.

Der zweite Aspekt in nuthetischer Begegnung ist also persönliche Aussprache (Beratung), die bestrebt ist, eine Veränderung, und zwar eine größere Übereinstimmung mit biblischen Grundsätzen und Verhaltensweisen, zu erreichen. Jedes biblisch begründete helfende Wort ist dabei angebracht.

III

Der dritte Aspekt im Wort *nouthesia* weist auf den Beweggrund nuthetischer Tätigkeit hin. Die Zurechtweisung mit Worten soll dem Wohl des Zurechtgewiesenen dienen. Dieses Motiv scheint nie zu fehlen, oft ist es sogar vorherrschend. So gebraucht Paulus in 1. Kor. 4, 14 das Verb folgendermaßen: „Nicht um euch zu beschämen, schreibe ich dies, sondern als meine geliebten Kinder weise ich euch nuthetisch zurecht." Das Gegenteil von „beschämen" ist die gütige Besorgtheit.

Das Wort *nouthesia* ist geeignet, die Besorgtheit von Eltern ihren Kindern gegenüber auszudrücken, und es wird oft im Zusammenhang

---

10 Nuthetische Beratung rechnet mit Wochen, während die meisten Psychiater und Psychotherapeuten Monate oder gar Jahre brauchen.

mit der Familie gebraucht. Die Übersetzer der Septuaginta zeigen ihre Vorliebe für das Wort, um das Verhältnis Elis zu seinen Söhnen zu beschreiben. Das Eltern-Kind-Verhältnis erscheint auch in Eph. 6, 4. Dort spricht Paulus über die Erziehung „in der Zucht und nuthetischen Zurechtweisung des Herrn". Hier und in der Parallelstelle in Kol. 3, 21 ermahnt Paulus die Väter, daß sie ihre Kinder nicht reizen sollen. Auch in den ernstesten Umständen muß ein ungehorsamer Christ als Bruder nuthetisch zurechtgewiesen werden (2. Thess. 3, 15).

Der dritte Aspekt in der nuthetischen Zurechtweisung besteht also darin, das im Leben des Ratsuchenden zu ändern, was ihn bedrückt. Das Ziel muß sein, Probleme direkt anzugehen und im Gespräch zu bewältigen, nicht um den Ratsuchenden irgendwie zu strafen, sondern um ihm zu helfen. Cremer sagt: „Die Grundvorstellung ist die des wohlmeinenden Ernstes, mit dem man auf jemandes Sinn und Gesinnung je nach Umständen durch Belehrung, Ermahnung, Warnung, Zurechtweisung einwirkt."[11]

Der Gedanke der Strafe (auch der Strafe als Erziehungsmittel) ist dem Begriff der nuthetischen Zurechtweisung fremd.[12] Der Beweggrund ist Liebe und tiefe Besorgnis, dem Ratsuchenden wird Rat gegeben, und er wird zu seinem Besten zurechtgewiesen, letztlich, damit Gott geehrt werde.[13] So schreibt Paulus in Kol. 1, 28, daß jeder Mensch nuthetisch zurechtgewiesen und damit jeder Mensch vollkommen in Christus dargestellt werden könne.

Dies sind also die drei Hauptaspekte in der Bedeutung des Wortes *nouthesia*.

---

[11] a.a.O. S. 773.

[12] Natürlich wird disziplinarische Strafe an andern Stellen in der Bibel gelehrt, siehe den Artikel über *paideia* in Trench, a.a.O. Er sagt, daß dieses Wort, welches im klassischen Griechisch „Unterweisung, Bildung" bedeutet, durch den Einfluß des Alten Testamentes, und zwar besonders der Sprüche, im Neuen Testament dahin verändert wurde, daß es hier „Erziehung" meint, die körperliche Züchtigung mit einschließt. Züchtigung wird in der Bibel als heilsam betrachtet. In Eph. 6, 4 werden Väter ermahnt, ihre Kinder nicht zum Zorn zu reizen *(me parorgizete,* das Verb erscheint auch in 4, 26), sondern sie in der *paideia* und *nouthesia* des Herrn aufzuziehen. Siehe auch den Artikel „Erziehung" im *Theologischen Begriffslexikon zum Neuen Testament,* Band I, S. 292—295.

[13] 1. Thess. 2, 7. 8 gibt eine umfassendere Schau dessen, was Paulus mit liebender Besorgtheit der Eltern gegenüber ihren Kindern meint. Dabei ist die Liebe der Mutter, die sich für ihre Kinder hingibt, vorherrschend.

Nouthesia — ein Ziel der Heiligen Schrift

In 2. Tim. 3, 16 heißt es: „Jede von Gottes Geist eingegebene Schrift ist auch nütze zur Lehre, zur Überführung, zur Besserung, zur Erziehung in der Gerechtigkeit."

Hier scheinen dieselben nuthetischen Absichten vorzuliegen, wie sie Paulus in Kol. 1, 28 aufgeführt hat. Dort sprach er über die nuthetische Zurechtweisung mit dem Ziel, daß jeder Mensch vollkommen in Christus dargestellt werde. Man kann also sagen, daß die Bibel selbst eine nuthetische Zielsetzung hat. Im 2. Timotheusbrief weist Paulus darauf hin, daß die Schrift dazu nützlich ist, den Menschen Gottes auf (wie man dies nennen könnte) „nuthetischem Wege" (lehrend, tadelnd, bessernd, erziehend) zu vervollkommnen.

Die Bibel dient also den nuthetischen Absichten des Lehrens, Zurechtweisens, Besserns und Erziehens von Menschen in Gerechtigkeit. Weil dies die „klassische" Stelle über Inspiration ist, wird ihre Hauptaussage oft übersehen. Paulus geht es nicht nur um die Inspiration, sondern vor allem um das Ziel der Bibel. Weil die Schrift von Gottes Geist eingegeben ist, schließt Paulus, dient sie nuthetischen Zielen.

Im 4. Kapitel führt er dies weiter aus. Auf den Schlußfolgerungen des 3. Kapitels aufbauend, legt er Timotheus ans Herz, die Schrift ihrer nuthetischen Absicht gemäß zu gebrauchen: „Predige das Wort, tritt dafür ein zu gelegener und ungelegener Zeit, überführe, weise zurecht, ermahne mit aller Langmut und Belehrung!" (2. Tim. 4, 2.) Timotheus konnte diesen Auftrag nur dadurch erfüllen, daß er die Bibel nuthetisch gebrauchte. Nuthetische Zurechtweisung muß also durch biblische Grundsätze geschehen.

Was Paulus im Kolosser- und im 2. Timotheusbrief schreibt, gehört zusammen. In beiden Abschnitten führt er aus, wie Gottes Wort im Leben von Menschen fruchtbar wird, so daß sündhafte Verhaltensweisen aufgedeckt, was nicht in Ordnung war, geordnet und neue, Gott wohlgefällige Verhaltensweisen eingeführt werden. Weil das Wort „nuthetisch" all dies einschließt, scheint es geeignet zu sein, den Begriff „Beratung" näher zu beschreiben.[14]

---

[14] Über den offensichtlichen Nutzen des Begriffs „nuthetisch" hinaus liegt mir nichts an diesem Etikett. Da aber jede „Schule" schließlich doch mit einem Adjektiv von andern abgehoben werden muß, würde ich „nuthetisch" vorziehen. Das Wort beschreibt zutreffend die Tätigkeit, die ordnend in das Leben anderer Menschen eingreift und wesentlich zum Dienst der Verkündigung gehört.

Nuthetisches Anteilnehmen

In Apg. 20, 31 sahen wir, wie Paulus der Gemeinde in Ephesus „unter Tränen" als Seelsorger diente. Heute weinen Seelsorger und Psychiater kaum während der Beratung. Für nuthetische Berater jedoch ist es manchmal unmöglich, keine Tränen zu vergießen. Es mag sein, daß es nicht nötig ist, so zu weinen wie Paulus. Er lebte in einer Kultur, in der den Gefühlen freier Ausdruck gegeben wurde. Unsere heutige westliche Kultur ist anders. Bis vor kurzem wurden bei uns Gefühlsäußerungen möglichst unterdrückt.[15] Ein Jude hingegen konnte in der Erregung ohne weiteres sein Hemd zerreißen und Asche auf sein Haupt streuen.[16] Heute hieße das, die Fassung verlieren. Weinen, Heulen und Zähneknirschen ist den meisten fremd, auch wenn sie tief betrübt sind. Ob dieses Unterdrücken der Gefühle gut oder schlecht ist, ist eine andere Frage.

Eines jedoch zeigen die Tränen des Paulus ganz klar: Er nahm tiefen Anteil an den Problemen seiner Mitmenschen, seine Anteilnahme war total. An die Korinther schrieb er: „Wer ist schwach, und ich bin nicht auch schwach? Wer wird zur Sünde verleitet, und ich empfinde darüber nicht brennenden Schmerz?" (2. Kor. 11, 29.) Johannes drückt in seinem dritten Brief nuthetische Anteilnahme so aus: „Eine größere Freude gibt es für mich nicht als die, wenn ich von meinen Kindern höre, daß sie in der Wahrheit wandeln." (V. 4.)[17] Nuthetische Beratung schließt also notwendigerweise tiefste Anteilnahme ein.

Eine weitverbreitete Ansicht über seelsorgerliche und psychiatrische Beratung sagt: „Laß dich nicht zu stark ein mit dem Ratsuchenden!" Man stellt sich also den Berater als Fachmann vor, der sachlich und innerlich unbeteiligt bleibt. So wie der Arzt Verhaltensmaßregeln für den Krankenbesuch lernt, soll auch der Berater lernen, wie er sich in

---

[15] Es kann sein, daß sich dies ändert. Die Vorliebe für das Wort „demonstrieren" (und natürlich auch für die Sache, die es beschreibt), deutet auf eine grundlegende Änderung hin. Die nächste Generation wird vermutlich viel ausdrucksvoller sein in ihren Gefühlsäußerungen als vorangegangene Generationen. Es bleibt abzuwarten, ob dieses Äußern von Gefühlen wirklich Ausdruck tiefer innerer Bewegtheit ist oder ob es sich nur um eine vorübergehende Zeiterscheinung handelt.

[16] Vgl. Klagel. 2, 10.

[17] Vgl. auch 1. Thess. 2, 7. 8; Gal. 4, 19; Phil. 1, 7. 8.

der Beratung zu verhalten hat.[18] Auch wenn er innerlich stark mitgeht, soll er nie seine wahren Gefühle verraten. Er darf sich nie entsetzt zeigen. Er muß immer eine neutrale, nicht richtende Haltung bewahren, ob der Ratsuchende nun Gutes oder Böses berichtet. Er darf nie seine eigenen Gefühle oder seine eigene Ansicht zu einer Sache äußern. Der Ratsuchende muß ganz offen sein — der Berater dagegen darf sich nicht zu erkennen geben. Es gelten zweierlei Maßstäbe.
Die Meinung, solches Unbeteiligtsein sei möglich, muß verworfen werden. Wir werden später darauf zurückkommen. Die Bemerkung mag genügen, daß an der Bibel orientierte Seelsorge oft so erregend wird, daß der nuthetische Berater sich erhebt, im Raum auf und ab geht, laut spricht, in Lachen ausbricht und gelegentlich sogar Tränen vergießt.

Das Ziel ist Liebe

Welches Ziel hat nuthetische Beratung? Paulus formuliert es folgendermaßen: „Das Ziel der Unterweisung ist *Liebe* aus reinem Herzen, gutem Gewissen und ungeheucheltem Glauben" (1. Tim. 1, 5).
Liebe jedoch ist *das* Problem des Menschen. Wie kann der sündige Mensch lieben? Seit dem Sündenfall, der schlechtes Gewissen, Heuchelei und Zweifel hervorbrachte, ist es für den natürlichen Menschen unmöglich, ein reines Herz, ein gutes Gewissen und einen ungeheuchelten Glauben zu haben. Und von diesen Eigenschaften ist Liebe abhängig. Deshalb war für Paulus die Lösung dieser Probleme Voraussetzung zur Liebe. („Liebe aus reinem Herzen": Liebe, die ihren Ursprung dort hat.)
Der Mensch, der zu dieser Liebe nicht fähig ist, braucht Unterweisung. Und zwar meint das griechische *parangelia* mehr als nur „Belehrung". Es geht um Unterweisung, die aufgrund der Autorität Gottes erteilt wird. So wird der Mensch fähig zu lieben, d. h. Gottes Gebote zu halten (1. Joh. 5, 3). (Die Vorstellung, daß Gebote, die von Gottes

[18] Frieda Fromm-Reichmann schreibt: „Freud lehrte, daß der Analytiker im Idealfall für den Patienten soweit wie möglich ein unbeschriebenes Blatt sein müsse." („Advances in Analytic Therapy" in Patrick Mullahy, Hrsg., *Interpersonal Relations*, Science House, New York, 1967, S. 125.) Laurence LeShan stimmt dem zu: „Ein Grundsatz der Therapie lautet dahin, daß die Person des Therapeuten so wenig wie möglich in das Blickfeld kommen sollte. Der Therapeut sollte ein ‚gesichtsloser Spiegel' sein, der sein eigenes Menschsein verschweigen sollte." (a.a.O. S. 454—463.)

Autorität erlassen wurden, im Gegensatz zur Liebe ständen, ist der Bibel fremd!) Der Heilige Geist benutzt also von Gott bevollmächtigte Belehrung durch sein Wort (öffentlich in der Predigt und privat in der Seelsorge), um die Voraussetzungen zur Liebe im Glaubenden zu schaffen.

So wächst die Liebe, die eine verantwortliche Beziehung zu Gott und den Menschen ist. Wenn Predigt und Seelsorge durch den Heiligen Geist gesegnet werden, machen sie es möglich, daß Menschen durch das Evangelium und Gottes heilbringendes Wort ein reines Herz und ein gutes Gewissen erhalten und aufrichtig Gott vertrauen.

So ist das Ziel nuthetischer Beratung in der Bibel klar aufgezeigt: Es geht darum, daß Menschen sich in Liebe und aus Liebe nach dem Gesetz Gottes richten.

Bevollmächtigte Seelsorge

In der Seelsorge ist bevollmächtigte Unterweisung mit richtunggebenden nuthetischen Methoden wichtig. Methode und Methodik müssen sich aus Zweck und Inhalt ergeben und diesen entsprechen. Der Zweck *heiligt* die Mittel nicht, viel eher *bestimmt* er sie. Liebe wird wachsen, wenn der Seelsorger Gewicht auf die Reinigung des Herzens und Gewissens und auf das Aufbauen von echtem Vertrauen legt.

Seelsorge trachtet danach, die sündhaften Verhaltensweisen, die im Garten Eden begannen, zu ändern. Als der Mensch Gott ungehorsam wurde, erwachte sein Gewissen. Aus Angst floh er vor Gott, er bedeckte sich und versuchte, sich vor Gott zu verbergen. Als Gott ihm begegnete und er ihm nicht aus dem Weg gehen konnte, nahm er zu Ausreden Zuflucht und versuchte, die Schuld von sich abzuwälzen.

Im Gegensatz zu Weglaufen und Verbergen liegt in der nuthetischen Seelsorge der Nachdruck auf der Umkehr zu Gott. Anstelle von Ausreden und dem Abschieben von Schuld verlangt nuthetische Seelsorge das Aufsichnehmen von Verantwortung und Tadel, das Eingeständnis von Schuld, das Bekenntnis von Sünde und das Trachten nach Vergebung in Christus. Gott ließ es nicht zu, daß Adam und Eva mit dem, was sie getan hatten, davonliefen. Er stellte sich ihnen nuthetisch gegenüber, um sie im Gespräch zu verändern. Das Verhältnis zwischen Gott und Adam hatte seine Grundlage auf dem Wort. Es wurde durch die satanische Infragestellung dieses Wortes gestört und mußte durch

Gottes Wort wiederhergestellt werden. Gott brachte Adam dazu, seine Sünde zu bekennen. Er ließ nicht locker, bis er eine befriedigende Antwort erhalten hatte. Gott gab Hoffnung und versprach Erlösung in Christus.

Wir finden dasselbe nuthetische Vorgehen bei der Konfrontation Davids durch Nathan (2. Sam. 12, 1—14) und bei der Zurechtweisung des Petrus durch Jesus (Joh. 21, 15—22). — Christus verbarg sich nicht im Garten, er lief auch nicht vom Kreuz weg, sondern offen und ungeschützt setzte er sich einer direkten Begegnung mit dem zornigen Gott aus. Er bat in jener Stunde nicht um Erbarmen, und er brachte keine Entschuldigungen vor. Er nahm anstelle der schuldigen Sünder Verantwortung auf sich.

Nuthetische Seelsorge beruht auf der Dynamik der Erlösung und bezieht sich auf diese Tatsache immer wieder. Ihre Kraft (und auch ihre ungeheure Verantwortung) beruht auf der Tatsache, daß sie vollen Gebrauch von Gottes Autorität macht.

Mißerfolg in der nuthetischen Zurechtweisung

Es ist richtig, wenn an uns die Frage gestellt wird: „Haben Sie auch Mißerfolg?“ Ja, nuthetische Berater machen Fehler, doch seit dem Beginn der nuthetischen Beratung waren Mißerfolge relativ selten. Die Ursachen solcher Mißerfolge sind oft sehr komplex, und es ist schwierig, sie aufzudecken und zu erklären.

Wenn ein Seelsorger Fehler begangen hat (zum Beispiel, wenn er gewisse Faktoren, die zum Problem des Ratsuchenden gehören, nicht aufdeckt), kann es sein, daß noch andere Umstände zum Mißerfolg beitragen. So muß der Seelsorger zuerst fragen: „Wer hat den Mißerfolg verursacht — der Seelsorger oder der Ratsuchende?“

In Mark. 10, 17—27 haben wir den Bericht eines Mißerfolgs in der Seelsorge. Der Fehler lag beim reichen Vorsteher. Er versagte, als Jesus ihn nuthetisch zurechtwies und den Finger auf die wunde Stelle in seinem Leben legte. Christus empfahl ihm, seine Liebe zu Gott und sein Verlangen, Gott zu dienen, praktisch auszuleben. Doch die Antwort des Vorstehers zeigte, daß dieser nun doch nicht Ernst machen wollte. „Er ging betrübt weg, denn er war sehr reich“, heißt es von ihm. Das Versagen lag in diesem Fall beim Ratsuchenden. Dasselbe muß gesagt werden von den vielen, die Jesus nach einer Weile wieder

verließen und nicht mehr mit ihm gingen (Joh. 6, 66). Der Seelsorger muß wissen, daß Mißerfolg nicht immer sein eigener Fehler ist.
Es kommt vor, daß Ratsuchende Mißerfolge als Erfolg deuten. Sie sind nicht bereit zu einer totalen Neuausrichtung ihres Lebens und sind zufrieden mit der Lösung des unmittelbaren Problems. Sie wünschen Hilfe zur Behebung ihrer Leistungsstörung und sind nicht daran interessiert, die Wurzeln des Problems auszurotten, von dem die Leistungsstörung nur eine Auswirkung war.[19] Solch frühzeitige Beendigung der Seelsorge muß als Mißerfolg angesehen werden, auch wenn der Ratsuchende es anders sieht.
So wird die Frage nach Mißerfolgen sehr schwierig zu beantworten sein. Man muß sie von verschiedenen Seiten her betrachten. Seelsorger rechnen mit Mißerfolgen, weil sie Sünder sind und weil auch die Menschen, mit denen sie sich befassen, Sünder sind. Mißerfolge sind unvermeidlich, da jeder Seelsorger und überhaupt jeder Mensch, der sich mit anderen Menschen abgibt, Fehler macht. Der Anteil an Mißerfolgen braucht aber nicht annähernd so groß zu sein wie in psychologischer oder psychiatrischer Behandlung. Dort zeigt sich ja oft nach monate- oder jahrelanger Behandlung entweder keine Veränderung oder eine solche zum Schlechten. Nuthetische Beratung (Seelsorge) hat vergleichsweise eine hohe Erfolgsrate.
Wenn wir von Mißerfolgen sprechen, müssen wir uns notwendigerweise auch fragen, was als Erfolg nuthetischer Seelsorge betrachtet werden kann. Ein Erfolg im vollen Sinn ist es, wenn die von der Bibel geforderte Veränderung erreicht ist; wenn der Ratsuchende versteht, wie die Veränderung erreicht wurde, wie er es vermeiden kann, in Zukunft in ähnliche sündhafte Verhaltensweisen zu fallen, und was er zu tun hat, falls dies trotzdem geschieht. Wenn nur einige dieser Ziele erreicht werden, darf nur von einem Teilerfolg gesprochen werden.

Einige Gründe für Mißerfolge

Was sind die Ursachen dieser Mißerfolge in nuthetischer Seelsorge? Es besteht die Gefahr, daß der Seelsorger den Klagen und Entschuldigungen des Ratsuchenden zu wohlwollend gegenübersteht. Er ist versucht, bei dieser oder jener herzbewegenden Geschichte zu denken, es handle sich hier in der Tat um einen ganz besonderen Fall. Wenn der Seelsorger sich dann damit einverstanden erklärt, daß unter den ge-

[19] Siehe Seite 124—127.

gebenen Umständen der Ratsuchende wirklich nicht verantwortlich gemacht werden kann, hat er sich in eine unmögliche Lage gebracht. Er hat faktisch Gottes Verheißungen und Zusicherungen, die uns in 1. Kor. 10, 13 gegeben sind, in Abrede gestellt.[20] Merkt er dies rechtzeitig, gibt es für ihn nur einen Ausweg: daß er seinen Fehler dem Ratsuchenden eingesteht[21] und dann auf die rechte Art weiterfährt.

Seelsorger versagen also, wenn sie Entschuldigungen zu wohlwollend begegnen und die Ratsuchenden für ihr Verhalten nicht verantwortlich halten. Richtig ist es jedoch, ihnen echtes Wohlwollen entgegenzubringen. Das eine Verhalten könnte man „mitleidig", das andere „einfühlend" nennen.[22]

Ein weichherziger Seelsorger leistet dem Ratsuchenden keinen Dienst, ja, er ist unbarmherzig. Die wahrhaft liebevolle Haltung besteht darin, ihm die Wahrheit zu sagen, ihm zu helfen, seiner Sünde ins Gesicht zu sehen, und ihn zu ermuntern, die Sache in Ordnung zu bringen.

Seelsorger versagen auch, wenn sie allzu schnell Schlüsse ziehen. Oft kennt man zu wenig oder nur die eine Seite einer Geschichte. Es gilt, zu den zugrunde liegenden Verhaltensweisen vorzustoßen und sich nicht nur mit Problemen an der Oberfläche zu befassen.

Eine weitere Gefahr besteht darin, daß sich der Seelsorger gefühlsmäßig zu stark einläßt, weil dadurch seine Urteilsfähigkeit getrübt wird. Wenn dies geschieht, gerät er in dieselbe Lage wie die Ratsuchenden, die gefühlsmäßig so in ihre Probleme verstrickt sind, daß sie nicht mehr klar denken, sondern sich von ihren Gefühlen beherrschen lassen.

Nuthetische Berater sind immer der Versuchung ausgesetzt, die Vollmacht zu mißbrauchen, d. h. sie um ihrer selbst willen anzuwenden oder sie für ihre eigene Meinung in Anspruch zu nehmen, anstatt Gottes Autorität sprechen zu lassen. Wenn dies geschieht, verschwindet das nuthetische Element der Besorgtheit um den Ratsuchenden.

Falls nun dieses Buch einem Dilettanten-Seelsorger in die Hände gerät, der das eigentliche Ziel, Liebe zur Ehre Gottes, nicht sieht, ist es wohl möglich, daß er die Methoden zu seinem eigenen Schaden und dem seines Ratsuchenden mißdeutet und mißbraucht. Deshalb ist es

20 Für eine ausführliche Besprechung dieser Stelle siehe Seite 111 ff.

21 Das ist das uns in der Bibel aufgezeigte Verhalten in einer solchen Situation, dem man in anderen „Schulen" nur selten begegnet.

22 Die Begriffe sind hier nicht wichtig, vielmehr geht es darum, echte Einfühlung von falscher zu unterscheiden.

wichtig, die Anforderungen an den Berater im nächsten Abschnitt zu bedenken.

Statt eine lange Liste möglicher Fehler aufzustellen, genügt es zu sagen, daß der Seelsorger in denselben Gebieten und auf dieselbe Weise versagen kann wie die Menschen, die bei ihm Hilfe suchen. Darum ist es unerläßlich für den Seelsorger, sein persönliches Leben und seine Seelsorge auf Fehler hin zu untersuchen, die er bei anderen hat entdecken müssen. Ratsuchende führen dem Seelsorger immer wieder menschliche Irrtümer und Sünde vor Augen und sind in diesem Sinn für ihn äußerst wertvolle Lehrer.

Anforderungen an den Seelsorger

Welches sind die zur Seelsorge nötigen Qualifikationen? Für Christen ist es entscheidend, die biblischen Anforderungen zu kennen. In Röm. 15, 14 schreibt Paulus: „Was euch betrifft, meine Brüder, bin ich überzeugt, daß ihr voller Güte seid, erfüllt mit aller Erkenntnis und fähig, einander zu ermahnen (nuthetisch zurechtzuweisen)." Für Paulus sind demnach Güte und Erkenntnis Voraussetzungen für einen guten Berater. Diese Eigenschaften sind entscheidend. Nur sie befähigen wirklich zur Seelsorge. Paulus sagt, daß jeder Christ fähig ist, nuthetisch zu beraten, der diese Eigenschaften hat. Wie wir gesehen haben, ist Seelsorge eine Hauptaufgabe des Pfarrers und Predigers.

In Kol. 3, 16 (einer Parallelstelle, wo Paulus ebenfalls nuthetische Zurechtweisung als einen Teil dessen betrachtet, was normalerweise zur Tätigkeit jedes Gliedes einer christlichen Gemeinde gehört) setzt er eine „reiche" Erkenntnis des Wortes Gottes, die in „Weisheit" gebraucht werden soll, voraus. Erkenntnis und Güte, Weisheit und das Verlangen, dem anderen zu helfen, sind gleichermaßen wichtige Eigenschaften.

Paulus gesteht, daß es unter gewöhnlichen Umständen nicht nötig gewesen wäre, der Gemeinde in Rom zu schreiben, da er überzeugt war, daß sie diese Qualitäten besaßen und daß sie deshalb „fähig waren, einander nuthetisch zurechtzuweisen". Doch dann sagt er: „Ich habe euch aber zum Teil etwas kühn geschrieben, um gewisse Dinge in Erinnerung zu rufen kraft der mir von Gott verliehenen Gnade, ein priesterlicher Diener Christi Jesu an den Heiden zu sein" (Röm. 15, 15 f.).

Zwei Dinge sind klar. Erstens: Indem Paulus sie mit Nachdruck an einige Wahrheiten erinnerte, wies er sie brieflich nuthetisch zurecht. Der Römerbrief (besonders in seiner zweiten Hälfte) ist ein gutes Beispiel einer nuthetischen Zurechtweisung. Fast alle Paulusbriefe haben ja eine nuthetische Färbung. Um zu verstehen, wie nuthetische Zurechtweisung in einzelnen konkreten Situationen aussieht, muß man nur die Briefe lesen, in denen sich Paulus immer wieder mit Schwierigkeiten in Ortsgemeinden befaßt. Paulus erinnerte die Gemeindeglieder in Rom mit Nachdruck an gewisse Dinge, obschon sie fähig gewesen wären, solche Probleme selbst (nuthetisch) zu lösen. Dennoch schien es Paulus, daß er etwas tun konnte, um ihnen zu helfen, da ihm besondere Gnade verliehen war, weil Gott ihn gebraucht hatte, das Evangelium in großer Vollmacht zu verkündigen.

Paulus schreibt zweitens, daß die Fähigkeit, nuthetisch tätig zu sein, ein hohes Maß an Güte und Erkenntnis voraussetze. Ein nuthetischer Berater muß vor allem mit der Bibel vertraut sein. Das ist ein Grund, weshalb gut ausgerüstete Pfarrer und Prediger ausgezeichnete Berater werden können. Eine gute theologische Ausbildung ist die geeignete Voraussetzung — viel eher als ein Medizin- oder Psychologiestudium. Bei hilfreicher Beratung wird Information weitergegeben. Beratung heißt: Rat geben. Der Heilige Geist bedient sich des Beraters, um Fehler in Ordnung zu bringen. Gottes Wort soll auf menschliche Probleme angewandt werden.

Kenntnis der Bibel heißt nicht einfach, daß man Fakten auswendig kennt und sie zu ordnen weiß. Ein Mensch, in dem „das Wort Christi reichlich wohnt" (Kol. 3, 16), ist einer, der die Bedeutung der Bibel für sein eigenes Leben kennt. Weil er seine eigenen Probleme der Bibel gemäß lösen kann, kann er auch anderen dazu verhelfen. Erkenntnis und Güte vereinigen sich zu diesem Zweck, denn nur wer um das Wohl des anderen besorgt ist, wird einen anderen dazu bewegen können, falsche Verhaltensweisen zu entdecken und sich um Änderung zu bemühen. Güte schließt sowohl Sichbemühen wie einfühlende Anteilnahme ein[23] und enthält eine Begeisterung für das Leben, in der

[23] An diesem Punkt würde Freud versagen. In seiner Methode kommt die kühle, uninteressierte und sogar negative Haltung des Beraters zum „Patienten" beispielhaft zum Ausdruck. Diese Haltung steht im Gegensatz zu dem, was ein Berater braucht: liebende Anteilnahme und Wohlwollen. Freud schrieb an Pfister: „... ich habe an den Menschen durchschnittlich wenig ‚Gutes' gefunden. Die meisten sind nach meiner Erfahrung Gesindel ..." (E. L. Freud und H. Meng, a.a.O. S. 62.)

Christus sichtbar wird. So überträgt sie Hoffnung auf den Ratsuchenden.

Güte und Erkenntnis sind zwei wesentliche Anforderungen an den nuthetischen Berater; doch es gibt noch eine dritte: Weisheit (vgl. Kol. 3, 16). Eine Untersuchung von Sprüche 1, 1—7 zeigt, daß drei verschiedene Ausdrücke gebraucht werden, um zu erklären, was Gott „Weisheit" nennt. Diese Wörter umfassen: 1. Lernen und Erkenntnis; 2. Fertigkeit in der Anwendung von allgemeinen Grundsätzen in konkreten Situationen; 3. ein Verhalten, das an der Ethik des Bundes, den Gott mit seinem Volk geschlossen hat, orientiert ist. Kurz: Weisheit bedeutet geschickte Anwendung göttlicher Wahrheit zur Ehre Gottes. Berater, die nuthetisch tätig sein wollen, müssen danach trachten, darin zu wachsen.

Für die Praxis des Pfarrers

Die meisten Ratsuchenden, mit denen der Verfasser arbeitet, werden ihm von anderen Beratern überwiesen. Manche kommen auch, weil sie seine Vorträge über nuthetische Beratung in Kirchen oder am Radio gehört haben. Andere, denen durch die Beratung geholfen wurde, erzählen dies ihren Freunden weiter, die auch Probleme haben. „Der zufriedene Kunde ist die beste Werbung", gilt auch für die nuthetische Beratung. Wenn ein Pfarrer Erfolg hat in der Beratung, wird sich das in der Gemeinde herumsprechen. Nach kurzer Zeit mag es geschehen, daß die Anfragen von Ratsuchenden seine Möglichkeiten übersteigen. Glücklicherweise machen ihn die nuthetischen Prinzipien nicht nur zu einem erfolgreicheren Berater, sondern helfen ihm auch, einer größeren Anzahl Menschen in kürzerer Zeit zu helfen mit dem Ergebnis, daß sein Dienst weit ausgedehnt werden kann.

Wenn ein Pfarrer in der Seelsorge nuthetische Prinzipien anwendet, wird sich das auf seinen gesamten Dienst auswirken. Für den nuthetisch orientierten Pfarrer ist es leichter, anderen Menschen in liebevoller Offenheit zu begegnen. Ein Pfarrer, der sich nuthetisch um seine Mitmenschen kümmert, sucht ihr Wohlergehen zu Gottes Ehre. Daher wird er nichts beschönigen oder falsche Nachsicht üben, vielmehr wird er persönliche Probleme direkt angehen und sie ohne Umschweife zu lösen suchen. Die Leute werden merken, daß er sich mit wesentlichen Fragen, nicht mit zweitrangigen, befaßt. Sie werden ihn für einen Mann mit Zivilcourage halten. Weil er sich mit dem gegenwärtigen Zustand nicht abfindet, wird er zwar einige Leute vor den Kopf stoßen, aber für die meisten wird er zu einer großen Hilfe. Fast alle werden ihn achten, auch wenn sie mit ihm vielleicht nicht einverstanden sind. Ein Mann, der sich in derselben liebevollen Art, wie Paulus sie beschrieb, um Menschen kümmert, wird einen einzigartigen Dienst tun in seiner Gemeinde. Der Dienst von Pfarrern und Predigern, die sich für ein an der Bibel orientiertes Christentum einsetzen, hat eine nuthetische Ausrichtung dringend nötig.

5. Der Pfarrer als nuthetischer Berater

Der Pfarrer wird in der Bibel *Hirte* genannt. Es ist ein bedeutungsvolles Wort, das in keiner anderen Religion vorkommt. Der Psalm 23 beschreibt auf lebendige Art die Beziehung zwischen einem Hirten und seinen Schafen.

Der Psalm beginnt mit den Worten: „Der Herr ist mein Hirte." Man könnte auch übersetzen: „Der Herr ist mein Pastor", weil Pastor (Pfarrer) *Hirte* bedeutet. Dieser Vers ist ein Enthymem. Ein Enthymem ist ein Syllogismus, bei dem ein Satz fehlt. Der dreiteilige Syllogismus ist allen geläufig: „Alle Menschen sind sterblich; Sokrates ist ein Mensch, also ist Sokrates sterblich." Der erste Vers des 23. Psalms hat nur zwei Glieder (oder Sätze): „Der Herr ist mein Hirte" und: „Mir wird nichts mangeln." Der mittlere Satz fehlt. Er könnte folgendermaßen lauten: „Hirten sorgen für alle Bedürfnisse ihrer Schafe, so daß diesen nichts fehlt." Als Syllogismus würde es also heißen: „Der Herr ist mein Hirte; Hirten sorgen für alle Bedürfnisse ihrer Schafe, so daß diesen nichts fehlt[1], deshalb wird mir als einem seiner Schafe nichts fehlen."

Zu beachten ist auch, wie die Aufgaben des Hirten im zweiten und dritten Vers beschrieben sind. Schafe sollen ausruhen können auf grünen Weiden (wörtlich heißt es hier: Weiden mit zartem, grünem Gras), und sie werden an Wasserläufen zur Ruhe gebracht.

Der Hirte leitet sie auf rechtem Weg um Gottes Namens willen, und auch wenn sie durch das finstere Tal gehen, fürchten sie kein Unglück, weil der Hirte bei ihnen ist. Er hat einen Stecken und einen Stab. Mit seinem Stab treibt er sie von Abgründen weg. Der Stecken (ein keu-

[1] Es ist wichtig, zwischen Bedürfnis und Begehren (oder Trieb) zu unterscheiden. Das Wort „Bedürfnis" (engl. *need*) wird zu häufig (auch von Christen, siehe *Baker's Dictionary*, S. 234) als Synonym für Begehren oder Trieb (engl. *desire* bzw. *drive*) verwendet. Wirkliche Bedürfnisse müssen befriedigt werden. Häufig besteht aber die Aufgabe des Seelsorgers darin, dem Ratsuchenden zu helfen, seine Begehren oder Triebe unter Kontrolle zu bringen, indem er lernt, Selbstbeherrschung oder Geduld zu üben. Siehe z. B. Spr. 15, 28 und 16, 32.

lenförmiges Gerät, das am kugelförmigen Ende noch mit hervorstehenden Metallspitzen versehen sein konnte) wurde verwendet, um wilde Tiere zu bekämpfen, die die Schafe bedrohten. Stecken und Stab beschützen die Schafe auch in engen, schattigen Tälern, wo wilde Tiere lauern. Der Hirte sorgt auch für müde und erschöpfte Schafe.

Ein großer Teil der Arbeit eines Pfarrers besteht darin, müde Schafe wieder aufzurichten. Pfarrer müssen wissen, wie man müde, entmutigte Schafe zum Ruheplatz am Wasser und auf grüne Wiesen führt. Auch müssen sie ihre Schafe vor Gefahren schützen können.[2]
In Jesus Christus sehen wir, wie ein guter Hirte ist. Er ergreift nicht die Flucht, wenn der Wolf kommt (Joh. 10). Er liebt seine Schafe; er kennt sie so gut, daß er sie beim Namen rufen kann. Sie kennen seine Stimme und folgen keinem anderen. Dieses biblische Bild der innigen Vertrautheit von Hirte und Schafen und seine Liebe zu ihnen ist uns fremd. Der orientalische Hirte lebte mit seinen Schafen, er schlief draußen auf dem Feld mit ihnen; wir wissen das auch von David. Der Hirte machte sich in der Nacht auf und suchte das verlorene hundertste Schaf und sagte sich nicht: „Ich habe ja noch neunundneunzig andere“ (Luk. 15, 4—6).
All das illustriert die Verantwortung, die ein Pfarrer für seine Gemeinde hat. Belebung der Seele, Ruhe und Frieden für Herz und Gemüt sind noch immer grundlegende Bedürfnisse für Gottes Schafe. Und der Pfarrer als „Unterhirte“ kann sich der Verantwortung, für sie zu sorgen, nicht entziehen. Er darf diese Verantwortung nicht dem Psychiater abtreten. Deshalb gehört nuthetische Zurechtweisung wesentlich zum Dienst des Pfarrers. Nach unserer Definition kümmert sich ein Pfarrer um zermürbte, erschöpfte und entmutigte Schafe. Er achtet darauf, daß sie Ruhe finden. Dabei muß er sich ganz den ins Elend Geratenen widmen.

Evangelisation und Beratung

Bisher haben wir uns nur mit der Seelsorge an Christen befaßt. Wie verhält es sich nun mit der Beratung von Nichtchristen? Wenn solche Beratung wirklich christlich sein will, muß sie evangelistisch sein.
Seelsorge verkündigt Erlösung. Was der Seelsorger tut, ist bestimmt durch das, was Gott durch Christus für den sündigen Menschen getan

[2] Auch gegen die offenen oder versteckten Angriffe auf christliche Werte durch ungläubige Psychiater und Psychotherapeuten.

hat. Seelsorge muß deshalb Gottes Ordnung in der Erlösung folgen und sie widerspiegeln: zuerst Gnade, dann Glaube; zuerst Evangelium, dann Heiligung.
Wie geht Paulus im Römerbrief vor? Er zeigt allen (Heiden und Juden), daß sie gesündigt haben. Dann weist er die falsche Vorstellung zurück, Erlösung könne durch vermeintliches Halten des Gesetzes erlangt werden, und stellt die Lehre von der Rechtfertigung allein durch Glauben dar; schließlich ermahnt er die Leser, ein heiliges Leben zu führen.
Was Paulus tat, muß der Seelsorger tun. Nuthetische Zurechtweisung verlangt, daß man sich wirklich um den anderen kümmert; und zwar so, daß man ihn ernst nimmt, wenn er seine Sünden erwähnt, auch wenn er es unterläßt, sein Verhalten als Sünde zu bezeichnen. Sünde darf nicht verharmlost oder beschönigt werden. Gott nahm Sünde so ernst, daß er seinen Sohn für Sünder in den Tod gab. Fragen um Gesetz und Liebe, Verantwortungslosigkeit und Verantwortung, Beziehungsfähigkeit und Entfremdung, Schuld und Vergebung, Hölle und Himmel kommen in der Beratung zur Sprache. Berater müssen sich davor hüten, Christus als Vertreter eines Erste-Hilfe-Trupps darzustellen, der Pflästerchen an die Ratsuchenden verteilt.

Seelsorge, die Erlösung verkündigt, ist radikale Chirurgie. Weil die Probleme des Menschen radikal sind (d. h. die Wurzeln seiner Existenz betreffen), sind radikale Maßnahmen nötig. Die Diagnose, die zu einer radikalen Operation führt, muß offen, aufrichtig, ehrlich und treffend sein: Der Mensch hat gesündigt und braucht einen Erlöser.[3] Nur der Tod des Vergangenen und die Auferstehung zu einer neuen Lebensweise kann wirklich Probleme lösen (vgl. Röm. 6).

Nuthetische Beratung, recht verstanden, geht davon aus, daß dem Menschen keinerlei grundlegende Hilfe gegeben werden kann außerhalb des Evangeliums von Jesus Christus. Nur wenn auch der Ratsuchende Christ ist, kann man von „nuthetischer Beratung" (im eigentlichen Sinn) sprechen. Sonst ist sie etwas Geringeres.

---

[3] Viel von dem Gerede über Aufrichtigkeit, Ehrlichkeit und Offenheit ist darum verfehlt, weil der wesentliche Faktor der Erlösung durch Christus fehlt. „Sensitivity Training", das jetzt gerade Mode ist, leidet ganz besonders unter diesem Mangel. (Diese Bewegung hat so viele verschiedene Gesichter, daß es schwierig, wenn nicht gar unmöglich ist, sie zu beschreiben und von andern abzugrenzen.)

Wenn der Heilige Geist die Wiedergeburt in einem Menschen bewirkt, dann wird dieser „ein neues Geschöpf. Das Alte ist vergangen, siehe, Neues ist entstanden." (2. Kor. 5, 17.) Der Heilige Geist nimmt Wohnung im Leben, beginnt es zu ändern und gibt dem Menschen die Kraft, den Verheißungen und Geboten der Bibel gemäß zu leben.[4] Unerlöste Ratsuchende sind weder fähig, Gottes offenbarten Willen zu verstehen (vgl. 1. Kor. 2) noch ihn zu tun (Röm. 8, 7. 8).

Der Heilige Geist muß den Seelsorger und den Ratsuchenden bewegen. Beweggründe, die nicht vom Heiligen Geist ausgehen, sind humanistisch und können Gott nicht ehren. (Vgl., was Paulus in Röm. 8 über den Dienst des Geistes sagt.) Es ist ein ungeheurer Fehler, wenn man in der Seelsorge dieser umgestaltenden Kraft keine Beachtung schenkt, wenn man versucht, Veränderungen anders als durch Gottes Kraft herbeizuführen.

Dennoch wollen viele Berater nichts mit Evangelisation zu tun haben, obschon sie den Anspruch erheben, christliche Seelsorge zu treiben. Einige sind gegen Evangelisation in der Seelsorge, da nach ihrer Meinung der Seelsorger seine eigenen Maßstäbe und Werte nicht anderen aufdrängen darf. Aber gerade darum geht es ja in der Evangelisation. Evangelisation stellt neue Maßstäbe und Werte auf. Evangelisieren heißt, Menschen mit der Frohen Botschaft zu konfrontieren und sie aufzufordern, Buße zu tun und zu glauben. Buße ist eine Gesinnungsänderung, die zu einer neuen Lebensauffassung führt. Der Glaube an Christus bewirkt diese Änderung des Lebensziels.

Auf den Einwand gegen Evangelisation in der Beratung ist zu antworten, daß der Seelsorger dem Ratsuchenden nicht seine eigenen Normen aufdrängt, sondern versucht, ihm Gottes Maßstäbe zu geben. (Natürlich muß er darauf bedacht sein, seine eigenen Maßstäbe von Gottes Maßstäben zu unterscheiden!)

Es steht keinem Menschen frei, Gottes Normen zu mißachten. Niemand hat das Recht, nach seinem eigenen Belieben Gott nicht zu dienen, denn Gott hat den Menschen dazu geschaffen, daß er ihm diene und hat angeordnet, „daß sie alle überall Buße tun sollen" (Apg. 17, 30). Er hat ihnen geboten, sich von den Götzen abzuwenden und sich dem wahren und lebendigen Gott zuzuwenden, ihm zu dienen und auf die Wiederkunft seines Sohnes zu warten.

---

[4] Nicht automatisch und vollkommen, weil auch erlöste Menschen immer noch Sünder sind, die sich nicht vollkommen nach dem Willen des Heiligen Geistes richten (vgl. Gal. 5, 17).

Doch nicht alle Menschen gehorchen diesem Gebot. Sünde hat kosmische Ausmaße. Die ganze Schöpfung ist in einem Zustand des Elends und stöhnt wie eine Frau in den Geburtswehen. Der Mensch ist Teil dieser Schöpfung, und das Elend, das mit Schuld in Zusammenhang steht, ist zum Großteil Gegenstand der Seelsorge. Seelsorger müssen mit Schuld, die den Problemen zugrundeliegt, rechnen, weil der Mensch in Schuld geboren ist. Er hat in Adam gesündigt. Er wurde Gott und seinen Mitmenschen entfremdet durch Adams Sünde.

Das Gefühl der Entfremdung ist in unserem Verhältnis zu Gott und den Mitmenschen immer gegenwärtig. Der Mensch ist nicht nur in dem Sinn ein Sünder, daß er in Adam als Repräsentant der Menschheit gesündigt hat, sondern der Mensch ist auch verdorben durch seine Abstammung von Adam. Die sündige Anlage der Menschen führt zu den einzelnen Verfehlungen, die wiederum neues Elend ins Leben des Menschen bringen. So gibt es im Menschen also zwei Schichten von Elend und Schuld, bevor sie in Christus beseitigt sind.[5] Der Mensch, dessen Sünden vergeben sind, ist glücklich (Ps. 32, 1. 2).

Um dem Auftrag Gottes gerecht zu werden und eine für die menschlichen Nöte hinreichende Lösung anzubieten, ist Evangelisation unentbehrlich in der Beratung. Seelsorger müssen darauf bedacht sein, das Wirken des Heiligen Geistes nicht zu dämpfen, aber ihm auch nicht zuvorzukommen. Sie müssen anerkennen, daß Erlösung des Menschen Gottes Aufgabe ist und nicht ihre. Die ihrige ist, unerlöste Menschen mit dem Evangelium zu konfrontieren. Dieses Angebot richtet sich an jeden Menschen, doch nur Gott kann geistlich tote Menschen lebendig machen und sie so zum Glauben befähigen. Er tut dies durch den Heiligen Geist, wann, wo und wie es ihm gefällt.

Pflicht des Seelsorgers ist es, den Anspruch des Christus aufzuzeigen. Er hat die gute Nachricht zu verkündigen, daß Christus am Kreuz gestorben ist anstelle der Seinen; daß er die Schuld für ihre Sünden getragen und die Strafe dafür erlitten hat. Er starb, damit alle, die ihm der Vater gegeben hat, durch ihn ewiges Leben haben. Es ist Aufgabe des Seelsorgers, das Evangelium zu erklären und deutlich zu machen, daß Gott *allen* Menschen gebietet, Buße zu tun für ihre Sünden und an Jesus Christus zu glauben.

---

[5] Schuld kann zweierlei bedeuten: entweder die Strafwürdigkeit vor Gott oder die durch ein schlechtes Gewissen ausgelösten Schuldgefühle. Beides gehört als Ursache und Wirkung zusammen.

Nuthetische Evangelisation

Wie kann man in der Seelsorge evangelisieren?[6] Es mag viele richtige Antworten auf diese Frage geben. Betrachten wir einmal den evangelistischen Dienst Jesu. Als vollmächtiger Seelsorger, der täglich Menschen zurechtwies, zeigt er uns, wie Heilung des Leibes und Lösung menschlicher Probleme mit der Evangelisation verbunden sein können.

„Steh auf, nimm dein Bett und geh!" und „Deine Sünden sind dir vergeben" sind zwei Aspekte, die in den Berichten der Evangelien Seite an Seite stehen (Mark. 2, 2—12). Der Seelsorger gibt auf körperliche, soziale, intellektuelle und psychologische Nöte biblische Antworten. Doch gleichzeitig bezeugt er, daß nur der erlöste Mensch in einer Weise leben kann, die Gott gefällt.

Natürlich wird die erste Äußerung des Seelsorgers einer unerlösten Person gegenüber nicht „Glaube dem Evangelium!" sein. Viele Ratsuchende sind nicht sofort bereit, auf das Evangelium zu hören.

Wenn jemand läuft, muß man ihn zuerst anhalten, bevor man mit ihm sprechen kann. Die Menschen laufen von Gott weg. Auch Adam wurde zuerst nicht Vergebung gepredigt, vielmehr legte Gott Nachdruck auf die Sünde, die im Übertreten seines Gebotes bestand. Er betonte Adams Problem und Not. Es wurde klar herausgestellt, daß er einen Erlöser brauchte. Zuerst sprach Gott von der Übertretung, von der Strafe und den Folgen, erst dann gab er die herrliche Verheißung der Erlösung in Christus.

Nuthetische Seelsorger sprechen auch über Nöte (Bedürfnisse), über Sünden und ihre Folgen. Sie zeigen, daß Entfremdung ihren Ursprung in sündigen Verhaltensweisen hat. Sie zeigen, wie alles Elend durch sündiges Verhalten entstanden ist, dadurch, daß Menschen sich nicht an die Bibel gehalten, sondern Gott ignoriert haben. In diesem Kontext verkündigen sie dann das Evangelium.

---

[6] John Bettler, mein Kollege im Beratungszentrum in Hatboro (Pennsylvania, USA), machte mich darauf aufmerksam, daß es unmöglich sei, in einer Beratung konsequent nach Rogers (vgl. Kap. 6) zu evangelisieren. Auch wenn der Ratsuchende den Berater auf dieses Thema bringen würde, wäre es laut Rogers Aufgabe des Beraters, seine Aufmerksamkeit nur auf die Gefühle, nicht auf das Evangelium, zu richten. Überdies könnte der Berater nur dann das Evangelium „reflektieren", wenn der Ratsuchende selbst es schon richtig dargelegt hätte; andernfalls wäre der Berater „schuldig", seinen eigenen Glauben dem Ratsuchenden aufgedrängt zu haben.

Es mag einige Sitzungen brauchen, bis der Punkt erreicht ist, wo das Evangelium verkündigt werden kann. Dennoch sollten die Ratsuchenden von Anfang an wissen, daß man sich hier nach der Bibel richtet.[7] Den Ratsuchenden wird gezeigt, wie das ganze Leben in Beziehung zu Gott steht. Wenn es angebracht ist, wird Gelegenheit zum Gebet gegeben.

Normalerweise wird der Seelsorger die Autorität der Schrift nicht erörtern, sondern den Ratsuchenden einfach sagen, daß die Bibel die Grundlage der Beratung ist. Der Berater steht also eindeutig auf christlichem Boden, doch er wartet den richtigen Zeitpunkt ab, um den Hilfesuchenden mit der Botschaft des Evangeliums zu konfrontieren.

Im Westminster-Bekenntnis (Kapitel 16, Abschnitt 7) heißt es: „Werke von nicht-wiedergeborenen Menschen mögen an sich Dinge sein, die Gott gebietet und die für sie selber und auch andere nützlich sind. Dennoch sind sie mit Sünden behaftet und können daher Gott nicht gefallen, auch nicht einen Menschen dazu bringen, Gottes Gnade anzunehmen, weil sie nicht aus einem durch Glauben erneuerten Herzen hervorgegangen sind. Denn sie sind weder in der rechten Haltung aus dem Wort Gottes noch mit der rechten Absicht zum Lobe Gottes geschehen. Und doch ist ihre Unterlassung eine noch größere Sünde vor Gott."[8]

Das ist eine ausgewogene, biblisch fundierte Aussage, die den Standpunkt des Beraters klären kann. Zuerst heißt es unmißverständlich, daß Werke, die durch nicht-wiedergeborene Menschen getan werden (auch wenn es solche sind, die Gott an sich gebietet), keineswegs die Voraussetzung schaffen, Gnade von Gott zu empfangen, ja daß diese Werke vor Gott wertlos sind, da sie nicht aus einem durch Glauben gereinigten Herzen kommen. Auch sind sie nicht in der richtigen Absicht vollbracht (nämlich um Gott zu ehren). Deshalb sind solche Werke sündhaft.

Der Gedanke, daß Erlösung verdient werden oder daß man sich für den Empfang der Gnade vorbereiten könnte, wird ausgeschlossen.

---

[7] Der Pfarrer hat gleich von Anfang an einen offensichtlichen Vorteil. Statt sein Amt als Belastung zu empfinden (wie dies manchmal vorkommt), sollte er die Chance wahrnehmen, die ihm von seiner Stellung her gegeben ist.

[8] Mit kleinen Änderungen wurde der deutsche Text der Sammlung *Bekenntnisse der Kirche*, hrsg. von Hans Steubing u. a. (Theologischer Verlag Rolf Brockhaus, Wuppertal, 1970), entnommen.

Dennoch sagt das Bekenntnis, daß solche Werke sowohl für den Täter als auch für andere nützlich seien und daß es eine noch größere Sünde vor Gott sei, sie nicht zu tun.

Gemäß Bekenntnis ist es also richtig, ungläubigen Menschen zu helfen, sich nach biblischen Normen zu richten (auch wenn dies zunächst nur äußerlich geschieht). Ein nicht-wiedergeborener Mensch, der gute Werke aus falschen Beweggründen tut, kann Gott zwar nicht gefallen (Röm. 8, 8). Doch noch sündhafter wäre es für ihn, so sagt das Bekenntnis, wenn er das, was Gott gebietet, *nicht* tun würde.

Wenn wir dem Ungläubigen helfen, seine Probleme zu lösen, wenn wir ihm helfen, seine Verhaltensweisen zu ändern, wenn wir ihn dazu führen, daß er (wenn auch nur in einem äußerlichen Sinne) tut, was das Wort Gottes über gewisse Gebiete seines Lebens sagt, dann ehren wir dadurch Gott. Auch ist diese Hilfe für den Ungläubigen und seine Mitmenschen von Nutzen.

So ist es gerechtfertigt, dem Ungläubigen nicht nur das Evangelium, sondern auch konkrete Lebenshilfe zu bringen, auch wenn die Evangelisation nicht zum Ziele führen sollte. — Jesus reinigte zehn Aussätzige, aber nur einer kehrte zurück, um ihm zu danken. Auch der Seelsorger mag sich manchmal die Frage stellen: „Wo sind die neun anderen?“

Allerdings muß erwähnt werden, daß wir in unserer Beratung normalerweise viele Christen haben. Der Name unserer Institution zieht vor allem diese an und hält andere fern, ähnlich wie der Pfarrer, der nach nuthetischen Prinzipien arbeitet. Dadurch sind ein großer Teil der Ratsuchenden, die zu uns kommen, Christen. Bei den anderen bietet sich die Möglichkeit, von den Problemen her auf das Evangelium hinzuweisen.

Heiligung und Beratung

Nuthetische Beratung im vollen Sinne besteht also darin, daß Menschen gezeigt wird, wie sie ein von Gott geheiligtes Leben führen können. Voraussetzung zur Heiligung ist die Anwesenheit des Heiligen Geistes im Leben eines wiedergeborenen Menschen. Paulus betont dies, wenn er über den neuen Menschen und seine Erneuerung nach dem Bilde Gottes spricht. (Kol. 3 und Eph. 4.) Dieses Bild ist durch den Sündenfall zerstört worden. Das Ziel der Beratung ist die Erneuerung dieses Bildes. Praktisch heißt das, dem ähnlich zu werden, der als Mensch das vollkommene Abbild Gottes war: Jesus Christus.

Das Ziel wird erreicht, wenn der Ratsuchende seine früheren sündhaften Verhaltensweisen ändert und in die „Gestalt des Christus" verwandelt wird (Eph. 4, 13). Das fängt damit an, daß der Heilige Geist die Verbindung mit Gott wiederherstellt. (1. Kor. 2 zeigt, daß es ohne Wiedergeburt keine Verbindung mit Gott gibt.) Durch seine Kraft befähigt der Heilige Geist den Ratsuchenden, den „alten Menschen" mit seinen alten Verhaltensweisen abzulegen und den „neuen Menschen" mit seinen neuen, der Bibel gemäßen Verhaltensweisen anzuziehen. Täglich soll der Christ an Gnade zunehmen, dadurch, daß er „prüft, was dem Herrn wohlgefällig ist" (Eph. 5, 10).

Heiligung bedeutet Veränderung

Heiligung bringt persönliche Veränderungen mit sich.[9] Wenn Ratsuchende in die Enge getrieben werden und zugeben müssen, daß ihr Verhalten verantwortungslos war, versuchen sie sich oft damit herauszureden, daß sie sagen: „So bin ich nun einmal." Dies ist Resignation. Sie glauben nicht mehr an die Möglichkeit einer grundlegenden Veränderung der Persönlichkeit.

Eine solche Auffassung ist eindeutig unbiblisch. Die Persönlichkeit *kann* verändert werden. So wie Gott Jakob zu Israel, Simon zu Petrus und Saulus zu Paulus gemacht hat, so hat Gott im Laufe der Geschichte zahllose Menschen verändert.

Die Persönlichkeit von heute beruht auf dem Gestern. Was jemand heute ist, ist nur die Summe seiner Vergangenheit. Bei der Geburt gab Gott jedem von uns grundlegendes Erbmaterial, das die Bibel *physis* (Natur) nennt. Es handelt sich hier um die durch Gene bestimmte körperliche und seelische Konstitution, die aber nicht die Persönlichkeit eines Menschen ist.[10] Diese wird bestimmt durch die Art, wie jemand

---

[9] Wir unterscheiden uns hier grundlegend von den Christen, die meinen, daß das Ziel der Seelsorge „nicht darin bestehe, irgendwelche bedeutsame Veränderungen in der Persönlichkeit herbeizuführen". Warum sollten wir solche bedeutsamen Veränderungen Psychiatern und Psychotherapeuten überlassen, deren Überzeugungen und Methoden im Gegensatz zur Bibel stehen? (Vgl. *Baker's Dictionary*, S. 209.) Das Werk des Heiligen Geistes besteht gerade darin, daß er Persönlichkeiten verändert, und der christliche Berater muß sich als ein Werkzeug des Heiligen Geistes gebrauchen lassen.

[10] Je nachdem, ob man den Kreatianismus („Gott erschafft jede einzelne Seele aus dem Nichts") oder den Traduzianismus („Die Seele wird von den Eltern auf die Kinder weitergegeben") vertritt, wird man die mensch-

seine *physis* anwendet, um sich den Problemen und Herausforderungen des Lebens zu stellen.
Die Art, wie der Mensch auf seine Umwelt reagiert, kann sich mit der Zeit tief eingraben, sie scheint eine „zweite Natur" zu sein, d. h. ebenso gegeben wie die ursprüngliche *physis*. Sein Verhalten zu ändern ist zwar schwierig, doch Veränderung ist nicht unmöglich. Nuthetische Berater erleben immer wieder, wie dreißig und vierzig Jahre alte Verhaltensweisen geändert werden. Was gelernt wurde, kann umgelernt werden. Was Hänschen nicht gelernt hat, kann Hans immer noch lernen.

Es gibt Menschen, die meinen, daß an einst getroffenen Entscheidungen so festgehalten werden müsse wie an den Gesetzen der Meder und Perser (vgl. Dan. 6, 8. 15). Sie sollten den biblischen Bericht wieder einmal lesen, der die Folgen dieser törichten Gesetze zeigt. Der Ratsuchende muß sich vergegenwärtigen, daß frühere Entscheidungen auf gestrigen Fakten und Einsichten beruhten. Diese mögen mangelhaft und jene ungenügend gewesen sein. Wenn neue Tatsachen ans Licht kommen, wenn man heute ein klareres Urteilsvermögen hat, dann sollte man die schlechte gestrige Entscheidung berichtigen.
Das Wort Gottes verändert Menschen, verändert ihr Denken, ihre Entscheidungen, ihr Verhalten. Die Bibel rechnet überall mit Veränderungen. Der Heilige Geist ist der Geist der Veränderung. Er ist die Kraft, die die Persönlichkeitsveränderungen im Volk Gottes wirkt. Gott sagt: „Wachse im Glauben und in der Erkenntnis unseres Herrn und Erlösers Jesus Christus" (2. Petr. 3, 18).
Ein statisches Leben, statisches Festhalten an Entscheidungen, eine statische Persönlichkeit sind unvereinbar mit der biblischen Sicht des

---

liche Seele zur ererbten *physis* rechnen oder nicht. Ich möchte dieser Frage hier nicht nachgehen, aber doch bemerken, daß ich eine mehr oder weniger traduzianistische Position vertrete. Zum mindesten meine ich, daß *physis* genetische und andere ererbte Merkmale mit einschließt.
Wenn Christus sagt, daß jede Form des Bösen „aus dem Herzen" kommt (Luk. 6, 45; Matth. 15, 19), dann bezieht er sich damit auf das, was der ererbten menschlichen Natur *(physis)* entstammt, nicht dem, was man gelernt hat. Der Mensch lernt seine Reaktionen nicht als ein passives, neutrales Wesen. Vielmehr ist er ein aktiver Organismus mit einer Natur, die zur Sünde neigt, weil er mit Gott in Feindschaft steht. Sündhaftes Verhalten ist unvermeidlich, aber die im einzelnen erworbenen Verhaltensweisen, die verschiedenen Arten, wie Sünde zum Ausdruck kommt, sind es nicht; sie sind erlernt.

neuen Lebens. Wo Leben ist, gibt es Wachstum[11], und Wachstum heißt Veränderung.
Wachsen, reifen, bedeutet Läuterung der Meinungen und Handlungsweisen. Deshalb darf man es nicht zulassen, daß ein Ratsuchender, der Christ ist, sich damit entschuldigt, daß er „nun mal so ist, wie er ist"; daran lasse sich nichts ändern.

Für manche ist es schwer, sich verändern zu lassen. Es gilt, etwas Neues zu tun, etwas Ungewöhnliches, etwas, das nie zuvor getan wurde. Alte Verhaltensweisen sollen gegen neue ausgetauscht werden. Eine solche Veränderung ist eine Bedrohung, denn man fürchtet sich vor dem Unbekannten und ist deshalb nicht schnell bereit, sich in Abenteuer zu stürzen. Für einen Christen sollten Änderungen wünschenswert, nicht bedrohend sein.
Das christliche Leben ist ein Abenteuer in Gottes Neuland. Neuland braucht den Christen nicht unsicher zu machen, weil die Zukunft nur in dem Sinn neu ist, daß er sie noch nicht erlebt hat; für Gott ist sie nicht unbekannt. Christus ist der Vorkämpfer des christlichen Glaubens; er ist der Urheber und Vollender. Er weiß alles über unser Leben. Christus hat das Ärgste dieses Lebens und auch des Sterbens selbst erlebt; und jetzt steht er siegreich jenseits von beidem in der ewigen Herrlichkeit. So ist Gottes Führung für den Christen eine lebendige Wirklichkeit. Der Erlöser hat für ihn einen Weg gebahnt.[12]

---

11 Alle lebenden Organismen wachsen. Manchmal geschieht das Wachstum sprunghaft, manchmal nur langsam. Jeder Christ hat die Möglichkeit zu wachsen.

12 Gibson Winter war einer der ersten Amerikaner, der von der heutigen Familie sagte, sie sei entwurzelt. Er schreibt: „Wie Zigeuner ziehen wir umher." (*Love and Conflict*, Doubleday, Garden City, 1958, S. 16.) Grauberg gibt den Schrei, unsere Gesellschaft sei entwurzelt, weiter und sieht darin die Ursache vieler Probleme. (Vgl. *Baker's Dictionary*, S. 194.)
Zugegeben: Die Entwurzelung, die im häufigen Wohnsitzwechsel begründet ist, birgt viele Versuchungen in sich, doch können Christen diese Entwurzelung nicht für ihre Probleme verantwortlich machen. Ein solches Leben ist ja nicht neu. Das Leben Abrahams war, wie das unsrige, das eines Umherziehenden und Fremden.
Christus sprach vom Verlassen von Häusern, Brüdern und Schwestern, Vater, Mutter und Kindern und Äckern um seines Namens willen (Matth. 19, 29). Eine solche Haltung zeigt den anderen, daß „die Welt nicht unser Vaterland ist" und „wir uns nach einem himmlischen Land sehnen" (siehe Hebr. 11, 8—10. 13—16; 13, 14; 1. Petr. 1, 1; 2, 11). Um so klarer ist für den Christen heute die Bedeutung der Familie und der christlichen Gemeinde als Orte der Geborgenheit, wo er sein Leben vor Gott entfalten kann.

Ein Christ sündigt, wenn er statisch und verharrend wird, sich fürchtet vor einer von Gott bestimmten Veränderung und sich mit allen Kräften an der Vergangenheit festklammert. Wer sich den heiligenden Veränderungen widersetzt, widersetzt sich dem Heiligen Geist und betrübt ihn. Christen sollen Christus ähnlicher werden. Das bedeutet aber Wachstum, Verwandeltwerden in die Vollkommenheit Christi. Es ist wahr, grundsätzlich ist der Gläubige in Christus als vollkommen erklärt, aber jetzt muß er in der Praxis sich aneignen, was ihm gegeben wurde. Wahrheiten, die durch das Studium der Bibel neu erkannt wurden, müssen zu neuen Gewohnheiten des täglichen Lebens werden.

Im Grunde genommen besteht Seelsorge also darin, daß wir Christen helfen, ihr Leben zu heiligen. Sie schließt mit ein, daß wir Menschen helfen, alte Verhaltensweisen, welche der Rebellion gegen Gott entstammen, abzulegen und sich im Gehorsam gegenüber Gott neue Gewohnheiten zuzulegen. Darin besteht die Herausforderung an den Hirten, darin besteht seine Chance und seine Verpflichtung.

6. Seelsorge und die Methode nach Carl Rogers

Es ist erstaunlich, wie häufig ein Pfarrer, der sich der Bibel als dem Wort Gottes unterstellt, seine Überzeugungen in der Seelsorge verleugnet. Es scheint, daß die Grundlagen der Seelsorge von evangelikaler Seite kaum diskutiert wurden. In der Folge entstand eine Kluft zwischen Kanzel und Studierzimmer. Ein vollmächtiger Prediger verkündigt kraftvoll Gottes Botschaft auf der Kanzel. Doch jäh setzt er ein anderes Gesicht auf und hält seinen Mund, sobald er die Tür seines Studierzimmers hinter sich schließt. Verlegen gleitet er in die unangenehme Rolle eines Zuhörers, in der er auf „nicht-direktive" Weise einen Ratsuchenden recht führen soll. Es ist eine unangenehme Rolle, weil sie seinen Überzeugungen, seinem Gewissen und seiner Berufung zuwiderläuft. Er verhält sich so, als ob Gott dem Ratsuchenden nichts zu sagen hätte. „Der Seelsorger", so schrieb der Fundamentalist Stanley E. Anderson, „sollte zuhören, keine Autorität zeigen, keinen Rat geben, keine Einwendungen machen, er sollte nur sprechen, loben oder leiten, um dem Patienten zu helfen, seine Probleme zu klären."[1]

Julian Hartt gibt folgende Zusammenfassung: „Die jüngeren Theologen haben eine große Abneigung, in ihrem Amt als Seelsorger richtungweisend zu sein. Der gute Pfarrer gibt in seinem Sprechzimmer keine Urteile ab, er gibt keine Richtung an; und wie wir immer wieder betont haben, er ist nicht moralistisch. Wenn jemand ihm eine Frage von der Art: ‚Was soll ich tun?' stellt, dann weiß er, daß er sie auf keinen Fall beantworten darf, einerlei, was er sonst noch tut oder unterläßt. Er kann fragen: ‚Nun, was meinen Sie, daß Sie tun sollten?'"[2]

---

[1] Stanley E. Anderson: *Every Pastor a Counselor* (Van Kampen Press, Wheaton, 1949, S. 55). Die Absicht Andersons ist klar, auch wenn seine Aussage widersprüchlich ist, denn „Leitung" schließt ein, was er verwirft.

[2] Julian Hartt: *A Christian Critique of American Culture* (Harper and Row, New York, 1967, S. 338).

Rollo May bewegt sich in derselben Richtung. In seinem Buch *The Art of Counseling* sagt ein Patient zu seinem Berater: „Ich denke, Sie haben recht. Welchen Schritt muß ich nun tun, um dies zu erreichen?" Rollo May schaltet sich ein: „Das ist ein entscheidender Punkt. Der Patient bittet um Rat. Wenn der Berater der Versuchung mit der in ihr enthaltenen Schmeichelei erliegt und Rat oder sogar bestimmte Anweisungen erteilt, bewirkt er einen Kurzschluß im Vorgang und verunmöglicht damit eine wirkliche Persönlichkeitswiederherstellung des Patienten ... Vielmehr muß er diese Bitte um Rat als ein Mittel benutzen, um den Patienten bereit zu machen, mehr Verantwortung zu übernehmen."[3]

Dann antwortet Mays Berater: „Sie möchten Verhaltensregeln haben? Sie wollen, daß diese Regeln Sie von außen her zwingen? Sie möchten also unter demselben Druck und derselben Spannung weiterleben wie bisher? Das würde Ihre Probleme nur noch schwieriger machen. Sehen Sie, Ihr Verlangen nach Regeln entstammt demselben tiefen Mißtrauen dem Leben gegenüber."[4]

In diesen Worten finden wir eine Absage an Gottes Autorität, an Gottes Gebote und an die Bibel. May erklärt: „Erstens wird *die Persönlichkeit durch Ratgeben nicht verändert.* Mit diesem Mißverständnis müssen wir ein für allemal aufräumen; wahre Beratung und das Erteilen von Ratschlägen sind zwei sehr verschiedene Dinge."

Seine Verwandtschaft mit Freud kommt klar zum Ausdruck: „Psychotherapeuten geben offen zu, daß sie es ablehnen, Ratgeber zu sein. Man könnte zahlreiche Aussagen von Freud zitieren, in denen dieselbe Überzeugung zum Ausdruck kommt wie im folgenden:

‚Und überdies kann ich Ihnen versichern, daß Sie falsch unterrichtet sind, wenn Sie annehmen, Rat und Leitung in den Angelegenheiten des Lebens seien ein integrierendes Stück der analytischen Beeinflussung. Im Gegenteil, wir lehnen eine solche Mentorrolle nach Möglich-

---

[3] Rollo May: *The Art of Counseling* (Abingdon Press, New York, 1939, S. 139). Man kann sich nur darüber wundern, weshalb es Schmeichelei sein sollte, wenn jemand einen Diener am Evangelium fragt, wie er es anstellen müsse, damit Gott sein Leben verändern könne. May betrachtet solchen Rat als Schmeichelei, weil er annimmt, daß es keine geschriebene, objektive Offenbarung von Gott gibt und daß der Berater nur aus seinen eigenen Quellen antworten kann. Weshalb sollten Christen, die um die Offenbarung Gottes in der Schrift wissen, Mays Methoden übernehmen?

[4] Ebd.

keit ab, wollen nichts lieber erreichen, als daß der Kranke selbständig seine Entscheidungen treffe.'"[5]

May fährt im nächsten Abschnitt fort: „Ratschläge zu erteilen, ist der eigentlichen Aufgabe der Beratung nicht angemessen, weil dies die *Autonomie der Persönlichkeit* verletzt (Hervorhebung von mir). Man ist sich darüber einig, daß die Persönlichkeit frei und autonom sein muß; wie kann es also richtig sein, fertige Entscheidungen jemand anderem aufzuzwingen? Aus ethischen und aus praktischen Gründen kann man es nicht tun, denn solcher Rat von oben kann nie eine wirkliche Veränderung in der Persönlichkeit eines Menschen herbeiführen. Der fremde Gedanke wird nie Teil seiner selbst, und er wird ihn so schnell wie möglich wieder loswerden."[6]

Carl Rogers' sogenannte „Klient-bezogene" Beratung[7] beherrscht das Feld der Seelsorge in den Vereinigten Staaten und bildet die Grundlage für die seelsorgerliche Tätigkeit der meisten liberalen und vieler evangelikaler Pfarrer. Hulme schreibt: „Einige der führenden Persönlichkeiten auf dem Gebiet der Seelsorge betrachten die ‚Klient-bezogene' Therapie von Rogers als zu extrem und haben sie so abgeändert, daß sie in ihre persönliche Auffassung von der Rolle des

---

[5] a.a.O. S. 151. Salter führt den Fall Carney Landis an. Landis war der Vorsteher der Forschungsabteilung am New York State Psychiatric Institute. Er unterzog sich einer „vollständigen Psychoanalyse", die von der Rockefeller-Stiftung bezahlt wurde. Landis berichtet, daß der Analyst in der 221stündigen Analyse 2 Prozent der Zeit dazu verwendete, um das von ihm Vorgebrachte zu besprechen, was „im Durchschnitt etwas mehr als *eine Minute Besprechung durch den Analytiker pro Stunde Analyse* ausmacht". Andrew Salter: *The Case Against Psychoanalysis* (The Citadel Press, New York, 1963, S.140).

[6] Ebd. Gott sagt uns in seinem Wort: „Höre auf Rat und nimm Zucht an, damit du in Zukunft weise seiest" (Spr. 19, 20). Wenn man mit der Wirkung von biblisch begründetem Rat und der erleuchtenden, überführenden und anspornenden Kraft des Heiligen Geistes rechnet, dann wird offensichtlich, wie völlig unsinnig Mays Standpunkt ist, bei dem sich alles um den Menschen dreht. Die Betonung der Autonomie ist üblich unter Existentialisten, die Rogers folgen. Vgl. Caroll Wise: „In dem Maß, in dem ein Mensch es unterlassen hat, seine Autonomie zu entwickeln, oder in dem er sie verloren hat, ist er krank." (*The Meaning of Pastoral Care,* Harper and Row, New York, 1966, S. 51.)

[7] Ich sage „sogenannt", weil das Wort „Klient" von seinem Ursprung her jemanden meint, der einem anderen hörig ist. Es hat seine Wurzeln im griechischen *klyo,* „hören". Das heißt also, daß ein „Klient" einer ist, der von den Informationen, die ihm der Berater gegeben hat, abhängig ist. Rogers' Bezeichnung ist demnach sehr unglücklich gewählt, wenn wir die etymologische Bedeutung des Wortes „Klient" bedenken.

Pfarrers hineinpaßt. Andere hingegen haben sie so genommen, wie sie ist, haben ihr aber einen religiösen Rahmen gegeben.“[8] Verändert oder nicht — das System von Rogers ist für viele die Grundlage der Seelsorge.

Die Grundvoraussetzungen von Rogers

Die Grundvoraussetzung seines Systems steht in voller Übereinstimmung mit dem liberalen und humanistischen Gedankengut, daß nämlich die Fähigkeit zur Lösung der menschlichen Probleme im Menschen selbst liege. Man meint, durch den Gebrauch „nicht-direktiver“ Methoden diese Fähigkeit im Menschen zu aktivieren. „Die nicht-direktive Methode“, sagt Rogers, „legt auf das Recht des einzelnen, psychologisch unabhängig zu sein, großen Wert.“[9] Der Mensch ist autonom.
In Übereinstimmung mit dieser Voraussetzung wird in der „nicht-direktiven“ (oder „reflektierenden“) Beratung der Berater zu einer Wand, an der der Patient seine Fragen anprallen läßt. In der Gegenwart des Beraters faßt er seine Probleme in Worte, und der Berater antwortet, indem er die Worte des Patienten in einer schärfer formulierten Form wiedergibt. Schließlich gewinnt der Patient durch diesen Prozeß Einsicht in sein Problem und findet eine Lösung.
James Dittes beschreibt diese Methode sehr anschaulich. Der Pfarrer sagt: „Wenn ich der Ansicht wäre, ich könnte eine hilfreiche Antwort auf Ihre Probleme geben, Herr F., dann würde ich es tun. Doch aus Erfahrung weiß ich, daß ich Ihnen auf eine andere Art besser helfen kann. Ich bin der Überzeugung, daß Sie alles in sich haben, um eine gute Entscheidung zu treffen: Sie haben ein gutes Urteilsvermögen,

---

[8] William E. Hulme: *Counseling and Theology* (Fortress Press, Philadelphia, 1956, S. 4).

[9] Carl Rogers: *Counseling and Psychotherapy* (Houghton Mifflin, Boston, 1942, S. 127). Was Rogers sagt, entspricht also nicht dem biblischen Zeugnis. Er verneint die sündhafte Natur des Menschen, wenn er schreibt: „Eine der revolutionierendsten Einsichten, die aus unserer klinischen Erfahrung kam, war die wachsende Überzeugung, daß der innerste Kern des Menschen, die tiefsten Lagen seiner Persönlichkeit, der Grund seiner ‚animalischen Natur‘, einen positiven Charakter hat — er ist im tiefsten Grunde gemeinschaftsbezogen, im Fortschritt begriffen, vernünftig und realistisch.“ (In LeShan, a.a.O. S. 454—463.) Jeder, der die „Christliche Wissenschaft“ *(Christian Science)* auch nur ein wenig kennt, könnte denken, es handle sich hier um ein Zitat aus *Wissenschaft und Gesundheit*, dem grundlegenden Buch der Gründerin dieser Sekte, Mary Baker Eddy.

ein sicheres Gefühl für alles, was mit dem Problem zusammenhängt, und Sie wissen, wie die Umstände wirklich sind. Sie können die Entscheidung besser treffen als ich. Was ich tun kann: Ich kann Sie etwas anleiten, wenn Sie diese verwickelten Fragen durchdenken, und eine Art Resonanzboden sein."[10]

Dieses System bestätigt den Glauben des sündhaften Menschen, daß er autonom sei und Gott nicht brauche. Christen, deren Grundlage die Bibel ist, müssen eine solche Beratung schon allein wegen ihrer humanistischen Voraussetzungen verwerfen. Sie geht vom Menschen aus und endet beim Menschen. Der Mensch selbst ist die Lösung für seine Probleme.

Rogers' Methoden sind unvereinbar mit biblischen Prinzipien und deshalb für Christen nicht annehmbar.[11] Nach Rogers muß der Mensch, der sündigt, *„akzeptiert"* und nicht ermahnt werden: „Der Berater akzeptiert, anerkennt und klärt diese negativen Gefühle."[12] Das nuthetische Element fehlt gänzlich in dieser Art Beratung, weil echte Verantwortlichkeit durch die Idee des „Akzeptierens" unterhöhlt wird.

Verantwortlichkeit ist die Fähigkeit, zu antworten

Was ist Verantwortlichkeit? Verantwortlichkeit ist die Fähigkeit, sich in jeder Lebenslage, ungeachtet der Schwierigkeiten, so zu verhalten, wie Gott es will. Es ist z. B. die Fähigkeit, denen Gutes zu tun, die uns böswillig mißbrauchen. Es ist die Fähigkeit, seinem Feind zu essen zu geben, wenn er hungrig ist, ihm zu trinken zu geben, wenn er Durst hat. Es ist die Fähigkeit, das Böse mit dem Guten zu überwinden (Röm. 12, 9—21, vgl. auch Matth. 5, 43—48).

---

[10] James Dittes: *The Church in the Way* (Charles Scribner's Sons, New York, 1967, S. 279—280).

[11] Ich hatte seinerzeit einen Verwaltungsposten in einer kleinen evangelikalen Denomination inne. Das brachte mit sich, daß ich fast alle Gemeinden dieser Kirche einmal besuchte. Oft ergab sich die Gelegenheit, lange Gespräche mit den Pfarrern zu führen, die fast immer dankbar waren für die Gelegenheit, ihre Arbeit mit einem Außenstehenden zu besprechen. Dabei entdeckte ich, daß viele Pfarrer besorgt waren über ihre Seelsorge. Ich fand solche, deren Gewissen belastet war. Immer wieder drückten sie ihre Unzufriedenheit aus über Theorie und Ergebnisse der Seelsorge, wie sie üblicherweise in den Büchern gelehrt wird.

[12] Carl Rogers: *Counseling and Psychotherapy*, S. 37.

Verantwortlichkeit ist die Fähigkeit, zu antworten. Es ist die von Gott gegebene Fähigkeit, in jeder Lebenslage seinen Geboten gemäß zu antworten. Es ist die Fähigkeit, zu allem, was Gott oder ein Mitmensch sagt, eine Antwort zu geben, die in Übereinstimmung mit der Bibel ist. Es ist die Fähigkeit, wie Röm. 15, 1—3 sagt, die Schwachheiten der Ungefestigten zu tragen und nicht nur sich selbst zu Gefallen zu leben. Es ist die Fähigkeit, seinen Nächsten zu erfreuen, zu seinem Wohl und seiner Auferbauung. Es ist die Fähigkeit, Christus nachzueifern, der nicht sich selbst zu Gefallen lebte, „sondern, wie geschrieben steht: die Schmähungen derer, die dich schmähen, sind auf mich gefallen" (Röm. 15, 3).

Verantwortlichkeit ist die Fähigkeit, „einander so anzunehmen, wie Christus uns angenommen hat zur Ehre Gottes". Das heißt nicht, daß wir unsere Mitchristen annehmen, weil sie großartig sind oder weil der Seelsorger neutral ist, sondern vielmehr bedeutet es, sie in Christus anzunehmen, der für ihre Sünden gestorben ist. Uns anzunehmen, kostete ihn sein Leben. Christen sind von Gott „im Geliebten" (d. h. in Christus) angenommen, der ihre Schuld getragen hat und sie annimmt, weil ihre Sünden vergeben sind. Gott selbst nimmt sie nicht in ihren Sünden an. Als Christen nehmen wir einander nur deshalb an, weil wir in Christus Brüder sind. Daß wir uns annehmen, schließt nicht aus, daß wir Sünde verurteilen.

Das „Akzeptieren" nach Rogers, das alles zuläßt, hat nichts zu tun mit dem christlichen Einander-in-Christus-Annehmen. Deshalb ist es ein unverantwortliches Akzeptieren.

Keine Neutralität

Vergegenwärtigen wir uns, was für ein jämmerliches Bild der Pfarrer abgibt, wenn er hinter seinem Schreibtisch sitzt und sich seine Gedanken macht, ohne sich zu äußern. Der Pfarrer ist berufen, ein Paraklet, nicht ein Papagei zu sein.[13] Immer sollte er sich als Christ verhalten, auch in der Seelsorge.

[13] *Parakletos* heißt: „Einer, der auf die Seite eines andern gerufen ist, um ihm mit seinem Rat beizustehen." Das Wort hat die Bedeutung von „Rechtsbeistand" im selben Sinn, wie wir es gebrauchen. (Vgl. 1. Joh. 2, 1.) Es ist möglich, daß im johanneischen Gebrauch das Wort überall die Bedeutung „Rechtsanwalt" oder „Jurist" hat. Nirgends im biblischen Gebrauch vermittelt das Wort den Gedanken der Neutralität oder der „nicht-direktiven" Beratung; vielmehr werden Christus und der Heilige Geist „Paraklet"

Rollo May glaubt an die Autonomie des Menschen. Darum vertritt er auch ethische Neutralität. May versucht sogar, seine Ansicht von der Bibel her zu begründen. „Das führt uns zur Frage nach ethischen Urteilen in der Seelsorge. Zunächst ist es vom christlichen Gesichtspunkt aus klar, daß niemand ein Recht hat, einen anderen Menschen zu beurteilen. Das Gebot, nicht zu urteilen, ist unumstößlich, besonders seit es durch das Leben Jesu seine nachhaltige Wirkung erhalten hat. Sodann ist es vom psychologischen Gesichtspunkt aus unzulässig zu urteilen. Adler sagt: ‚Vor allem wollen wir es uns nie gestatten, irgendwelche sittlichen Urteile abzugeben, Urteile, die den sittlichen Wert eines Menschen betreffen.'"[14]

Mays Auslegung von Matthäus 7, 1—5 ist falsch. Nicht nur gibt es verschiedenste Situationen, in denen es notwendig ist, zu urteilen, sondern die Bibel gebietet dem Gläubigen ausdrücklich, Urteile abzugeben (vgl. Joh. 7, 24). Die Stelle verbietet *unrechtmäßiges* Urteilen, d. h. *Ver*urteilen. Christus setzte voraus, daß Christen notwendigerweise Urteile über andere abgeben müssen, und in Matth. 7 zeigte er ihnen deshalb, *wie* sie dies zu tun haben. Die besagte Stelle wendet sich gegen überstürztes Urteilen, Urteilen ohne Beweise. Wir sollen auch nicht andere beurteilen, bevor wir unser eigenes Leben in Ordnung gebracht haben, oder einen anderen anklagen, um uns selbst hervorzutun. Doch die Bibel ruft uns dazu auf, uns ein Urteil über ethische Werte zu bilden.[15] In der Seelsorge kann es keine ethisch neutrale Haltung geben.

Wie kann der Pfarrer sündiges Verhalten „akzeptieren"? Seine Pflicht ist, eine angemessene christliche Antwort und biblisch begründete Lösungen zu geben. Er ist verpflichtet, Gottes Wort zu verkündigen und anzubieten. Soll er sich unverbindlich zurückziehen und zu-

---

genannt *aufgrund dessen, was sie für uns tun.* Wenn Paulus von der *paraklesis* („Hilfe" oder „Ratschlag"), die Gott durch die Bibel gibt (Röm. 15, 4. 5), spricht, dann ist es unverkennbar, daß er von einem Buch spricht, das uns maßgebende und richtungweisende Hilfe für unsere Standhaftigkeit und Hoffnung gibt.

[14] Rollo May, a.a.O. S. 176. Carroll Wise stimmt mit May überein: „Wir können offen sagen, daß nach unserer Ansicht in der Seelsorge keine Urteile gefällt werden dürfen, daß nichts und niemand verurteilt werden und daß man keine Moralpredigten halten soll." a.a.O. S. 80.

[15] Die Ratschläge im Buch der Sprüche bestehen wesentlich aus ethischen Urteilen. Sie sind Gebote für Gottes Volk, welche es befähigen, in der rechten Beziehung zum Gott ihres Bundes zu leben. Vgl. S. 53.

schauen, wie sich der Ratsuchende mit einem Problem abmüht, auf das er nur seine eigene hoffnungslose und sündhafte Antwort geben kann? Soll er schweigen, wenn er weiß, daß in der Bibel, die auf seinem Schreibtisch liegt, die Antwort Gottes zu finden ist? Kurz: Wie kann er vergessen, daß er ein Christ ist und versuchen, neutral oder unverbindlich zu werden?

Eine solche Neutralität ist unmöglich. Der Pfarrer kann seine Überzeugungen nicht auf die Seite schieben — auch nicht für eine gewisse Zeit. Und wenn er das täte, wäre es nicht in Ordnung. Seine christlichen Überzeugungen *müssen* zu jeder Zeit die Unterredung prägen.[16] Sündhaftes Verhalten zu akzeptieren, käme einem Entschuldigen gleich.

Statt dessen müssen sich christliche Berater nuthetisch einlassen in das Leben derer, die bei ihnen Rat suchen. Sie müssen als ganze Menschen antworten, wie Paulus, der erklärte: „Aus vieler Bedrängnis und Angst des Herzens heraus habe ich euch geschrieben unter vielen Tränen" (2. Kor. 2, 4). Hier beruft sich Paulus auf seine eigene Tätigkeit als Seelsorger. In seinem ersten Brief an die Korinther hatte er Urteile abgegeben und Rat erteilt.[17]

---

[16] Hulme schreibt: „Die ‚Klient-bezogene' Methode räumt mit überkommenen Denk- und Handlungsweisen auf. Sie zwingt den Pfarrer, seine eigenen Werturteile zumindest vorläufig auf die Seite zu stellen, wenn er die Gefühle des Patienten ernst nimmt." Hulme versucht dann, den Leser mit einer Aussage zu „beruhigen", die in ihren Folgen noch verheerender ist: „Es handelt sich hier nicht um den Versuch, den Pfarrer seiner Überzeugungen zu berauben, vielmehr gilt es zu verhindern, daß diese Überzeugungen die Unterredung beherrschen." a.a.O. S. 5.

[17] In seiner Besprechung von Carroll Wises neuem Buch *The Meaning of Pastoral Care* charakterisiert Jay Rochelle Wises Lehre richtig dahin, daß „Seelsorge sich nur in einer Beziehung, die völlig offen, frei und urteilslos ist, ereignen kann" *(The Pittsburgh Perspective,* Juni 1967, S. 63). Diese Begriffe widersprechen sich. Eine urteilslose Beziehung würde verlangen, daß er sich strenge Zurückhaltung auferlegte und seinen Gedanken, Empfindungen und Gefühlen möglichst wenig Ausdruck gäbe. Dies würde echte Einfühlung ausschließen (oder zumindest deren Äußerung), und im besten Fall würde sich eine bloß oberflächliche Beziehung entwickeln. Lowell G. Colston betont mit Recht die Unvermeidlichkeit von Urteilen und widerspricht Wise und andern, die naiv nach Neutralität trachten. Aber Colstons eigene Voraussetzungen, die weitgehend von Rogers bestimmt sind, sprechen gegen seinen Ruf nach Urteilen und führen ihn dazu, Urteil in „reflektierenden" Begriffen neu zu umschreiben. Dies führt letztlich zur Selbstbeurteilung anstelle einer Beurteilung durch Gott gemäß seinem objektiven geschriebenen Wort.

Zuhören

Kann die „nicht-direktive“ Methode Rogers’ gebraucht werden, ohne daß man Kompromisse eingeht? Hat uns Rogers nicht wenigstens etwas über das Zuhören gelehrt? Müssen wir ihn ganz verwerfen? Sollten wir den Leuten nicht zuhören?

Natürlich sollten wir zuhören! Die Bibel zeigte die Wichtigkeit des Zuhörens auf, lange bevor Rogers etwas darüber sagte. Spr. 18, 13 macht eine wesentliche Aussage zum Thema.[18] Man setzt oft fälschlicherweise das Zuhören mit der „nicht-direktiven“ Methode von Rogers gleich. Doch Zuhören ist nicht seine Methodik, denn er hört im Grunde nicht zu.[19] Ein guter Zuhörer interessiert sich für das, was der andere zu sagen hat. In der Beratung nach Rogers betrachtet man den Inhalt einer Aussage als unwesentlich. Man interessiert sich nur für Gefühlsäußerungen und befaßt sich nicht mit dem Inhalt des Gesagten.

Rogers schreibt: „Der Berater ... muß bereit sein, nicht auf den intellektuellen Gehalt der Aussage eines Menschen zu antworten, sondern auf die Gefühle, die ihr unterliegen.“[20] Er erklärt diesen Gedanken: „Objektive Tatsachen sind ganz unbedeutend. Was für die Therapie Bedeutung hat, sind die Gefühle, die der Patient in seiner Lage zu äußern fähig ist.“[21] Rogers selbst macht auf den Unterschied zwischen sogenannter „Klient-bezogener“ und „Problem-bezogener“ Beratung aufmerksam. Er stellt seine (wie er meint „Klient-bezogene“) Auffassung der „Problem-bezogenen“ gegenüber.

Handelt es sich hier wirklich um einen echten Gegensatz? Sind Rogerssche Berater an den Menschen interessiert, während nuthetische Berater sich nur für deren Probleme interessieren? Der nuthetische

---

[18] „Wer antwortet, ehe er gehört hat, dem ist es Torheit und Schande.“

[19] So sagt z. B. Shrader: „Sie begann mit den Worten: ‚Jeder Tag meines Lebens ist eine Lüge. Sie müssen mir sagen, was ich tun soll.‘ Genau das soll der Berater nun nicht tun. Seine Rolle ist die des Zuhörers.“ (Wesley Shrader, *Of Men and Angels*, Holt, Rinehart and Winston, New York, 1957, S. 64.) Glücklicherweise fand sich Shrader genötigt, diese Aussage zurückzunehmen.

[20] Rogers, a.a.O. S. 37. Carroll Wise wiederholt diese Ansicht, wenn er sagt, der Pfarrer müsse „auf das hören, was unter dem zum Ausdruck gekommenen Inhalt einer Aussage liege“ (a.a.O. S. 76).

[21] a.a.O. S. 244. Es überrascht, daß Grounds diese Ansicht unkritisch übernimmt, *Baker’s Dictionary*, S. 208.

Berater ist besorgt um den Menschen mit seinen persönlichen Problemen, d. h., er macht diese Unterscheidung nicht. Zum Wohl des Menschen interessiert er sich für dessen Probleme. Er weist es zurück, hier Gegensätze zu sehen und muß deshalb nicht zwischen einem Entweder-Oder wählen. Seine Methode ist *wirklich* „Klient-bezogen". In echter Besorgtheit um den Hilfesuchenden werden dessen Gefühle *und* Probleme ernst genommen.

Im selben Buch stellt Rogers die Methoden der „direktiven" und „nicht-direktiven" Beratung einander gegenüber.[22] Einige der Unterschiede, wie Rogers sie sieht, sind:

1. Der „direktive" (engagierte) Berater stellt *gezielte Fragen*, wogegen der „nicht-direktive" (neutrale) Berater *Gefühle* oder Verhaltensweisen zur Kenntnis nimmt.

2. Der „direktive" Berater gibt Erklärungen, diskutiert, gibt Informationen; der „nicht-direktive" Berater deutet Gefühle oder Verhaltensweisen.

3. Der „direktive" Berater stellt Beweise zusammen und überredet den Patienten, das zu tun, was er ihm vorgeschlagen hat; der „nicht-direktive" Berater erklärt, diskutiert und informiert nur selten.

4. Der „direktive" Berater macht auf Probleme oder Zustände aufmerksam, die der Korrektur bedürfen; der „nicht-direktive" Berater weist den Patienten darauf hin, daß dieser dafür verantwortlich sei, die Unterredung recht zu gebrauchen.[23]

In gewisser Hinsicht ist diese Unterscheidung ganz richtig. Rogers zeigt sich von der besten Seite, wo er die Grenzen seiner eigenen Methoden aufzeigt. Doch sogar hier gelingt es ihm nicht, die feine Führung, die auch seine Methode gebrauchen muß, zu entdecken. Auf der anderen Seite würde kein nuthetischer Berater seine Tätigkeit auf das beschränkt sehen, was Rogers als „direktiv" beschreibt. Er tut zwar all das, was Rogers als „direktiv" bezeichnet, doch tut er auch vieles, was Rogers „nicht-direktiv" nennt.

Dem nuthetischen Berater steht die ganze Breite der rechten christlichen Antworten zur Verfügung. Er preßt nicht jeden Fall in dieselbe Schablone. Vielmehr kann die ganze Skala der für einen Chri-

---

[22] Rogers, a.a.O. S. 123.

[23] Die Armseligkeit dieser Methode kann vielleicht am besten gesehen werden, wenn man versucht, die vier Grundsätze in einer konkreten Lage anzuwenden. Ein Selbstmordkandidat ruft an und bittet um Hilfe: „Sie sind meine letzte Hoffnung. Ich bin daran, mir eine Kugel durch den Kopf zu schießen!" Was macht ein Rogerianer in dieser Situation?

sten möglichen Antworten in der Beratung benutzt werden, um jedem einzelnen Menschen und auf jedes Problem die sachgemäße Antwort zu geben. Seward Hiltner, der von Rogers herkommt, schreibt: „Wenn wir uns mit Äußerlichem befassen, tun wir das Gegenteil dessen, was die Gemeindeglieder von uns erwarten: daß wir uns auf ihre Gefühle konzentrieren, die sie auf uns zu übertragen versuchen."

Wenige Gemeindeglieder versuchen, etwas Derartiges zu tun. Sie sind nicht wirklich daran interessiert, Gefühle zu übermitteln, obschon sie natürlich recht ausführlich über ihre Gefühle sprechen. Wer nichts Wesentlicheres sieht als Gefühle, befaßt sich nur oberflächlich mit einem Fall. Der Ratsuchende spricht so ausführlich über seine Gefühle, weil er den Berater von der Schwierigkeit seines Problems beeindrucken will. Sein eigentliches Interesse ist dabei, Hilfe zu finden, um die Probleme zu lösen, die solches Unbehagen verursachen. Hiltner meint, der Seelsorger weiche vom Eigentlichen ab und befasse sich mit seinen eigenen Interessengebieten, wenn das Gemeindeglied auf etwas zu sprechen gekommen sei, was ihn interessiert. „Anstatt *ihm* eine Antwort zu geben", so fährt er fort, „antworten wir auf den Gedanken, der gewissermaßen bei uns ‚auf den Knopf gedrückt' hat. Dies lenkt unsere Aufmerksamkeit von ihm als Person ab und führt uns dazu, ihm etwas mitzuteilen."[24]

Wer ist wirklich „Klient-bezogen"?

Trotz aller gegenteiligen Beteuerungen hat der Rogerssche Berater kein wirkliches Interesse am Patienten. Der Patient ist zu ihm gekommen mit einem Problem, für das er eine Lösung sucht. Aber dieser sieht ihn nur als Träger von Gefühlen. Was der Patient denkt, ist für ihn bedeutungslos. Das Problem ist zufällig, und Fakten müssen zur Seite geschoben werden, weil sie ablenken.

---

[24] Seward Hiltner, *The Counselor in Counseling,* (Abingdon Press, New York, 1957, S. 27). Gedanken anderer lösen oft in uns eine Reaktion aus, da unsere Probleme im wesentlichen dieselben sind wie die der Menschen, die zu uns kommen (1. Kor. 10, 13 a). Ein solcher „Knopfdruck" kann ein hilfreicher Hinweis sein auf Lösungen, die die Bibel bietet und die wir auf ähnliche Probleme anwendbar gefunden haben. Ein guter Seelsorger kann seine eigene Erfahrung als Hilfe für andere brauchen (vgl. 2. Kor. 1, 4). Wer sich wirklich um einen andern kümmert, läßt es nicht nur zu, daß „auf Knöpfe gedrückt" wird, sondern er ist auch bereit, geeignete Erfahrungen und Einsichten zum Besten des andern mitzuteilen.

Doch der Patient kämpft mit einem Problem, und wenn der Berater die Fakten unbeachtet läßt (er hat Angst zu antworten, weil etwas in ihm „auf den Knopf drücken" könnte), dann hat *er* sich vom Patienten als einem *denkenden Menschen* ablenken lassen. Er hat die Personalität eingeschränkt und sieht nur noch Gefühle. Wenn der Seelsorger dagegen in nuthetischer Art Gedanken und Gefühle des Ratsuchenden bespricht, dann zeigt er echte Bemühung um ihn als ganzen Menschen.

Bei Hiltner kommt die verkürzte Sicht des Menschen als nur Fühlendem zum Ausdruck, wenn er einen Seelsorger folgendermaßen anklagt: „Er befaßt sich ausschließlich mit dem Bericht des Ratsuchenden statt mit seinem Charakter, mit den Fakten statt den Gefühlen, mit Taten statt mit Ansichten und Konflikten."[25]

Rogers besteht darauf, daß es falsch sei, dem Patienten Rat zu erteilen. Demgegenüber wird dies in einer biblisch begründeten Methode verlangt. Nuthetische Seelsorger hören zu, um die nötigen Unterlagen zu sammeln, die sie brauchen, um Menschen Rat zu erteilen. Hulme macht folgendes Eingeständnis: „Wenn es in der Beratung einen Platz für das Erteilen von Ratschlägen geben mag, dann sicher nur am Rand."[26] Rogers dagegen beharrt darauf, daß der Berater keinen Rat geben sollte, und Rollo May stimmt ihm zu.[27] Rogerianer haben kein Interesse daran, Unterlagen zu sammeln. Der Patient muß alle Antworten selbst geben.[28]

Man kann eine solche Beratung nicht nur mit einer Wand vergleichen, sondern ebensogut mit einem Spiegel. Wir alle kennen die folgende typische Situation:

Der Ratsuchende beginnt die Unterredung: „Ich bin hin- und hergerissen."

---

[25] a.a.O. S. 25—26.

[26] Hulme, a.a.O. S. 23.

[27] May: *The Art of Counseling*, S. 150; siehe S. 74.

[28] Carroll Wise sagt dazu: „Wir Pfarrer lösen keine Probleme anderer Menschen ... Wir sind ganz einfach ein Hilfsmittel, das einen andern befähigt, mit seinem Geschick selbst fertig zu werden." Er ist so sehr gegen das Erteilen von Rat, daß er sagt: „Das Predigen, das aus Ermahnung besteht ..., kann viel Schaden anrichten." Wise will die „nicht-direktive" Methode auch auf die Predigt anwenden! (*A Clinical Approach to the Problems of Pastoral Care,* Western Inter-State Comission for Higher Education, Boulder, 1964, S. 87.)

Der Berater konzentriert sich auf diesen Ausdruck und nimmt ihn mit andern Worten wieder auf: „Ich sehe, daß es Sie nach zwei Seiten zieht."
„Richtig, ich befinde mich in einer verzwickten Lage."
„Ich sehe, daß Sie sich Sorgen machen."
„Meine Schwierigkeit ist, daß ich nicht weiß, was ich in einer gewissen Sache tun soll."
„Sie suchen also nach einer Lösung."
„Ganz recht. Ich hatte Schwierigkeiten mit Homosexualität. Meinen Sie, Homosexualität sei verkehrt?"
„Sie fragen mich also, ob Homosexualität aus ethischer oder religiöser Sicht zu verantworten sei?"

Das ist nicht Zuhören! Zuhören heißt, sich für das, was der andere sagt, zu interessieren und auf das Gesagte zu antworten. Beratung nach Rogers dagegen gibt keine Hilfe, keine Ratschläge, keine Werturteile; sie unterläßt es, das, was Gott sagt, auf persönliche Probleme anzuwenden. Sie repetiert die Fragen des Patienten, anstatt biblische Grundsätze zu vermitteln. Die Bibel sagt nirgends, daß wir unseren Mitmenschen auf diese Weise begegnen sollten.
Hiltner führt weiter aus: „Handlung ist kein Ersatz für Klärung. Schon die dürftigste Beobachtung weist uns darauf hin, daß die meisten seelsorgerlichen Bemühungen, die mit einem Ringen um die Entscheidung einer bestimmten Handlung beginnen, nicht weit führen, wenn sie auf dieser Ebene bleiben; wenn sie die Gefühle, die jeder möglichen Handlungsweise zugrunde liegen, nicht ergründen."[29]
An dieser Frage scheiden sich die Geister. Seelsorge nach nuthetischen Grundsätzen kann nicht anerkennen, daß Gefühle das Wesentlichste sind in zwischenmenschlichen Beziehungen. Gott sagt, daß die Liebe darin bestehe, daß wir seine Gebote halten. Dazu kommt, daß Gefühle auf direktem Weg nicht verändert werden können wie Verhal-

---

[29] Hiltner, a.a.O., S. 15. Einer der besten Wege für Berater, Informationen zu erhalten, die aus erster Hand kommen und den Tatsachen entsprechen, besteht im Beobachten der Verhaltensweisen, die sich beim Beantworten einzelner Probleme zeigen. Das Ringen um Entscheidungen zeigt die wahre Natur eines Problems besser als das bloße Gespräch darüber. Röhren werden unter Druck auf Risse hin geprüft. Wenn man zugunsten des bloßen Gesprächs auf das Tun verzichtet, verletzt man den biblischen Grundsatz, „Täter des Wortes und nicht nur Hörer" zu sein. Nuthetische Berater halten sich an das Wort: „Sprich nicht nur über Probleme, löse sie!"

tensweisen. Aus diesem Grunde gebrauchen nuthetische Berater ihre Zeit nicht, um die Gefühle eines Menschen zu ergründen. Ihr Interesse richtet sich mehr auf das Verhalten.[30] Sie haben herausgefunden, daß sie auf diese Weise viel erfolgreicher durch das, was Hiltner „emotionales Unterholz“ nennt, hindurchdringen.

Gefühl und Verhalten

Da Rogers den Vorrang des Gefühls so betont, scheint es angebracht zu sein, die Beziehung zwischen Gefühl und Verhalten zu untersuchen. Eine wichtige Stelle dazu ist 1. Mose 4, 3—7. Als Gott Kains Opfer zurückwies, wurde dieser zornig und unruhig und „blickte finster“. (Im Gegensatz zu Kain hatte Abel die Erstlinge der Schafe und von ihrem Fett, d. h. das Beste, geopfert.) Gott stellte ihm dann die rhetorische Frage: „Weshalb bist du niedergeschlagen?“ und zeigte ihm, wie er seinen Unmut überwinden konnte: „Wenn du recht handelst, darfst du frei aufschauen.“ Hier legt Gott den wichtigen Grundsatz dar, daß das Verhalten die Gefühle bestimmt.

Manchmal spricht man von „emotionalen Störungen“ statt von „seelischen Krankheiten“. Doch das ist ebenso verwirrend. Ist ein Mensch deprimiert oder ausgelassen, verängstigt oder feindselig, dann hat er keine emotionalen Störungen. Seine Emotionen arbeiten nur zu gut. Das ist zwar richtig: Seine Emotionen sind nicht angenehm. Aber das eigentliche Problem liegt nicht darin, sondern in seinem Verhalten. Jede Hilfe, die nur darauf aus ist, Erleichterungen im Bereich des Gefühlsmäßigen zu schaffen (z. B. mit chemischen Methoden wie Medikamenten oder Alkohol), kuriert nur an den Symptomen.

Menschen haben ungute Gefühle, weil ihr Verhalten schlecht ist. Gefühle haben ihren Ursprung in Taten. Diese Beziehung zwischen Gefühl und Verhalten kommt in der Bibel sehr klar zum Ausdruck. Petrus zum Beispiel weist oft darauf hin, daß ein Gott wohlgefälliges Leben gute Gefühle zur Folge hat. In seinem ersten Brief (3, 10) zitiert er Ps. 34, 12. 13: „Wer das Leben liebhaben und gute Tage sehen will, der hüte fortan seine Zunge vor dem Bösen und seine Lippen davor, daß sie Trug reden! Er meide das Böse und tue das Gute, er suche den Frieden und jage ihm nach!“

---

[30] Natürlich beruhen freiwillige Verhaltensänderungen auf vernünftigen Entscheidungen und wirken sich als Resultat auf die Gefühle aus. Sie betreffen also den Menschen als ganzen.

Um gute Tage zu haben, muß man Gutes tun. Das heißt natürlich nicht, daß gute Werke einen Menschen erlösen oder daß vermeintliche „gute Werke", die nicht in der Kraft des Heiligen Geistes getan werden, in den Augen Gottes gut sind. Gute Werke sind das Ergebnis von Gottes Wirken in uns, wie Paulus in Eph. 2, 10 deutlich sagt: „. . . erschaffen in Christus Jesus zu guten Werken."

Petrus zeigt, welchen Wert es hat, ein gutes Gewissen zu bewahren, „. . . damit die, welche euren guten Wandel in Christus schmähen, zuschanden werden in dem, worin ihr verleumdet werdet!" (1. Petr. 3, 16.) Das Gewissen hängt nach Petrus vom Verhalten ab. Ein gutes Leben kommt aus guten Werken, ein gutes Gewissen aus gutem Verhalten.

Das Gewissen, d. i. die Fähigkeit des Menschen, seine eigenen Handlungen zu bewerten, verursacht unangenehme körperliche Reaktionen, z. B. im Magen-Darm-Bereich, wenn es verletzt wird. Diese Reaktionen machen den Menschen auf die Notwendigkeit aufmerksam, falsches Verhalten zu korrigieren. Ungute Gefühle sind Warnlichter am inneren Schaltbrett, die für uns aufleuchten.

Inneres Unbehagen ist ein gottgewirktes Mittel, durch das dem Menschen gesagt wird, daß er sich gegen sittliche Normen vergangen hat. Vernon Grounds hat recht, wenn er sagt, „psychische Schmerzen werden vom Heiligen Geist verursacht, wenn er das Sündenbewußtsein schafft, ein Bewußtsein, das bezeugt, daß das Gesetz Gottes gebrochen wurde."[31]

Was muß man tun, um sein Gewissen zu beruhigen? Dasselbe, was man tun muß, um das Warnlicht am Armaturenbrett zum Erlöschen zu bringen. Man nimmt nicht einen Hammer und zerschmettert das Warnlicht, sondern man steigt aus, öffnet die Motorhaube und sieht nach, was nicht in Ordnung ist. Das Warnlicht ist nicht das Problem, vielmehr ist man dankbar, daß es einen früh genug gewarnt und einem gesagt hat, daß man etwas unternehmen muß, um den eigentlichen Schaden zu beheben.

In ähnlicher Weise ist nicht das Gewissen das Problem. Es ist unser Freund, der uns sagt, daß etwas mit unserem Verhalten nicht in Ordnung ist. Man sollte nicht versuchen, sein Gewissen zu zerschmettern. Man sollte es nicht mit Medikamenten oder anderen Mitteln einschläfern wollen.

---

[31] Vernon Grounds: „When and Why the Psychiatrist Can't Help You", *Seminary Study Series* (Conservative Baptist Seminary, Denver, o. J., S. 3).

In 1. Tim. 4, 2 spricht Paulus von Menschen, die „in ihrem eigenen Gewissen gebrandmarkt sind“. Das Wort „gebrandmarkt“ bezeichnet die Beschaffenheit des Fleisches, das mit einem Brenneisen versengt wurde und deshalb nicht mehr schmerzempfindlich ist. Paulus scheint sich hier auf dieselbe Erscheinung zu beziehen, wie in Eph. 4, 19, wo er von Menschen spricht, die völlig abgestumpft oder verhärtet sind (das Wort deutet auf die Unfähigkeit hin, Schmerzen zu empfinden).
Wenn das Warnlicht ausgeschaltet würde, könnte der Fahrer den Schaden unter der Motorhaube leicht vergessen, und dieser würde immer schlimmer, bis es schließlich zur Panne käme. Dasselbe gilt für den Menschen mit dem ausgeschalteten Gewissen. Zu einer solchen Abstumpfung des Gewissens kommt es, wenn man seine Botschaft mißachtet oder wenn man es über eine längere Zeit betäubt.

Um das Gewissen zur Ruhe zu bringen, müssen wir unser Verhalten ändern. Wir müssen den Schaden beheben, der vom Warnlicht angezeigt wird. Unser Gewissen ist dann „gut“, wenn es seine Zustimmung zum Verhalten gibt. Das wird dann eintreten, wenn die aufgezeigten Probleme gelöst sind, um Vergebung nachgesucht, Wiedergutmachung geleistet ist und man sich versöhnt oder sonst getan hat, was in einem bestimmten Fall nötig war.
Eine spiralförmige Bewegung nach oben beginnt. Die zerstörerische Sogwirkung ist umgekehrt worden. Jetzt gewinnt diese Bewegung neuen Antrieb und erzeugt gute Gefühle. Doch dazu später mehr.
Ein neues Gefühl der Befriedigung kommt durch verantwortliches (der Bibel gemäßes) Verhalten. Diese aufkeimende Zuversicht ermöglicht es, bald schwierigere Probleme anzugehen und Neues zu unternehmen.
Eine Ärztin schrieb kürzlich: „Es ist wichtig, daß der Patient nicht nur über sein Verhalten sprechen, sondern daß er auch etwas tun kann. Wir haben uns und unseren Patienten das Leben schwer gemacht damit, daß wir vorgegeben haben, nur eine Änderung in der Einstellung oder den Beweggründen könne das Verhalten ändern. Dabei haben wir übersehen, daß es auch die umgekehrte Möglichkeit gibt, daß ein verändertes Verhalten die Einstellung ändern kann.“ Abschließend bemerkte sie: „Unsere Psychologie der Introspektion hat oft die Psychologie des Tuns vernachlässigt.“[32]

---

[32] Marianne Eckardt: „Roundtable: Female Orgasm“, *Medical Aspects of Human Sexuality*, Jahrgang 2, Heft 1 (April 1968), S. 46.

Das Nervensystem

Es soll nun etwas gesagt werden über das menschliche Nervensystem und seine Beziehung zu Verhalten und Gefühl. Es besteht grundsätzlich aus zwei Bereichen. Der eine ist emotional und unwillkürlich. Der andere ist willkürlich und steuert das Verhalten.

Die Bedeutung dieser Tatsache liegt darin, daß nur *im Verhalten* des Ratsuchenden direkte Änderungen bewirkt werden können, weil das Verhalten von der dem Willen unterworfenen Seite des Nervensystems gesteuert wird. (Im Gegensatz dazu werden die Emotionen vom unwillkürlichen Nervensystem beeinflußt.) Der Gefühlszustand ergibt sich dann sekundär aus dem willkürlichen System oder dem Verhalten. Das unwillkürliche System steuert die Tätigkeit der inneren Organe und der Blutgefäße, während das willkürliche System die Skelettmuskulatur steuert.

Die Verbindung zwischen den beiden Systemen wird durch Koppelung innerhalb des zentralen Nervensystems gewährleistet. Es besteht eine enge Beziehung zwischen beiden, so daß man sie in Wirklichkeit nicht so trennen kann, wie dies auf dem Papier möglich ist. Obschon es keinen direkten Zugang zu den Emotionen gibt, können sie doch indirekt über das willkürliche Nervensystem beeinflußt werden, weil die beiden Systeme durch verzweigte Überlappungen in der Großhirnrinde in einer Wechselbeziehung zueinander stehen. Auf diese Weise beeinflussen Handlungen die Gefühle. Willkürliche Verhaltensänderungen werden zu unwillkürlichen Gefühlsänderungen führen. Es ist darum wesentlich, daß man diesen Zusammenhang von Gefühlen und Handlungen versteht.

All das wird eine gute Predigt berücksichtigen. Einer der Gründe für kraftloses Predigen besteht darin, daß der Inhalt der Predigt keine Entsprechung in den Emotionen des Pfarrers findet. Wenn der Prediger jedoch die Ereignisse, die er beschreibt, nacherlebt und sie nicht nur als bloßen Bericht wiedergibt, dann wird er gefühlsmäßig etwas von dem erleben, was Petrus, David oder Abraham fühlten.

Gute Prediger bringen den Ausdruck ihres Körpers (Stimme, Gesten) mit dem Inhalt einer Predigt in Übereinstimmung. Sie versetzen sich in die Lage der Teilnehmer, und ihr Gemüt regt die dem vorgestellten Erlebnis entsprechenden Gefühle an. Die Tatsache, daß der Prediger selbst das Ereignis nur in Gedanken erlebt, zeigt, daß Gefühle nicht nur durch das Verhalten selbst bestimmt sind, sondern auch durch durchdachtes, nach-„erlebtes“ oder vorgestelltes Verhalten.

Das Buch der Sprüche: Anleitung zur direktiven Seelsorge

Nuthetische Seelsorger geben den Ratsuchenden oft einzelne Stellen aus den Sprüchen mit. Ein Grund, weshalb sich das Buch der Sprüche in der Seelsorge als so brauchbar erwiesen hat, besteht darin, daß es im wesentlichen ein Buch mit guten Ratschlägen ist, die der Jugend des Bundesvolkes gegeben wurden. Die Sprüche wurden vor allem dazu geschrieben, um göttliche Weisheit im Volk Gottes zu verbreiten. Sie gehen von den Problemen und Fallgruben, die einem das Leben stellt, aus und weisen den Leser auf biblisch begründete Antworten hin. Das Buch der Sprüche gibt in konzentrierter Art Muster für das Verhalten, wie Gott es von seinen Kindern erwartet, die in einer sündigen Welt leben. Das Buch stellt das Verhalten von erlösten Sündern demjenigen von unerlösten gegenüber.

Jeder Spruch ist ein knapp formulierter Grundsatz, wie man leben soll. Er hat die Form der hebräischen Poesie, bei der zwei Aussagen entweder verglichen oder einander gegenübergestellt werden. (Sprüche, die einen Vergleich enthalten, verbinden die beiden Satzteile üblicherweise mit „und“; solche, die Gegensätze enthalten, oft mit „aber“.) Einige Sprüche jedoch nehmen die Form von längeren Vignetten an.

In den einführenden Kapiteln, die den Zweck des Buches beschreiben, finden sich interessante Parallelen. So werden z. B. die Wörter „Rat“ und „Zurechtweisung“ im hebräischen Parallelismus als vergleichend und nicht gegenüberstellend gebraucht. Dies zeigt, daß „Zurechtweisung“ als synonym oder verwandt mit „Rat“ betrachtet wurde: „Ihr habt all meinen Rat in den Wind geschlagen und meine Zurechtweisung nicht angenommen“ (1, 25). Derselbe Parallelismus findet sich in Vers 30: „Sie wollten meinen Rat nicht annehmen, und meine Zurechtweisung verwarfen sie.“ In 3, 11. 12 kommt ein weiterer Begriff dazu: „Mein Sohn, verwirf nicht die Züchtigung des Herrn, denn wen der Herr liebhat, den züchtigt er wie ein Vater den Sohn, dem er wohlwill.“

„Rat“, „Zurechtweisung“ und „Zucht“ werden hier also in ähnlicher Bedeutung, wenn nicht sogar synonym gebraucht. Beachtenswert sind auch die Begriffe, die für Belehrung oder Unterweisung gebraucht werden. Ein Vater legt seinem Sohn ans Herz: „Mein Sohn, vergiß meine Unterweisung nicht, dein Herz bewahre meine Gebote" (3, 1) und „Ich gebe euch gute Lehre, laßt meine Unterweisung nicht außer acht" (4, 2). Die Begriffe Züchtigung, Rat, Zurechtweisung, Belehrung, Unterweisung, Gebot und Vorschrift gehören in den Sprüchen alle eng zusammen und machen so den Gedanken eines weisen Ratschlags aus.

Nach einer Ermahnung, auf seinen Vater zu hören, wird einem ungehorsamen Sohn gesagt: „Am Ende deines Lebens wirst du seufzen, wenn du nicht auf mich hörst, wenn dir Leib und Fleisch dahinschwinden, und du wirst sagen: ‚Ach, daß ich die Zucht gehaßt habe, daß mein Herz die Warnung mißachtet hat! Daß ich nicht auf meine Erzieher gehört und meinen Lehrern das Ohr nicht geliehen! Beinahe wäre ich ganz ins Unglück geraten inmitten der Versammlung und der Gemeinde.'" (5, 11—14.)

In den Sprüchen ist Beratung alles andere als „nicht-direktiv" (neutral). In der nuthetischen Beratung spielt das Buch der Sprüche eine so wichtige Rolle, weil diese Sprüche Anweisungen geben; sie bieten richtungweisende Ratschläge. Solche Ratschläge schließen Zurechtweisung ein. („Eine Leuchte ist das Gebot und die Belehrung ein Licht, und ein Weg des Lebens ist die Zurechtweisung der Zucht"; 6, 23). Die „Zurechtweisung der Zucht" ist im Hebräischen eine Zurechtweisung, deren Ziel die Korrektur des Verhaltens ist.

Die Beratung, für die das Buch der Sprüche eintritt, ist nuthetisch. Die Sprüche gehen davon aus, daß man göttliche Weisheit braucht, die (wie in der nuthetischen Beratung) in persönlichem Gespräch mitgeteilt wird: durch Unterweisung, Zurechtweisung, Tadel, Korrektur, und indem man die Gebote Gottes zur Anwendung bringt mit dem Ziel, das Verhalten eines Menschen zu seinem Nutzen zu verändern.

Durchs ganze Buch der Sprüche ziehen sich Gedanken, die der Methode Rogers' widersprechen. Zum Beispiel sagt die (personifizierte) Weisheit: „Bei mir ist Rat und Tüchtigkeit; mein ist Einsicht und mein auch Stärke" (8, 14). Weisheit (als vollkommener Berater) gibt Rat. Sie sagt den Leuten, was sie zu tun haben.

Das Buch der Sprüche ermahnt den jungen Mann, auf andere zu hören und sich nicht auf seine eigenen Ideen zu verlassen: „Verlaß dich nicht auf deine eigene Klugheit!" (3, 5.) Kaum etwas könnte stärker den Methoden Rogers' widersprechen.

Dem jungen Mann wird versichert: „Wer auf mich hört, wird sicher wohnen, er wird ruhig leben und hat kein Unheil zu fürchten" (1, 33). Ihm wird verheißen: „Mein Sohn, wenn du meine Worte annimmst und meine Gebote bei dir verwahrst, so daß du dein Ohr der Weisheit leihst, dein Herz der Vernunft zuneigst, ja, wenn du Gott um Einsicht anrufst und um Erkenntnis die Stimme erhebst, wenn du nach ihr suchst wie nach Silber und ihr nachspürst wie verborgenen Schätzen — alsdann wirst du verstehen, was Furcht des Herrn ist, und Gotteserkenntnis finden; denn der Herr gibt Weisheit, aus seinem Munde kommt Vernunft und Erkenntnis." (2, 1—6.)
Es ist somit klar, daß der junge Mann (oder irgend jemand, der zur Beratung kommt) Weisung von außen braucht, die ihm in einer autoritativen Art als Vorschrift, Gebot, Unterweisung, Tadel, Züchtigung und Korrektur gegeben wird. Anstatt die Ratsuchenden zu ermuntern, die ganze Zeit zu reden, ist es oft nötig, daß der Berater ihnen nahelegt, auf Ratschläge zu hören. Sie haben es nötig, auf Ratschläge, Zurechtweisung, Gebote, Unterweisung zu hören. Daß sie dies in der Vergangenheit nicht getan haben, mag eine Hauptursache ihrer jetzigen Notlage sein.

Die Methode leitet sich aus den Voraussetzungen ab

Die Art von Eklektizismus, bei der man meint, man könne beliebige Methoden übernehmen, die nichtchristlichen Voraussetzungen entstammen, hat sich sehr schädlich auf die Seelsorge ausgewirkt. Wir haben gesehen, daß „nicht-direktive" Methoden dem Rogersschen Grundsatz der Autonomie des Menschen entspringen und mit ihm übereinstimmen. Ferner haben wir gesehen, daß wir es ablehnen müssen, ausschließlich den Gefühlen Beachtung zu schenken, da auch dieser Gedanke Teil von Rogers' falscher Sicht des Menschen ist. Im Gegensatz dazu müssen alle Methoden unserer Seelsorge auf dem biblischen Grundsatz aufgebaut werden und mit ihm darin übereinstimmen, daß unter dem Problem an der Oberfläche eine sündhafte Verhaltensweise verborgen liegt.
Betrachten wir dazu ein anderes Beispiel, nämlich die Methode der „Übertragung". Darunter verstehen Anhänger Rogers' und Freuds die Tatsache, daß Patienten ihre (oft negativen) Gefühle, die sie einem Menschen gegenüber haben, häufig auf jemand anderen (in diesem Fall auf den Berater) übertragen. Der Haß, den jemand gegenüber

seinem Vater hat, soll also auf den Berater übertragen werden. Übertragung wird von vielen als eine hilfreiche Methode in der Beratung empfohlen. Ist Übertragung aber eine Methode, die Christen anwenden dürfen?

Wenn ein Berater seinen Patienten erlaubt oder sie ermuntert, Haßgefühle und Ärger auf ihn zu übertragen, dann ermuntert er sie dadurch, weiterhin zu sündigen und dadurch noch mehr Schuld anzuhäufen.[33]

Demgegenüber verlangt die nuthetische Beratung liebevollen Tadel sündhafter Verhaltensweisen und Taten, auch wenn sich diese gegen den Berater richten. Der nuthetische Berater betrachtet Fälle von Übertragung als Gelegenheit, diesem Verhalten ein Ende zu setzen, anstatt es durch „reflektive“ Methoden zu fördern.

Wir brauchen nicht Methoden, deren Ziel es ist, sündhafte Gefühle zu akzeptieren, sondern solche, die zu Buße und Versöhnung führen. Der Ratsuchende muß erkennen, daß diese negative Übertragung ein Beweis dafür ist, daß er seine Probleme falsch angegangen hat und daß solches Benehmen eine typische Äußerung einer eingewurzelten Verhaltensweise sein kann, die ihn schon früher in Schwierigkeiten gebracht hat.

Der nuthetische Berater wird etwa folgendes sagen: „Herr N., soweit ich dies sehen kann, ist Ihr Verhalten mir gegenüber völlig unbegründet. Wenn ich Ihnen Unrecht getan habe, dann sagen Sie mir worin, und ich werde es in Ordnung bringen. Wenn nicht, dann sollten Sie Ihr Verhalten zur Kenntnis nehmen.

Jedenfalls haben Sie das Problem nicht nach biblischen Grundsätzen angegangen, und genau solches Verhalten hat Sie immer wieder in Schwierigkeiten gebracht.“

Dadurch, daß der Berater die Sündhaftigkeit im Verhalten des Ratsuchenden aufdeckt, hat er schon begonnen, ihm zu helfen, weil er es nicht zuließ, daß jener leichthin über seine Sünde hinwegging. Weil er sich mit Sünde auf diesem Gebiet befaßt, kann er praktisch zeigen, wie sündhaftes Verhalten auch auf anderen Gebieten Schwierigkeiten in das Leben des Ratsuchenden bringt.

---

33 „Positive Übertragung“ ist u. E. nicht besser. Sie gibt dem Hilfesuchenden die Möglichkeit, eine unwirkliche Beziehung zum Berater herzustellen und ihn als Mittel zu „gebrauchen“. Durch Übertragung entwickelt der Ratsuchende einmal mehr ein falsches Verhaltensmuster, anstatt sich mit *den* Menschen zu befassen, die mit seinem Problem zu tun haben.

Es ist unmöglich, die Fundamente zu zerstören und dennoch den Aufbau zu bewahren. Weil unbiblische Systeme auf unbiblischen Voraussetzungen beruhen, ist es unmöglich, die Voraussetzungen zu verwerfen und die Methoden zu übernehmen, die daraus abgeleitet sind. Die Methoden des „Akzeptierens" (nach Rogers) und der „Übertragung" (nach Freud) scheitern, weil sie auf den Irrtümern der Rogersschen Philosophie der Autonomie des Menschen und auf der Freudschen Ethik der Unverantwortlichkeit beruhen.

Wir müssen uns gegen die Methode der „Übertragung" als Mittel in der Beratung wenden, denn durch sie wird der Ratsuchende geradezu ermuntert, sich weiterhin an jemand anderem zu versündigen und noch mehr Schuld auf sich zu laden. Ja noch mehr: Auch der Berater beteiligt sich an der Sünde des Ratsuchenden, und somit sündigen beide, wenn sie die Methode der „Übertragung" anwenden.

Auch wenn der Berater nur zuhört und eine „neutrale" Haltung einnimmt, ohne daß er nuthetisch auf sündhaftes Verhalten oder sündhafte Aussagen antwortet, so heißt das doch in den Augen vieler Ratsuchender, daß er Sünde gutheißt. (Sünde gutheißen ist auch Sünde.) Und dazu kommt noch ein Letztes: Wenn man sich entschließt, die Methode der „Übertragung" zu gebrauchen, dann gibt man seine Zustimmung dazu, daß der Zweck die Mittel heiligt.

Es wurde schon gezeigt, daß die Methode der „Übertragung" kein positives Resultat zeigt,[34] denn sündiges Verhalten und Benehmen sind nie hilfreich. Jede Handlung, die dem Gesetz Gottes zuwiderläuft, schädigt den Menschen. Somit muß der Christ die Methode der „Übertragung" (und ähnlicher eklektischer Übernahmen aus nichtchristlichen Systemen) ablehnen. Deshalb muß das System Rogers *als Ganzes* zurückgewiesen werden. Jeder Überrest dieses humanistischen Systems, das die Autonomie des Menschen preist, muß aufgegeben werden.

Wir wollen den Unterschied zwischen den verschiedenen Systemen mit folgender Karikatur illustrieren. Stellen Sie sich vor, ein armer Kerl sitzt auf einem Reißnagel, was ihm natürlich Schmerzen bereitet. Ein

---

[34] Siehe auch E. L. Phillips und D. N. Wiener: *Short-Term Psychotherapy and Structured Behavior Change* (McGraw — Hill Book Co., New York, 1966, S. 209—212). Die Verfasser haben hier viel Material zusammengetragen, das der herkömmlichen Sicht zuwiderläuft. Aufschlußreich ist auch S. I. McMillen: *None of These Diseases* (Fleming H. Revell Co., Westwood, 1963, Kapitel 10 und und 11).

Berater, der einen rein materialistischen, nur die Symptome beachtenden Standpunkt einnimmt, kommt zu ihm. Als er die Klagen des Patienten hört, verschreibt er Beruhigungs- oder Schmerzmittel. Seine Lösung ist, den Patienten zu betäuben. Es kann auch sein, daß der Patient sein eigenes Mittel hat: Er betäubt sein Gehirn mit Alkohol. Wenn ein Chirurg in der Nähe ist, schlägt er vielleicht vor, die betroffenen Nerven abzutrennen. Das alles wird die Symptome zum Verschwinden bringen und dem Patienten Erleichterung verschaffen. Zertrümmere das Warnlicht!

Wenn ein Freudscher Analytiker die Sache sieht, wird er etwa folgendes sagen: „Diese Schmerzen befinden sich nahe bei den Sexualorganen. Es ist wohl das beste, wenn wir uns mit den frühkindlichen Erlebnissen des Patienten befassen und einige seiner frühen Erfahrungen auf sexuellem Gebiet kennenlernen. Dann wird es uns vielleicht möglich sein, seine Schmerzen zu lindern; garantieren können wir das natürlich nicht. Wir nehmen zur Kenntnis, daß er falsch in die Gesellschaft eingeordnet wurde und daß sein Über-Ich ein grausamer Tyrann ist. Wenn er neu eingeordnet werden kann, wird es ihm vermutlich besser gehen."

Als nächster taucht einer von Rogers' Schülern auf. Auf die Frage des Patienten, wie er diese Schmerzen loswerde, antwortet der Therapeut: „Ich werde keinen Rat erteilen. Ich bin sicher, daß Sie allein fähig sind, diese Schwierigkeit zu bewältigen. Ich werde ihre eigenen Fragen präzisieren und Ihnen so zu weiterer Klarheit und Einsicht verhelfen. Sie sagen also, daß Sie hin- und hergerissen werden . . ."

Schließlich erscheint ein nuthetischer Berater. Er sieht sich um und findet den Reißnagel, auf dem der Ratsuchende sitzt. Dann sagt er: „Entfernen Sie den Reißnagel und setzen Sie sich hierher! Wir wollen nun darüber sprechen, wie Sie es in der Zukunft vermeiden können, sich auf Reißnägel zu setzen."

7. Sünden bekennen

„Wer seine Sünden verhehlen will, kommt nicht zum Ziel, wer sie aber bekennt und läßt, der findet Erbarmen" (Spr. 28, 13). Diese Worte sollen thesenhaft den Inhalt dieses Kapitels zusammenfassen. Sie sind klar, sie sagen genau aus, was sie bedeuten, und bedeuten genau das, was sie aussagen: Gottes Aufruf an Menschen mit Problemen ist: Bekenne! Das Verheimlichen von Sünden bringt Elend, Niederlagen und Zusammenbruch. Das Bekennen und Aufgeben der Sünden jedoch führt zu barmherziger Vergebung und damit zur Entlastung.

Jakobus 5, 14

Schon in der Einleitung wurde auf Jak. 5, 14 Bezug genommen (siehe S. XII). Jakobus lehrt, daß Sünde die Ursache einer Krankheit sein kann. Er gebietet den Christen, die krank sind, „die Ältesten der Gemeinde zu sich zu rufen".

Auf sehr klare Weise gibt diese Schriftstelle der Gemeinde Jesu Christi den Auftrag, sich mit *den* Menschen zu befassen, die krank sind, weil sie sündigten. Diese Aufgabe, die den Ältesten in der Gemeinde aufgetragen ist, kann nicht Psychiatern überlassen werden mit der Begründung, solche Menschen seien „psychisch krank". Die Psychiatrie hat keine Mittel, *hamartiagene* Krankheiten[1] zu behandeln. Die Gemeinde darf sich nicht einschüchtern lassen durch die Drohungen von Psychiatern und Psychotherapeuten, die sich Gebiete angeeignet haben, die ihnen nicht zukommen, auch dann nicht, wenn erklärt wird, die Kirche sei dafür nicht zuständig.[2]

Jakobus weist die Ältesten an, für den Kranken zu beten und ihn mit Öl zu salben. Er sagt, daß das Gebet des Glaubens dem Kranken Hei-

---

[1] Eine *hamartiagene* Krankheit ist eine Krankheit, „die durch Sünde hervorgerufen" ist. Zwar gehen alle Krankheiten letztlich auf Adams Sünde zurück und sind in diesem weiteren Sinne *hamartiagen,* doch gibt es solche, die unmittelbare Folge bestimmter Sünden sind. Das Wort wird hier in diesem engeren Sinn gebraucht.

[2] Erich Fromm sagt über Freud, „... daß er weit über das Gebiet der Medizin hinausgegangen war und eine Tradition wiederaufgenommen hatte, in

lung verschaffe, und, wenn er Sünden begangen habe, sie ihm vergeben werden. Er fordert die Kranken auf, ihre Sünden zu bekennen, „damit ihr gesund werdet".

Jakobus sieht einen möglichen Zusammenhang zwischen Krankheit und Sünde. Der „Wenn"-Satz (Vers 15) läßt daneben die Möglichkeit offen für organisch bedingte Krankheiten oder Unfälle, denen keine Schuld zugrunde liegt. Jakobus kennt zwei Ursachen für Krankheiten: eine organische und eine nichtorganische (siehe S. 25 f.). Wenn jedoch die Ursache unbekannt ist (und möglicherweise auch in einigen Fällen, wo sie bekannt ist), soll in einem Gespräch zwischen dem Kranken und den Ältesten herausgefunden werden, ob Schuld die Ursache der Krankheit ist. In diesem Fall muß sie der Kranke bekennen.

In erster Linie soll er sie Gott bekennen. Doch Jakobus spricht auch davon, daß man „einander" Sünde bekennen soll. Das heißt denen, gegen die man gesündigt hat. Ob der Kranke sie auch den Ältesten bekennen soll, ist dabei nicht ganz klar.

Der Text sagt, daß nach dem Gebet die Heilung eintrete. Das läßt darauf schließen, daß der kranke Gläubige tatsächlich seine Sünden vor den Ältesten bekennen soll. Das scheint auch die Bedeutung des *oun* („deshalb") zu sein, mit dem Vers 16 im Griechischen beginnt.

Die Allgemeingültigkeit von Vers 16 („Deshalb fahrt fort, einander die Sünden zu bekennen und füreinander zu beten, damit ihr Heilung erlangt.") scheint aus der in den Versen 14 und 15 beschriebenen Erfahrung herauszuwachsen, die voraussetzt, daß man den Ältesten Sünden bekannt hat.

Das Wort *exomologeo* („bekennen"), das in Vers 16 gebraucht wird, heißt wörtlich: „dasselbe aussprechen". Der darin enthaltene Gedanke ist, dem anderen gegenüber einzugestehen, daß man sich an ihm versündigt hat.

Das Westminster Bekenntnis drückt dies folgendermaßen aus (Kapitel 15, Abschnitt 6):

„Wie jedermann verpflichtet ist, seine Sünden insgeheim Gott zu bekennen und um deren Vergebung zu bitten, worauf er, wenn er sie meidet, Barmherzigkeit finden wird, so soll er, wenn er seinem Bruder oder der Gemeinde Gottes Ärgernis gegeben hat, willig sein, mit einem privaten oder öffentlichen Bekenntnis und Bedauern seiner Sün-

---

der die Psychologie als das Studium der Menschenseele die Grundlage für die Lebenskunst und die Erlangung von Glücksgefühl bildete." (*Psychoanalyse und Religion,* S. 15.)

den seine Buße denen, die verletzt worden sind, zu erklären, die sich darauf mit ihm versöhnen und ihn in Liebe aufnehmen sollen."

Die Bedeutung des Öls

Die Anweisungen über die Salbung mit Öl mögen heute manchen erstaunen. Ob Jakobus sich die Salbung als gleichzeitig mit dem Gebet oder als diesem vorausgehend dachte, ist ungewiß und vermutlich auch unbedeutend. Olivenöl wurde als Heilmittel betrachtet. Ja, in biblischer Zeit wurde Öl als *das* Heilmittel schlechthin verwendet. (Man beachte z. B. Mark. 6, 13 oder Luk. 10, 34, wo der barmherzige Samariter die Wunden des Menschen, der den Räubern in die Hände gefallen war, mit Öl behandelte.) Jesaja beklagt den Zustand des Volkes Gottes, das er mit einem Verwundeten vergleicht, dessen Wunden nicht mit Öl gelindert worden sind (1, 6).

Jakobus denkt also nicht an Zauberei, wenn er den Gebrauch von Öl erwähnt. Auch schafft er keine Grundlage für das römisch-katholische Sakrament der Letzten Ölung. Er meint überhaupt nicht eine zeremonielle Ölung. Das griechische Wort „salben" *(aleipho)*, das Jakobus gebraucht, bedeutet nie eine zeremonielle Salbung. Das übliche Wort für zeremonielle Salbungen ist *chrio* (verwandt mit *christos* = Christus, „der Gesalbte"). Das Wort *aleipho* bedeutet „einreiben" oder ganz einfach „auftragen" (z. B. Auftragen von Salben, Emulsionen und wohlriechenden Flüssigkeiten, die meist eine Ölbasis hatten, oder auch „übertünchen" [von Wänden]). Das Wort ist verwandt mit *lipos* („Fett"). (Das verwandte *exaleipho* verstärkt den Gedanken des Einreibens von Öl und vermittelt den Gedanken des Einschmierens, Abwischens, Aufsaugens, Ausradierens usw.) Ein *aleiptes* war ein „Trainer", der in einer Sportschule die Wettkämpfer massierte. *Aleipho* wurde in medizinischen Abhandlungen häufig verwendet.[3]

Somit wird klar, daß Jakobus an eine gute ärztliche Behandlung jener Zeit denkt, wenn er von der Salbung mit Öl spricht. Er sagt ganz einfach, man solle Öl (das oft als Grundlage einer Mixtur verschiedener Heilkräuter verwendet wurde) einreiben und beten. Er besteht auf der gleichzeitigen Behandlung von Krankheiten mit medizinischen Mitteln und durchs Gebet.

Der Abschnitt lehrt also nicht „Glaubensheilung" ohne den Gebrauch von ärztlicher Hilfe, sondern das genaue Gegenteil. Doch wenn ärzt-

[3] Vgl. Trench, a.a.O.

liche Hilfe gebraucht wird, dann muß dies geschehen in Verbindung mit dem Gebet. Deshalb sagt Jakobus: „Das Gebet des Glaubens heilt den Kranken."

Zusammenfassend können wir sagen: Jakobus hält ärztliche Hilfe und Gebet allein nicht für zureichend, wenn der Kranke gesündigt hat. Notwendig ist auch das Bekennen von Sünden, und zwar nicht nur Gott, sondern auch „einander". Natürlich ist das Sündenbekenntnis kein Endziel. Buße (Umkehr) und Bekennen sind lediglich Voraussetzungen zur Versöhnung mit Gott und den Mitmenschen, die das eigentliche Ziel ist.[4]

Nicht jede Krankheit hat bestimmte Sünden als Ursache

Es ist offensichtlich, daß die Bibel nicht jede Krankheit als die direkte Ursache bestimmter Sünden oder sündhafter Verhaltensweisen darstellt. Das Buch Hiob protestiert gegen diese Ansicht.[5] Anderseits lehrt sie, daß das Vorhandensein von Krankheit letztlich in Adams Sünde wurzelt. Nur in diesem Sinne kann man sagen, daß jede Krankheit Folge der Sünde sei.

In vielen Fällen jedoch erkennt die Bibel einen direkten Zusammenhang von Sünde und Krankheit an. Zum Beispiel sagt Jesus zu einem Menschen, den er geheilt hat: „Siehe, du bist gesund geworden; sündige nicht mehr, damit dir nicht etwas Schlimmeres widerfährt!" (Joh. 5, 14.) Dies heißt doch wohl, daß seine ursprüngliche Krankheit ihre Ursache in seiner Schuld hatte und daß ein härteres Gericht über ihn kommen könnte, wenn er darin verharren würde.

1. Kor. 11, 30 ist noch deutlicher. In der korinthischen Gemeinde wurde das Abendmahl mißbraucht. Christen zogen sich durch ihr Essen und Trinken ein göttliches Strafurteil zu, weil sie im Brot und Wein den Leib des Herrn nicht mehr wahrnahmen. Deshalb, so sagt Paulus, gab es unter ihnen Kranke und Schwache in großer Zahl, und viele starben frühzeitig.

So lehrt Paulus, ähnlich wie Jakobus, daß Gott oftmals Krankheiten gebraucht, um seine Gemeinde zur Ordnung zu bringen und um sie zu züchtigen. Deshalb fordert Jakobus die Christen auf, es sich zur Gewohnheit zu machen, in dieser Sache füreinander zu beten. In Jak. 5, 16 fordert er sogar eindringlich auf: *„Fahrt fort,* füreinander zu beten, damit ihr gesund werdet!"

---

[4] Vgl. Matth. 5, 24; 18, 15.

[5] Siehe auch Joh. 9, 1—3.

Kranke zurechtweisen

Da Krankheit ihre Ursache in der Sünde haben kann, fordert Jakobus die Ältesten der Gemeinden auf, Kranke nuthetisch zurechtzuweisen. Der Seelsorger hat sich dieser Verpflichtung bewußt zu sein, wenn er Kranke besucht. Er sollte es sich zur Gewohnheit machen, nachzufragen, ob möglicherweise Sünde der Krankheit zugrundeliegen könnte.

Von einer rein materialistischen Medizin wurde uns eingehämmert, daß alle Krankheiten nur körperliche Ursachen haben, so daß sich heute auch evangelikale Pfarrer scheuen, diese Frage am Krankenbett aufzuwerfen.[6] Natürlich braucht es Mut, dies zu tun. Wieviele Kranke hätten geheilt und wieviele Komplikationen vermieden werden können, wenn man diesen Worten des Jakobusbriefes Beachtung geschenkt hätte! Der Seelsorger muß lernen, sie ernst zu nehmen.

Einander Sünden bekennen

Sünde muß man zuerst und vor allem Gott bekennen. In der christlichen Literatur wurde darüber viel geschrieben, doch man betonte kaum, daß man sie auch seinem Bruder bekennen soll. Wie macht man das? Wir wollen diese Frage hier nicht umfassend zu beantworten suchen, sondern nur *einen* Gesichtspunkt herausgreifen: den Wert einer vorausgehenden „Generalprobe".

Im Gleichnis vom verlorenen Sohn macht Jesus diesen Gedanken deutlich. Der verlorene Sohn versuchte sich vorzustellen, was geschähe, wenn er nach Hause zurückkehrte, und er überlegte, was er seinem Vater sagen würde. Als er während der Hungersnot im fernen Land „zu sich kam", war er so hungrig, daß er froh gewesen wäre, wenn er wenigstens Schweinefutter hätte essen können. Er sagte zu sich selbst: „Ich will mich aufmachen und zu meinem Vater gehen und zu ihm sagen: ‚Vater, ich habe gesündigt gegen den Himmel und vor dir. Ich bin nicht mehr wert, dein Sohn zu heißen; stelle mich wie einen deiner Tagelöhner!'" (Luk. 15, 18—19.)

Wir alle kennen das Weitere. Der Vater nahm ihn voller Erbarmen und in Liebe auf. Er eilte ihm entgegen, umarmte und küßte ihn. Und nun begann der Sohn mit seiner Rede: „Vater, ich habe gesündigt gegen den Himmel und vor dir, ich bin nicht mehr wert, dein Sohn

[6] Seit die Kirche die ihr zukommende Aufgabe auf dem Gebiet des Heilens vernachlässigt hat, blühen (religiöse und psychiatrische) Sekten, die die Krankenheilung betreiben.

zu heißen." Er hatte im voraus einstudiert, was er sagen wollte. Natürlich wäre das an sich nicht nötig gewesen, denn der Vater hatte bessere Pläne, die in seiner Gnade und in seinem Erbarmen begründet waren. Jesus schildert den verlorenen Sohn, wie er sich für die bevorstehende Begegnung mit dem Vater vorbereitete. Der verlorene Sohn „kam zu sich".

Wenn ein Mensch so „zu sich kommt", wird er verschiedenes unternehmen: 1. Er trifft eine überlegte Entscheidung und läßt ihr die entsprechenden Taten folgen. 2. Er gibt zu, daß er gegen Gott und Menschen gesündigt hat. 3. Er trachtet danach, begangenes Unrecht in Ordnung zu bringen, wenn nötig auch auf seine eigenen Kosten. 4. Er stellt sich den Menschen, denen er Unrecht zugefügt hat. 5. Er bereitet sich auf ein solches Gespräch vor, indem er sich im voraus überlegt, was er und wie er es sagen will.

Wenn Menschen einsehen, daß sie ihre Sünde einem anderen bekennen oder sich über Schwierigkeiten im Zusammenleben aussprechen sollten, dann bereitet ihnen das oft große Mühe, weil es für sie neu und ungewohnt ist und sie dazu auch unter Druck und Spannung stehen. Das hat zur Folge, daß sie neue Fehler machen und damit eine ohnehin gespannte Beziehung noch verschlechtern.

Da bietet ein vorangehendes Rollenspiel Hilfe. In der Sprechstunde des Seelsorgers kann der Ratsuchende einüben, was er sagen und tun will, ohne unter dem Druck der gespannten Verhältnisse zu stehen. Einer der Seelsorger spielt die Rolle des Menschen, mit dem jener sprechen wird. Ist ein weiterer Seelsorger zugegen, dann kann er das Rollenspiel leiten. Natürlich besteht die Gefahr, daß der Ratsuchende ganz einfach das nachplappert, was der Seelsorger vorgeschlagen hat. Deshalb muß sich der Seelsorger vor dem Rollenspiel und bevor er jemandem den Auftrag gibt, seine begangene Sünde einem anderen Menschen zu bekennen, vergewissern, daß das Verlangen nach Versöhnung wirklich echt ist. Ein gutes Anzeichen von Echtheit ist ein klares Bekenntnis vor Gott. Alles muß im Geist der Reue geschehen. Dieser Geist der Reue ist eine Frucht der Buße (vgl. Matth. 3, 8). Wenn nicht immer wieder um den Segen des Heiligen Geistes gebetet wird, wird das Ganze ein bloßes Theater werden.

Das Rollenspiel kann dem Ratsuchenden nicht nur helfen, seine Sünden zu bekennen; darüber hinaus zeigt es häufig, ob er verstanden hat, was er tun soll. Manchmal hilft es dem Seelsorger, falsche Ansichten zu entdecken, die der Ratsuchende in seiner Beurteilung der Situation hat und die korrigiert werden müssen. Darüber hinaus kann das Rollenspiel Probleme aufdecken, die sonst übergangen worden wären, entweder, weil man sie nicht sah oder weil der Ratsuchende ihnen nicht genügend Aufmerksamkeit geschenkt hatte.

Keine Verharmlosung

Es ist besonders hilfreich, während einer Probe oder eines Rollenspiels einige der möglichen Reaktionen zu veranschaulichen und Antworten darauf zu finden. Es kommt zum Beispiel oft vor, daß der andere das Problem verharmlost, wenn man ihn um Vergebung bittet.

Ein Mann sagt zu seiner Frau: „Liebling, es tut mir leid, daß ich gestern so gehässig gegen dich war."

Ihre Antwort: „Hans, denk nicht mehr daran; reden wir nicht mehr davon!"

Wenn sie anfängt, in dieser Weise das Problem zu verharmlosen, dann besteht für ihn die große Gefahr, sie gewähren und die Sache auf sich beruhen zu lassen.

Statt dessen könnte er vielleicht sagen: „Nein, ich meine es ernst. Ich habe gegen Gott gesündigt und dich verletzt. Es ist keine unbedeutende Angelegenheit. Ich bitte dich wirklich um Vergebung und möchte, daß du mir hilfst, in Zukunft ein anderer Mensch zu sein."

Damit führt er eine echte Entscheidung herbei. Sie ist aus mindestens zwei Gründen wichtig: Erstens sollte man Sünde nie verharmlosen. Sünde ist eine ernste Angelegenheit. Man kann sie nicht leicht nehmen, weil sie sich in erster Linie gegen Gott richtet. Sie ist eine Übertretung der Gebote Gottes. Vor Gott sind alle Sünden in gleichem Maße verwerflich, auch wenn ihre Auswirkungen auf andere Menschen sehr verschieden sein mögen.

Zweitens kann durch Verharmlosung einer endgültigen Entscheidung ausgewichen werden. Es kann sogar sein, daß der andere die Angelegenheit deshalb verharmlost, weil er gar nicht bereit ist, wirklich zu vergeben. Damit verbaut er die Möglichkeit einer Versöhnung. Wenn aber der Ratsuchende die offene Frage stellt: „Vergibst du mir?", kann die Sache erledigt werden, und der Friede ist wiederhergestellt. Die offene Frage fordert den anderen zu einer klaren Antwort heraus: „Ja, ich vergebe dir" oder „Nein, ich vergebe dir nicht".

Als Frau J. zur Beratung kam, war sie voller Klagen und Selbstmitleid. Vom Seelsorger erwartete sie die gleichen Reaktionen wie von ihren Freundinnen. Diese hatten sie darin bestätigt, daß ihr Groll gegen die Mutter gerechtfertigt sei und daß sie alles getan habe, um diese gestörte Beziehung zu bessern. Sie müsse eben mit diesem Problem leben lernen.

Nun aber zeigte ihr der Seelsorger, wie wichtig es für sie war, begangenes Unrecht in Ordnung zu bringen. Zuerst sollte sie ihre Bitterkeit und alles, was sie aus Haß getan hatte, bekennen. Weiter schlug er ihr vor, sie sollte mit ihrer Mutter gemeinsam besprechen, wie diese wieder Anteil am Leben der Tochter und ihrer Kinder nehmen könnte. Als Frau J. so das Verhältnis zu ihrer Mutter zu bereinigen begann, atmete diese auf und sagte, auch sie habe gewußt, daß sie — als Christen — sich schon vor langer Zeit hätten versöhnen sollen. Gemeinsam bemühten sie sich um ein neues Verhältnis zueinander. Frau J. hatte nämlich nicht nur um Vergebung gebeten, sondern auch um Hilfe. Wenn man den anderen aber auch um Hilfe bittet, dann weiß dieser, daß man es ernst meint.

Ohne Hilfe geht es nicht

Im Rollenspiel soll der Ratsuchende nicht nur lernen, wie er um Vergebung, sondern auch, wie er um Hilfe bitten kann. Diese Hilfe braucht er, um eingefahrene Gewohnheiten aufzubrechen und durch ganz neue, an Gottes Wort orientierten, zu ersetzen. Sonst fällt er unversehens in den alten sündigen Trott zurück.

Wenn der Ratsuchende den anderen um Hilfe bittet, dann hilft das nicht nur ihm selbst, sondern es schafft für ihn und seinen Freund die Grundlage zu einer neuen, besseren Beziehung. Sie beide werden dadurch ermuntert, nicht nur das Problem an der Oberfläche anzugehen, sondern die ihrer Beziehung zugrundeliegenden Verhaltensweisen. Nur wenn auch diese geprüft und biblisch orientiert sind, kann sich die Beziehung grundlegend ändern. Und nur dann können sie auch wirklich um Gottes Segen für ihre erneuerte Freundschaft bitten.

Manchmal ist es gut, wenn der Berater nicht die Rolle des begütigenden Freundes, sondern die eines Empörten spielt, um zu sehen, wie der Ratsuchende auf Widerstände reagiert. Dabei kann der Ratsuchende lernen, auf christliche Art einem zornigen Menschen zu begegnen.

Den einzelnen Fällen entsprechend gibt es noch viele andere Möglichkeiten, das Rollenspiel einzusetzen. Es hat sich oft als sehr nützlich und fruchtbar erwiesen.

Psychosomatische Krankheiten

In dem, was Paulus (1. Kor. 11) und Jakobus über Krankheiten allgemein sagen, wird nicht klar, ob es sich bei jenen Krankheiten, die durch Sünde verursacht wurden, um psychosomatische, selbstverschuldete Krankheiten handelt oder um Warnungen Gottes, bei denen er sich einer Krankheit oder eines Unfalls bedient. Es gibt jedoch Abschnitte in der Bibel, die sich im besonderen mit den psychosomatischen Auswirkungen unvergebener Sünde befassen.

In Psalm 32 bestätigt David, daß das Bekennen von Sünden und das Erlangen von Vergebung zu Ausgeglichenheit und Glück führen. Diese Erkenntnis ist in den ersten beiden Versen ausgedrückt: „Glückselig ist der, dessen Übertretung vergeben, dessen Sünde zugedeckt ist! Glückselig ist der Mensch, dem der Herr die Ungerechtigkeit nicht zurechnet und in dessen Herzen es keine Falschheit gibt."

Es folgt eine Beschreibung des unglücklichen Zustandes, der eintritt, wenn durch unvergebene Sünde Seele und Leib in Bedrängnis geraten (V. 3. 4): „Als ich es verschweigen wollte" (d. h. meine Sünde nicht bekannte), „verzehrten sich meine Gebeine durch mein andauerndes Stöhnen."

Die Ausführungen Davids zeigen, wie ernsthaft die psychosomatischen Auswirkungen der Sünde sein können. In seinem Elend fühlte er sich gealtert, dem Zerfall nahe. Sein Leib litt so sehr, daß er den ganzen Tag hindurch laut stöhnte.

Das Bild der „leidenden Gebeine" wird auch in Spr. 14, 30 gebraucht: „Ein gelassenes Gemüt ist Leben für den Leib; Leidenschaft aber zermürbt die Gebeine." Ein Gemüt, das Frieden hat und nicht unter dem Druck von Schuld steht (ein „gelassenes" Gemüt), hat positive psychosomatische Auswirkungen. Innere Unruhe dagegen läßt den Leib zerfallen. Die Vorstellung von psychosomatischen Problemen ist nicht etwa neu, die Bibel hat sehr viel dazu zu sagen.

Auch Psalm 38, 4 ist aufschlußreich: „Nichts Gesundes ist an meinem Leib wegen deines Zürnens, kein Friede in meinen Gebeinen wegen meiner Sünde." Durch den Parallelismus erfahren wir, was David meint, wenn er vom „Zerfall der Gebeine" spricht. Die erste Hälfte des Verses: „Nichts Gesundes ist an meinem Leib", erklärt die gleichbedeutende Parallele in der zweiten Vershälfte: „Kein Friede ist in meinen Gebeinen." Die andere Parallele im Vers zeigt dieselbe Bedeutungsgleichheit: „wegen deines Zürnens", „wegen meiner Sünde". David nennt nicht nur das Resultat, sondern auch die Ursache: den

Zorn Gottes über Davids Sünde. Die Wortpaare Leib-Gebeine und Gesundes-Friede weisen darauf hin, daß die Ausdrücke gleichbedeutend gebraucht werden. Wenn er vom Zerfall der Gebeine oder von hinschwindenden und schmerzenden Gebeinen spricht, so meint er den ganzen Körper.[7] Das ist einleuchtend, da ja die Knochen den Körper stützen. Indem David mit einem Teil (den Gebeinen) das Ganze (den Leib) meint, drückt er aus, daß der ganze Leib schmerzt, daß der ganze Leib von der Sünde in Mitleidenschaft gezogen wurde.

Die psychosomatischen Auswirkungen der Sünde werden auch in anderen Teilen des 38. Psalms beschrieben. David sagt, seine Lenden seien ganz entzündet, er sei ermattet und ganz zerschlagen (Vers 9). „Ich schreie auf infolge des Stöhnens meines Herzens. Herr, all mein Verlangen liegt offen vor dir, und mein Seufzen ist dir nicht verborgen. Mein Herz pocht heftig, meine Kraft hat mich verlassen.“ (V. 9—11.) Alle diese Symptome können körperliche Auswirkungen eines Angstzustandes sein. Herzklopfen und das Gefühl, erdrückt zu werden, sind Angstreaktionen.

Depressionen

„Tag und Nacht lag deine Hand schwer auf mir“, schrie David (Ps. 32, 4). Er fühlte sich im wörtlichen Sinne deprimiert (niedergedrückt). Es war, als ob Gott ihn zerschmetterte. Er wußte, daß diese Depression von Gott kam und betrachtete sie als eine gnädige Strafe Gottes, als eine Warnung, die zur Umkehr führen sollte. „Vertrocknet war mein Saft wie durch die Dürre des Sommers.“ Die Reaktion des Körpers auf seine Angst ist offensichtlich: Der Speichel in seinem Mund blieb aus (eine natürliche Reaktion in einem Angstzustand).

In mancher Hinsicht läßt sich Psalm 51 mit Psalm 32 vergleichen. Die beiden mögen sich sogar auf denselben Vorfall beziehen. In Psalm 51 schreibt David von seiner Sünde gegenüber Uria und Bathseba. Von Nathan angeklagt, bereut er, Ehebruch und Mord begangen zu haben. In Vers 5 beschreibt er seinen Angstzustand, der durch sein schuldbeladenes Gewissen verursacht wurde. „Meine Sünde ist beständig vor mir.“[8] Sein Gewissen klagte ihn unablässig an. Es plagte ihn Tag

---

[7] Vgl. auch J. A. Sanders: *The Dead Sea Psalms Scrolls* (Cornell University Press, Ithaca, 1967, S. 71): „Ich war dem Tod nahe wegen meiner Sünde, und meine Missetat hat mich ins Grab geworfen ... Satan soll nicht über *mich* herrschen, auch kein unreiner Geist; und weder Schmerz noch der schlechte Trieb soll Besitz von *meinen Gebeinen* ergreifen.“

[8] Unsere Erfahrung in der Beratung unterstreicht den biblischen Gedanken, daß die meisten Menschen wissen, weshalb sie sich in Schwierigkeiten befin-

und Nacht. Er schrie zu Gott: „Sättige mich mit Freude und Wonne, daß die Gebeine frohlocken, die du zermalmt hast“ (V. 10). Zuerst hatte er sich dem Zerfall nahe gefühlt — hier spricht er vom Schmerz *zerschlagener* Knochen.

In Psalm 38, 3 vergleicht er sich mit einem verwundeten Soldaten, der taumelt, weil Gottes Pfeile in ihm stecken. Und wieder fühlt er die Hand Gottes schwer auf sich liegen. In den Versen 4 und 5 spricht er von den Auswirkungen der Schuld auf seinen Leib. Mit Worten, die keinen Zweifel über den Zusammenhang zwischen Sünde und körperlichem Leiden zulassen, sagt er: „Nichts Gesundes ist an meinem Fleische wegen deines Zorns, nichts Heiles an meinen Gebeinen wegen meiner Sünde. Denn meine Missetaten schlagen über meinem Haupt zusammen, wie eine schwere Last erdrücken sie mich.“

---

den, auch wenn sie zuerst Unwissenheit vorgeben. Wenn der Berater von dieser Annahme ausgeht, dann wird er sehen, daß die meisten Leute ihre Verteidigungshaltung aufgeben und offen die Wahrheit sagen.

Der Berater, der meint, daß Menschen die Ursachen der Schwierigkeiten in ihrem Leben nicht kennen, neigt dazu, echte Äußerungen von Schuld entweder unbeachtet zu lassen oder umzudeuten. Dadurch entmutigt er die Hilfesuchenden und bringt sie in Verwirrung über die Ursachen ihrer Probleme. Es ist fraglich, ob ein Christ, dessen Gewissen doch nach biblischen Maßstäben geformt ist, jemals ernsthaft deprimiert sein kann, ohne daß die Sünde „immer vor seinen Augen“ ist. (Vgl. auch Hiob 6, 30.)

Wer sich einreden ließ, daß Sünde keinen Einfluß auf Depressionen habe, dem muß gezeigt werden, daß Gefühle *im Verhalten* ihren Ursprung haben. Natürlich gibt es Menschen mit erstorbenem Gefühl, deren Gewissen „mit einem Brenneisen verhärtet“ (1. Tim. 4, 2) wurde. Soweit ich jedoch sehen kann, spricht die Bibel nirgends von sogenannten „Soziopathen“ (Psychopathen), die ihrer Veranlagung nach kein oder ein nur sehr beschränkt entwickeltes Gewissen haben sollen. Diese Frage bedarf weiterer Untersuchung.

Spr. 28, 1 drückt sehr anschaulich aus, welche Folgen ein von Schuld geplagtes Gewissen hat: „Der Frevler flieht, auch wenn ihn niemand verfolgt, der Gerechte aber ist unerschrocken wie ein Löwe.“ Ein schlechtes Gewissen bringt Angst, ein gutes Gewissen dagegen Unerschrockenheit. Der Schuldbeladene ist auf der Flucht. Menschen, die unvergebene Schuld mit sich tragen, sind leicht verletzlich. Häufig sind sie in hohem Maße befangen und unfrei. Beiläufige harmlose Bemerkungen werden als persönliche Angriffe und Beleidigungen ausgelegt. Ein schuldbeladener Mensch kann behaupten, daß eine Predigt ein persönlicher Angriff gegen ihn gewesen sei. Wenn ihm der Mut dazu fehlt, kritisiert er Kleinigkeiten an der Predigt oder den Pfarrer selbst. Eine solche Person als paranoisch (= geistesgestört, verwirrt) zu bezeichnen, geht am eigentlichen Problem vorbei. Anderseits ist ein Mensch, der im Frieden mit Gott lebt, unverwundbar, und er kann so unerschrocken wie ein Löwe sein.

Der Druck des Schuldgefühls war zu groß. David verabscheute sich in seinem Zustand. Er schreit auf: „Es stinken, es eitern meine Wunden wegen meiner Torheit“ (V. 6). Er stöhnt: „Ich bin gekrümmt und tief gebeugt, den ganzen Tag gehe ich trauernd einher.“ Er findet kaum Worte zur Beschreibung seines Zustandes. Er sieht sich als verwundeten Soldaten, der hilflos, mit eiternden Wunden, auf dem Schlachtfeld liegt. Seine Seelenqualen sind wie eine Last, die ihn schier erdrückt. Er fühlt sich wie beim Tod eines geliebten Menschen und sagt: „Meine Lenden sind voll Brandes, und nichts Gesundes ist an meinem Fleische. Kraftlos bin ich und ganz zerschlagen. Ich schreie vor dem Stöhnen meines Herzens“, klagt er, und dann fährt er in einem Gebet fort: „Herr, all mein Verlangen liegt offen vor dir, und mein Seufzen ist dir nicht verborgen. Mein Herz pocht heftig, meine Kraft hat mich verlassen.“

David ist am Ende, er ist verzweifelt, er kann diesen Schmerz nicht länger ertragen. Jetzt erinnert er sich an die Ursache seines Leidens und wählt den einzig richtigen Weg, er bekennt: „Ich bin dem Zusammenbruch nahe, und mein Schmerz verläßt mich nicht mehr. Ach, ich bekenne meine Schuld, meine Sünde tut mir leid“ (V. 18. 19).

Diese Abschnitte aus den Psalmen 51 und 38 haben vieles gemeinsam mit dem Psalm 32. Alle drei sprechen vom gleichen: von Angst, von Depression, von körperlichen Qualen und von den durch Gefühle ausgelösten Reaktionen der inneren Organe. Alle drei beschreiben die Angst eines Mannes, der schuldig ist wegen begangener Sünde und der von dieser Angst erdrückt wird. Was David sagt, kann man so zusammenfassen: Verbergen der Schuld führt zu seelischer und körperlicher Not.[9]

Bekennen führt zur Freude

Im weiteren sehen wir in Psalm 32, daß das Bekennen der Sünden Erleichterung und Freude bringt. David sagt in V. 5: „Ich bekannte dir meine Sünde, und meine Schuld verbarg ich nicht. Ich sprach: ‚Bekennen will ich dem Herrn meine Übertretung.‘ Da vergabst du mir die Schuld meiner Sünde.“

Bekennen bedeutet zugestehen, daß man gesündigt hat. Wer seine

---

[9] In der Beratung zeigt sich der Zusammenhang von Schuld und Depressionen immer wieder. Es gibt wohl kein Problem, mit dem der Berater häufiger zu tun hat als Depressionen. Gott war gnädig, daß er uns im Leben Davids ein solches Musterbeispiel gibt, damit wir wissen, wie wir uns Depressionen gegenüber zu verhalten haben.

Sünde bekennt, kehrt das Verhaltensmuster um, das im Garten Eden seinen Anfang genommen hat. Dort weigerten sich Adam und Eva, ihre Sünde einzugestehen, und machten statt dessen einen anderen dafür verantwortlich. David jedoch gibt zu, daß er gesündigt und Gottes Gebot übertreten hat. Seine Sünde ist ihm leid. Er schüttet sein Herz vor Gott aus und bittet ihn um Reinigung, Vergebung und neue Freude.

Das griechische Wort, das im Neuen Testament für „bekennen" gebraucht wird, bedeutet „eingestehen" oder „zugestehen", wörtlich: „dasselbe sagen". Zum Bekennen kommt es, wenn man sich selbst so sieht, wie Gott einen sieht. Bekennen heißt, meine Sünde so beurteilen, wie Gott es tut. Es heißt, mich dort schuldig bekennen, wo mich das Gewissen anklagt. Diese Sicht des Bekennens ist entscheidend für die seelsorgerliche Beratung.

Nur wenn Christen ihre Sünde bekannt haben, können sie vor Gott stehen und bestehen. Sündenbekenntnis und das Wissen um die Vergebung durch Christus nehmen den Druck weg, der zu den psychosomatischen Auswirkungen der Sünde führt. Doch darf das Sündenbekenntnis nie einfach ein Mittel zur Beruhigung der Gewissensqual sein. Zuerst und vor allem besteht es darin, daß wir Gott sagen, daß er recht hat und wir unrecht tun. Deshalb gibt es keine Seelsorge ohne Bekennen.

In Psalm 51, 6. 7 drückt David sein Bekenntnis so aus: „An dir allein habe ich gesündigt, habe getan, was dir mißfällt. Du mußt recht behalten in deinem Spruch, mußt rein dastehen in deinem Richten. Siehe, in Schuld bin ich geboren, und meine Mutter hat mich in Sünden empfangen." Man darf diese Worte nicht mißverstehen. Das Westminster Glaubensbekenntnis hat recht, wenn es sagt (15, 6), daß ein Christ, der gesündigt hat, „bereit sein soll, seiner Reue und seinem Leid durch ein Bekenntnis einzelnen oder der Gemeinde gegenüber, die er verletzt hat, Ausdruck zu geben".

David wollte in seinem Gebet nicht sagen, daß er seine Vergehen gegen Uria und Bathseba *nur* Gott bekennen konnte. Sicher wäre er auch bereit gewesen, wie der verlorene Sohn zu bekennen: „Ich habe gesündigt gegen den Himmel und vor dir." Seine Worte stehen nicht im Widerspruch zu Jak. 5, 16. David wußte natürlich, daß er ein schreckliches Verbrechen gegen Bathseba und Uria begangen hatte. Seine Aussage läßt die sozialen oder „horizontalen" Auswirkungen der Sünde nicht außer acht. Wenn er sagt: „An dir allein habe ich gesündigt, habe getan, was dir mißfällt. Du mußt recht behalten in deinem Richten", dann meint er damit etwa folgendes:

„Herr, ich weiß, und ich stelle mich dazu, daß ich mich gegen *dein* Gesetz vergangen habe, nicht nur gegen ein menschliches. In deinem Licht, d. h. mit deinen Maßstäben allein, beurteile ich mich; denn gegen deine Maßstäbe habe ich mich vergangen. Ich habe dein heiliges Gesetz gebrochen. Ich bekenne, daß ich ein gemeiner Sünder bin, weil meine Sünde dir ins Gesicht schlägt. Was ich getan habe, ist abscheulich, weil ich göttliches (und nicht menschliches) Recht mit Füßen getreten habe. Ich erkenne an, daß das Urteil, das du durch Nathan, deinen Propheten, gegen mich ausgesprochen hast, recht ist, und ich stelle mich darunter."

Rechtes Bekennen schließt Reue gegenüber Gott ein. Es kann nie nur eine Methode sein, mit der man Erleichterung in seinem Elend erlangen, oder mit der man sich mit seinen Mitmenschen aussöhnen will. Solches Bekennen aber bringt Freude, weil man weiß, daß die Sünden vergeben sind. David drückt dies so aus: „Glücklich ist der, dessen Übertretungen vergeben ... Glücklich ist der Mann, dem der Herr die Schuld nicht anrechnet" (Ps. 32, 1. 2). Der Vergebung folgt die Freude über die Entlastung, über die Gewißheit, daß nun alles erledigt ist.

„Mit Rettungsjubel wirst du mich umgeben" (Ps. 32, 7 b). David empfindet die Freude der Vergebung wie eine jubelnde, ihn umringende Volksmenge, die zu Gottes Ehre singt. In einem anderen Psalm sagt er: „Erlöse mich von der Blutschuld, o Herr, du Gott meines Heils!" (51, 16.) Er bittet Gott, ihn von den Folgen seines Mordes an Uria zu befreien; denn „so wird meine Zunge deine Treue preisen. Herr, tue meine Lippen auf, daß mein Mund dein Lob verkündet!" Als ihm vergeben wurde, war David so glücklich, daß er laut sang. Nach solcher Freude sehnen sich die Menschen, die zur Beratung kommen. David zeigt uns den Weg dazu.

Viele Beispiele könnten angeführt werden, um zu zeigen, wie Menschen durch nuthetische Beratung dazu geführt wurden, ihre verborgenen Sünden zu bekennen. Sie erlebten dadurch tiefe Freude, wie sie sie seit langem nicht mehr erfahren hatten. Eine Mutter erfuhr von ihrer Freundin, daß ihre Tochter gesagt habe: „Mutti und Vati tun, als seien sie frisch verheiratet." Ein anderer sagte: „In all den dreizehn Jahren unserer Ehe waren wir nie so glücklich."[10]

[10] Der Wechsel von Depression und Hoffnungslosigkeit einerseits zu Freude und Gesang anderseits kann plötzlich und schnell erfolgen. In einem Falle

Leben nach Gottes Geboten

Die Bibel zeigt immer wieder, wie segensreich es sich auf das Leben eines Menschen auswirkt, wenn er nach Gottes Geboten lebt. Das Buch der Sprüche ist voll davon.

Spr. 3, 1. 2 lautet: „Mein Sohn, vergiß meine Weisung nicht, dein Herz bewahre meine Gebote, denn sie werden langes Leben und gute Jahre voller Frieden bringen." Ein langes Leben und innerer Friede sind also das Ergebnis, wenn man Gottes Gebote hält.

Dieser Grundgedanke zieht sich wie ein Refrain durch das ganze Buch der Sprüche hindurch. Spr. 3, 7. 8. 13: „Fürchte den Herrn und meide das Böse; das wird deinen Leib gesund machen und deine Gebeine erquicken." Spr. 3, 16 sagt, daß Weisheit „langes Leben in ihrer Rechten und Reichtum und Ehre in ihrer Linken" hält. Ein anderer Spruch mahnt eindringlich: „Höre, mein Sohn, und nimm meine Worte an, so wirst du lange und glücklich leben. Höre auf meine Rede, neige dein Ohr meinen Worten. Laß sie nie aus den Augen, bewahre sie im Innern deines Herzens, denn sie sind Leben für den, der sie annimmt, und ein Heilmittel für seinen ganzen Leib."

Die Bibel lehrt, daß innerer Friede, der zu einem erfüllten Leben führt, durch das Halten der Gebote Gottes kommt. Ein schuldbeladenes Gewissen ist eine Last, die den Leib zerstört. Ein gutes Gewissen ist ein bedeutender Faktor, von dem langes Leben und körperliche Gesundheit abhängen. In einem gewissen Maße hängt also körperliches Wohlbefinden von seelischem Wohlbefinden ab. Die Bibel lehrt, daß das Verhalten eines Menschen vor Gott und sein körperlicher Zustand eng miteinander verbunden sind.

Seelsorge an anderen

David will seine Freude, die eine Folge der Vergebung ist, mit anderen teilen. Er versucht, auch anderen dazu zu verhelfen. „Ich will dich unterweisen und dir den Weg zeigen, den du gehen sollst. Ich will mein Auge auf dich richten." (Ps. 32, 8.) Und er ermahnt den Leser: „Sei nicht wie das Roß und das Maultier, die keinen Verstand haben; mit Zaum und Zügel muß man ihr Ungestüm bändigen, sonst nahen sie nicht zu dir" (V. 9).

---

gab es nach der zweiten Sitzung bei einer Frau eine beinahe dramatische Veränderung. Es wurde ihr bewußt, daß sie versucht hatte, ihrer Verantwortung in einer schwierigen Angelegenheit auszuweichen. Zwei Wochen vorher hatte ihr ein Psychiater eine Schocktherapie verschrieben.

Manche Ausleger meinen, daß Gott (und nicht David) in diesen Versen spricht. Es besteht jedoch guter Grund zur Annahme, daß dem nicht so ist. Man beachte vor allem die genaue Parallele in Psalm 51, 15. Dort sagt David, ebenfalls nachdem er Vergebung erlebt hatte: „Ich will die Übertreter deine Wege lehren, und zu dir sollen sich die Sünder bekehren." Es ist nur natürlich, daß jemand, der Vergebung erfuhr, andere an seinem Erlebnis teilhaben läßt und Menschen, die in Schwierigkeiten sind, den Weg zur Hilfe zeigt und ihnen weiterhilft.

Ein Grund, weshalb Eltern ihren Kindern nicht wirklich mit Rat beistehen können, liegt darin, daß sie nur selten über ihre eigenen Fehler und ihr eigenes Versagen sprechen. Vielmehr neigen sie dazu, nur über ihre guten Leistungen in der Schule zu sprechen und zu erzählen, wie artig sie zu Hause waren usw. Damit stellen sie Wunschbilder auf, die in der Regel nicht mit der Wirklichkeit übereinstimmen, sondern nur mit ihren schönen Erinnerungen. Und nicht nur das; auch wenn diese Geschichten wahr wären, würden sie kaum helfen.

Das Kind, das sündigt, muß Schwierigkeiten, die im Gefolge der Sünde kommen, am eigenen Leib erfahren. Es muß lernen, wie Fehler zu vermeiden sind und wie es sich zu verhalten hat, wenn sie doch wieder vorkommen. Mythische Erzählungen über angebliche Erfolge der Eltern sind dazu ungeeignet.

David schlägt einen ganz anderen Ton an, der mit wahrer Seelsorge in Einklang steht. Er geht von seiner eigenen sündigen Verfehlung aus und ermuntert andere zum Gehorsam. Das ist schmerzhaft, wie man sehr leicht aus Davids anschaulicher Schilderung ersehen kann; doch die echte Sorge um den anderen, wird einen Seelsorger dazu bewegen, auch eigene schmerzliche Erlebnisse weiterzugeben, wenn immer dies für einen anderen hilfreich sein kann.

Man beachte auch, daß Davids Seelsorge nicht vor klaren Weisungen zurückschreckt. Die Worte „unterweisen" und „lehren" machen das deutlich. Sie wollen ausdrücken, daß einer durch „Instruktion", „Training" und „Schulung" lernen soll, wie er sich zu verhalten hat. Dabei schließen sie mit ein, daß das Leben des Betreffenden neu gestaltet wird. Anhängern von Rogers müssen bei einem solchen Gedanken die Haare zu Berge stehen.

David geht sogar noch weiter, indem er sagt: „Nicht nur unterweisen und lehren werde ich dich, sondern auch überwachen." Unterweisung und Belehrung werden unter Davids Überwachung stehen. Er wird die Ergebnisse beobachten und sich vergewissern, daß seine Anweisungen durchgeführt werden: „Ich will dich im Auge behalten." Solche Methoden passen nur zu einer Beratung mit nuthetischen Voraussetzungen. — Über die Neugestaltung eines Lebens durch Einübung werden wir später mehr sagen müssen.

In Psalm 32 erfolgt eine eindringliche Mahnung, daß man seine Sünden bekennen soll. „Sei nicht wie das Roß und das Maultier, die keinen Verstand haben; mit Zaum und Zügel muß man ihr Ungestüm bändigen" (V. 9). David fleht: „Warte nicht, bis Gott dir ein Sündenbekenntnis abnötigt, wie er das mit mir getan hat!" Das störrische Maultier muß mit Zügel und Zaum gezerrt werden, und so sagt David:

„Sei nicht, wie ich war: störrisch und dumm, indem ich es unterließ, meine Sünde Gott zu bekennen. Vielmehr komm damit zu Gott. Warte nicht, bis du zu einem Bekenntnis gezerrt wirst! Es war töricht von mir, meine Sünde verbergen zu wollen, und ich bekannte sie erst, als Gottes Hand hart auf mir lag, als mein Leib schwer in Mitleidenschaft gezogen war durch meine Schuld, als meine Seele tief betrübt war und als Nathan mir in jener peinlichen Begegnung gegenüberstand. Statt dessen komm gern und gleich! Dann wirst auch du sein wie alle, die den Segen erfahren haben, der dem Sündenbekenntnis folgt: ‚Sie freuen sich im Herrn, sie frohlocken und jauchzen vor Freude' (V. 11)."

Nuthetische Berater halten sich also an den Grundsatz, der in Sprüche 28, 13 ausgedrückt ist: „Wer seine Sünden verhehlen will, kommt nicht zum Ziel, wer sie aber bekennt und läßt, der findet Erbarmen." Sie geben den Ratsuchenden die Gewißheit, daß Gott dem bereuenden Sünder Erbarmen zeigt. Dieses Vorgehen stützt sich auf die Bibel, deshalb ist es sicher und zuverlässig. Nuthetische Beratung beruht ja auf der grundlegenden Erkenntnis, daß die menschlichen Schwierigkeiten in der Sünde ihren Ursprung haben. Fehlen bei depressiven Menschen alle Anzeichen einer biochemischen Ursache, so muß man bei der Beratung voraussetzen, daß Schuld die Ursache ihrer Depression ist.

Manchmal verwenden wir in der Beratung die umstehende Skizze. Die Ratsuchenden werden gebeten, alles in Betracht zu ziehen, was sie möglicherweise mit Schuld beladen könnte (ungeachtet, ob es sich dabei um vermeintlich große oder kleine Dinge handelt).

Schreiben Sie entlang den Pfeilen alle unvergebenen Sünden in Ihrem Leben, die die Last Ihrer Schuld schwerer machen und Sie niederdrücken! Jede Angelegenheit, die erledigt ist, erleichtert die Last, hilft Ihnen, aufrechter zu stehen und befähigt Sie, andere Probleme besser zu lösen.

Nicht immer ist die Skizze nötig oder hilfreich. Viele Menschen, die zur Beratung kommen, steuern gleich auf den Kern ihres Problems zu, nachdem die üblichen Fragen beantwortet wurden. Und doch kann sie für Menschen, die sich nicht leicht äußern, eine Hilfe beim Nachdenken zu Hause bieten.[11] Sie hilft, über die Ursachen der Depressionen nachzudenken. Manchmal kommen Menschen mit einem Blatt zurück, auf dem sie einige Sünden ausradiert oder durchgestrichen haben. Sie erklären, daß sie aufgrund der Hausaufgabe diese Dinge schon erledigt hätten.

---

[11] Auf die Frage der „Hausaufgaben" werden wir später (S. 163 ff.) zurückkommen.

8. Der biblische Weg, Probleme zu lösen

Das Grundproblem des Menschen

Als Gott den Menschen erschuf, gab er ihm den Auftrag, sich die Erde untertan zu machen und über das Geschaffene zu herrschen (1. Mose 1, 28). Er wurde „nach dem Bilde Gottes“ geschaffen, und das bedeutet, wie die Bibelstelle zeigt, daß ihm Macht und Herrschaft (Autorität) übertragen wurden. Der Mensch sollte Gottes Herrschaft widerspiegeln, indem er als König über die Erde herrscht. Dieses Vorrecht wurde ihm von Gott anvertraut, der ja als Schöpfer über alles Macht hat. Durch Adams Sünde verlor der Mensch diese Herrschaft, und bis heute hat er sie nicht wieder zurückgewonnen. Der Verfasser des Hebräerbriefes schreibt, daß noch nicht alles dem Menschen unterworfen sei. In Christus allein ist diese Herrschaft zur Vollendung gelangt (Hebr. 2, 8. 9). Christus wurde Mensch, auferstand von den Toten und wurde auf den Thron des Königreiches Gottes erhöht. Dagegen ist auch der erlöste Mensch immer noch den Schwierigkeiten und Auswirkungen der Sünde unterworfen.

Durch die Sünde wurde also das Herrschaftsverhältnis des Menschen zur Welt umgekehrt: Die Welt gewann Herrschaft über den Menschen. Die Erde wurde feindlich, sie brachte Dornen hervor. Die Aufgabe des Menschen bestand nicht mehr darin, den Garten Eden zu bebauen und zu bewahren (1. Mose 2, 15). Im Schweiße seines Angesichts muß er sich jetzt abmühen, der Erde seinen Lebensunterhalt abzuringen. Tut er es nicht, ist die Umkehr des ursprünglichen Verhältnisses bald offensichtlich. So ist es nur natürlich[1], daß der Mensch — anders als es ihm von Gott geboten war — es zuläßt, daß die Umwelt und die Umstände ihn kontrollieren.

Dies tritt in der Seelsorge immer wieder an den Tag. Der Hilfesuchende, der schreit: „Ich kann nicht! Ich bin machtlos!“ unterwirft sich ganz einfach der Herrschaft der Sünde in einer verdrehten Welt,

---

[1] „Natürlich“, weil der „natürliche Mensch“ der Sünde ausgeliefert ist (vgl. 1. Kor. 2).

die sich gegen ihn stellt. Der Christ hat kein Recht, sich so zu verhalten. Seine Aufgabe ist es, sich die Erde zu unterwerfen. Gottes Gebot ist immer noch in Kraft. Der Christ ist dazu berufen, die Umstände unter Kontrolle zu bringen. Durch Gottes Gnade kann er es auch. Dadurch ist es möglich, daß er von neuem Gottes Bild widerspiegelt, indem er die Herrscherstellung einnimmt.

Der Mensch, der durch seine Umwelt beherrscht ist und sich ihr unterwirft, der sich vor ihr duckt und schreit, weil er ihrem Druck ohnmächtig gegenübersteht, ist eine jämmerliche Karikatur des allmächtigen Gottes. Christen, deren Leben von Grund auf neu ausgerichtet wurde, sollen jetzt danach trachten, Gott zu verherrlichen. Sie müssen lernen, die Initiative zu ergreifen und zu herrschen.

Nichts tun bedeutet, den Dingen ihren Lauf zu lassen. Sucht man keine biblischen Lösungswege, dann erlaubt man den sündhaften Umständen weiterhin, den Ton anzugeben. Aber damit steht man im Widerspruch zu dem Auftrag, den Gott uns gegeben hat.

Die folgenden Skizzen zeigen vier Möglichkeiten, wie man Probleme angehen kann:

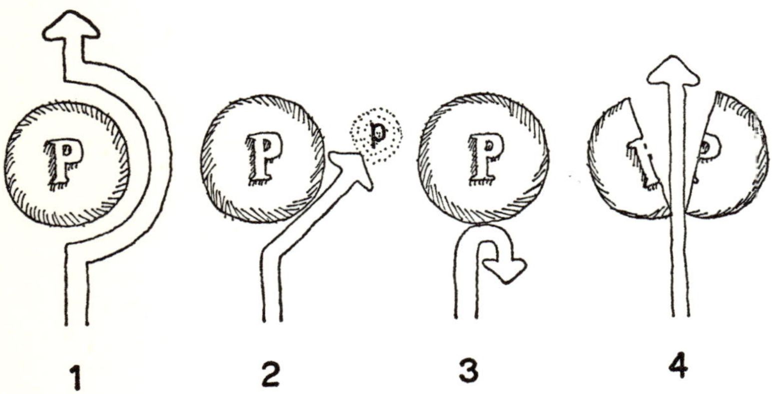

Skizze 1 steht für den Menschen, der sich um das Problem herumdrückt. Er hat die Ausrede: „Es kommt nicht so darauf an, die Sache ist unwichtig. Ich befasse mich nicht mehr weiter damit."

Skizze 2: Er weicht den Schwierigkeiten aus. „Das ist doch nicht das, was ich eigentlich wollte. Ich schlage einen anderen Weg ein." So läßt er zu, daß ihn das Problem von seiner Richtung abbringt. Ein Scheinproblem (p) kann als Tarnung gebraucht werden. „Ich befasse mich mit dem wirklichen Problem", heißt die übliche Antwort in solchen Fällen.

Skizze 3 bezeichnet einen Menschen, der vor dem Problem zurückweicht: „Mein Problem ist einfach unlösbar. Es ist unmöglich, etwas zu tun. Ich gebe auf."

Skizze 4 steht für den, der das Problem löst und auflöst. Das ist die christliche Antwort: „Durch Christus können meine Schwierigkeiten gelöst werden."

Man beachte, daß die drei ersten Versuche das Problem bestehen lassen und der Mensch von seinem Ziel abweicht. Er läßt sich von den Problemen beherrschen und wird deren Sklave. Nur im vierten Fall befaßt er sich damit und beseitigt es.

In der nuthetischen Beratung lernen die Menschen, Probleme zu lösen, anstatt sich ihnen anzupassen. Für jedes Problem gibt es eine biblische Lösung.[2]

Ungelöste Probleme weiten sich aus. Sie vergrößern sich in doppelter Weise: Sie werden verzwickter, wie der Zahn, den man hätte ziehen sollen, zum Infektionsherd wird. So läßt auch der Druck, unter dem der Betreffende steht, das Problem in seinen Augen größer erscheinen. Deshalb ist die entscheidende Frage: „Wird die vorgeschlagene Lösung das Problem wirklich lösen? Ist es wirklich eine Lösung, oder wird die Abrechnung nur weiter hinausgeschoben?"

„Unmöglich" — ein unmögliches Wort

Ein Grundsatz nuthetischer Seelsorge heißt: „Unmöglich — ein unmögliches Wort!"

Paulus macht dies in 1. Kor. 10, 13 klar, indem er sagt, daß die Gemeinde keine Versuchung[3] erlebt habe, die über das allgemein „Menschliche" hinausgegangen sei. Gott will nicht, daß ein Christ für

---

[2] Die Umstände können nicht immer geändert werden, aber das Problem, das sie mit sich bringen, kann gelöst werden. Wenn man tut, was Gott in einer bestimmten Situation von einem will, dann hat man die Verhältnisse unter Kontrolle und löst das Problem. Das Ziel ist, daß der Ratsuchende an den Problemen arbeitet und sich nicht mehr von diesen bestimmen läßt. Jede Situation hat mindestens eine Veränderliche: den betroffenen Menschen, der durch Gottes Gnade verändert werden kann. Er wird sich auf jeden Fall verändern, die Frage ist nur, ob er es zuläßt, daß das Problem ihn verändert, oder ob er sich durch den Heiligen Geist so verändern läßt, daß er dem Problem auf neue Art begegnet.

[3] Das hier gebrauchte Wort kann sowohl mit „Versuchung" als auch mit „Prüfung" oder „Erprobung" übersetzt werden. Der Ausdruck selbst ist farblos und erhält seine Färbung durch den Kontext. In einem gewissen Sinn ist jede Prüfung auch eine Versuchung, da sie die Möglichkeit zum Versagen

sich in Anspruch nimmt, sein Fall sei einmalig. Natürlich gibt es in jedem Fall Besonderheiten. Es gibt kaum je zwei gleiche Fälle. Und doch liegen hinter allen Besonderheiten immer wieder dieselben Grundprobleme, wie sie die Menschen aller Zeiten bedrängt haben. Auch Christus litt unter Hunger, Schlaflosigkeit, Unverstandensein, dem Haß seiner Gegner, Entmutigung und Schmerzen. Darunter leiden Christen auch heute. Zahllose Menschen, die Christus nachgefolgt sind, haben sich erfolgreich diesen Problemen gestellt. Diese Tatsache bringt Mut und Hoffnung.

Wenn der Arzt sagt, eine Operation sei nötig, dann ist es ermutigend zu wissen, daß andere Menschen sich dieser Operation auch schon unterzogen haben und daß sie erfolgreich verlaufen ist. In der Stunde der Prüfung braucht der Mensch eine solche Ermunterung. Deshalb sagt Paulus, daß keine Versuchung einmalig sei. Eine Ermunterung schließt gleichzeitig die Möglichkeit aus, sich selbst zu entschuldigen, „weil mein Fall ein Spezialfall ist“. 1. Kor. 10, 13 läßt keine solchen Ausnahmen zu. Christen können nicht sagen: „Unmöglich!“, denn Gott sagt, daß es möglich ist. Sie sollen ihre Probleme lösen, wie auch Christus es tat und wie nach ihm Tausende von Christen.

Paulus fährt fort: Christen sollen auch deshalb nicht „Unmöglich!“ sagen, weil die Versuchungen für jeden so bemessen sind, daß sie erträglich werden. Gott selber bestimmt das Maß.[4] Er erlaubt dem Teufel nicht, Menschen über ihre Widerstandskraft hinaus zu versuchen. Das Buch Hiob steht als ein unerschütterliches Zeugnis dieser Verheißung da. Die Widerstandskraft eines Christen mag zu gewissen Zeiten verschieden stark sein. Doch in Christus hat er die Kraft, jeder Versuchung zu widerstehen. Er kennt das Wort Gottes, hat Gnade und Heiligung erfahren. Die Hilfe Gottes ist mit ihm, und die Kraft des Heiligen Geistes ermöglicht es ihm, den Prüfungen standzuhalten. Es kann sein, daß die Kraft erst verfügbar wird, wenn sich jemand aufmacht, Gottes Willen zu tun.

Die meisten Christen, die zur Seelsorge kommen, gebrauchen das Wort „unmöglich“ immer wieder. Die Sprache eines Menschen zeigt nicht

---

in sich schließt. Einerseits ist jedes Problem eine Probe, das zur Stärkung und zum Wachstum in der Gnade verhilft, wenn es nach biblischen Grundsätzen gelöst wird (vgl. Jak. 1, 2—4). Anderseits ist dasselbe Problem ein Angriffspunkt für Satan, der es als Versuchung zur Sünde braucht. Das Buch Hiob zeigt diese zwei Seiten eines jeden Problems.

4 „Gott ist treu: er wird nicht zulassen, daß ihr *über euer Vermögen hinaus* versucht werdet.“

nur an, was er denkt, sondern sie beeinflußt auch sein Verhalten.[5] Wenn Christen ständig sagen: „Ich kann das, was Christus von mir verlangt, nicht tun“, anstatt: „Alles vermag ich durch den, der mich stark macht, Christus“ (Phil. 4, 13), dann werden sie bald einmal ihrer eigenen Lüge glauben. Und es ist eine Lüge, denn sie entstammt der Auflehnung, und sie verachtet die Verheißung, daß Gott treu ist. Paulus leitet die Verheißung ein mit den Worten: „Gott ist treu . . .“ Er läßt es nicht zu, daß Christen über ihre Kräfte versucht werden. Diese Verheißung ist zuverlässig. Wer das bestreitet, sagt, daß Gott untreu, daß er ein Lügner sei. So muß man sich in der Seelsorge manchmal gegen den Gebrauch gewisser Wörter wenden, weil diese nicht nur Ausdruck des Denkens, der inneren Haltung und des Verhaltens sind, sondern diese auch beeinflussen. Deshalb heißt es in der nuthetischen Seelsorge: „Unmöglich — ein unmögliches Wort!“

Bis jetzt haben sich Menschen damit entschuldigt, daß ihr Fall einmalig sei oder daß sie ein unerträglich schweres „Kreuz zu tragen“[6] hätten. Wenn sie nun zum erstenmal der Verheißung in 1. Kor. 10, 13 begegnen, sind sie überrascht. Dann wenden sie ein: „Ja, schon, aber sehen Sie: Mein Fall ist anders.“ Doch Paulus sagt ausdrücklich, daß Gott niemanden über seine Kräfte versucht werden läßt. Schließlich geben dann die meisten Christen zu (manchmal nach längeren Versuchen, sich zu drücken), daß sie der ihnen zukommenden Verantwortung ausgewichen seien. Zögernd beginnen sie, die Verheißung auch auf ihr eigenes Leben anzuwenden. Damit ist ein entscheidender Schritt getan; eine Kehrtwendung in der Einstellung hat stattgefunden, und Gottes Verheißung läßt Hoffnung aufkommen.

Hans war ein junger Christ, der mit Onanie und unreinen Gedanken Schwierigkeiten hatte. Er förderte seine Abhängigkeit, indem er pornographische Filme ansah. Als Hans sein Problem darlegte, sagte er: „Es zieht mich ganz einfach in diese Filme, ich kann dem Drang nicht widerstehen. Ich kann es selbst nicht verstehen: Ich gehe am Kino vorbei, und wie mit einem Magnet zieht's mich hinein.“

---

[5] Vgl. zu diesem wichtigen Punkt Luk. 6, 45: „Der gute Mensch bringt aus dem guten Schatz seines Herzens das Gute hervor, und der böse bringt aus dem bösen das Böse hervor. Denn wovon sein Herz voll ist, davon redet der Mund.“

[6] Am Kreuz wurden Menschen gekreuzigt. „Das Kreuz tragen“ heißt also nicht, eine schwere Last (ein Problem) herumtragen, sondern sein Ich kreuzigen. „Täglich sein Kreuz auf sich nehmen“ und „sich selbst verleugnen“ heißt, „alte“, sündhafte Begierden und Gewohnheiten kreuzigen.

Auf die Frage des Beraters: „Führt Ihr Weg zur Arbeit an diesem Kino vorbei?“ antwortete er: „Nein.“

„Weshalb gehen Sie denn überhaupt durch die Straßen, wo diese Filme gezeigt werden?“

Hans hatte keine Antwort darauf. Tatsache war, daß er sich nur dort aufhielt, um hineingezogen zu werden.

Wenn Menschen meinen, sie seien machtlos ihren Gefühlen ausgeliefert, wenn sie meinen, irgendeine fremde, mysteriöse Kraft sei am Werk, die sie überwältige, wenn sie finden, 1. Kor. 10, 13 treffe auf ihren Fall nicht zu, dann ist anzunehmen, daß sie gar nicht den Willen Gottes tun wollen. Es kann sein, daß sie das eine sagen und das andere wollen. Sie betrügen andere und sogar sich selbst, was die Ernsthaftigkeit ihres Willens, Gott zu gehorchen, betrifft. Sie mühen sich mit denselben inneren Problemen ab, die Paulus in Röm. 7, 15—25[7] beschreibt. Die alten Wünsche liegen im Kampf mit den neuen.

Hier lag bei Hans die Schwierigkeit. Einerseits wollte er die Onanie und die daraus entstammenden Schuldgefühle loswerden; auf der anderen Seite aber hatte er Freude an seiner Sünde und arbeitete deshalb seinen eigenen Bemühungen entgegen. Will man nicht in den Abgrund stürzen, muß man sich vom Rand fernhalten. Zuerst einmal mußte Hans aufhören, dorthin zu gehen, wo diese Filme angeboten wurden.[8]

---

[7] Fälschlicherweise wird manchmal gesagt, in Röm. 7 weise Paulus die Verantwortung für seine Sünde von sich. Man stützt sich dabei vor allem auf die Verse 17 und 20. Es ist jedoch offensichtlich, daß er die volle Verantwortung für sein Tun übernimmt, was in den Versen 15, 16, 19 und 25 deutlich wird. Es geht hier um den Kampf zwischen seinem inneren (tiefsten) Wunsch, als Christ zu leben (V. 22) und dem tief verwurzelten Verhalten seiner Vergangenheit (das in seinem Leib zum Ausdruck kommt, V. 23—24). Es handelt sich hier nicht um einen Leib-Seele-Dualismus; vielmehr sind die neuen, vom Heiligen Geist gewirkten Beweggründe den alten, durch die Vergangenheit geprägten, gegenübergestellt.

[8] Manche Menschen berufen sich auf ihre Unzulänglichkeit. Ein Hilfesuchender sagte, er bestehe nur aus Unzulänglichkeiten. Er hatte recht: Er hatte unzulänglich gelebt. Seine Vergangenheit bestand aus wenig mehr als unzulänglichen Lösungen, die er immer wieder anwandte und auf denen er weiterbaute. Die Lösung seines Problems besteht darin, daß er anfängt, auf der Gnade Gottes aufzubauen. Nur so kann er seine eigenen Möglichkeiten in einem schriftgemäßen Leben realisieren. Erfahrungen des Versagens in der Vergangenheit sind nicht entscheidend; wesentlich sind nur die Verheißungen Gottes. Er muß lernen, aufgrund seines Vertrauens zu Gott zu handeln. Sowie er beginnt, den Geboten Gottes entsprechend zu leben, füllt sich sein Leben mit Zulänglichkeit, und demütige Zuversicht wächst.

Im weiteren sagt Paulus, daß Gott zugleich mit der Versuchung auch einen Ausweg schaffen wird, um uns zu helfen, in ihr zu bestehen. Frau N. klagte: „Es ist unmöglich, so weiterzuleben! Ich kann es nicht mehr länger ertragen! Ich lebe in einem Käfig und kann nicht hinaus!" Ihre Probleme waren tatsächlich groß. Sie war mit einem verantwortungslosen Mann verheiratet, dessen Arbeit sehr wenig Geld einbrachte. Deshalb mußte sie ihre Wäsche von Hand waschen, ihre Ferien zu Hause verbringen und konnte sich selten einmal etwas Besonderes zum Essen leisten. Doch waren beide Christen, und sie wußte, daß sie ihren Mann nicht verlassen konnte. So wählte sie eine andere Art des Ausbruchs aus ihrem Käfig: Sie drückte sich vor den Aufgaben, ließ sie liegen; sie gab auf. Sie vernachlässigte ihre Pflichten als Mutter und Ehefrau. Doch das war keine Lösung; das Problem wurde nur verschärft. Sie mußte einsehen lernen, daß Gott einen Ausweg aus jeder Versuchung schafft.

Christen sind nie in einem Käfig. Gott kann Mauern zusammenbrechen lassen wie in Jericho (Josua 6). Er kann das Gitter öffnen und uns mit seiner mächtigen Hand durch die Versuchung hindurchhelfen. *Welchen* Ausweg Gott auch vorbereitet, wir können sicher sein, daß er so gewiß kommen wird, wie das Problem besteht. Schon das Wissen, daß es einen Ausweg geben wird, bringt Erleichterung. Man kann alles durchstehen, wenn man weiß, daß es ein Ende hat. So versichert uns Gott in dreifacher Weise, daß wir die Schwierigkeiten unseres Lebens meistern können. „Unmöglich" ist ein unmögliches Wort, wenn Gott sagt, daß etwas möglich ist.

Noch etwas muß gesagt werden zur Anwendung von 1. Kor. 10, 13 in der Seelsorge. Die Stelle bietet große Hilfe, von Anfang an die Linie unserer Beratung klar aufzuzeigen. Zuweilen ist es nötig, daß man diese Grundsätze in den ersten paar Sitzungen immer wieder bestätigt. Wenn jemand angefangen hat, seine Probleme wirklich zu lösen, wenn er „über den Berg" ist und beginnt, nach neuen, biblischen Verhaltensweisen zu leben, und er deshalb aus der Beratung entlassen werden kann, soll man ihn an diese Bibelstelle erinnern. Sein Widerstand ist weg, und er kann mit ganzem Herzen zustimmen. Dann kann man ihn bitten, auch 1. Kor. 10, 12 zu lesen, den Vers, der das Bild erst vollständig macht.

Es ist wahr, daß man in Christus alle Probleme lösen kann; aber man muß darauf achten, daß man sie wirklich *in Christus* löst. Paulus sagt: „Ich vermag alles durch den, der mich stark macht: Christus"

(Phil. 4, 13). Er sagt nicht: „Ich vermag alles aus eigener Kraft." Deshalb gibt man dem Ratsuchenden in der abschließenden Sitzung die Warnung mit: „Darum, wer meint, er stehe, der sehe zu, daß er nicht falle!" (1. Kor. 10, 12.)

Menschen, die durch die seelsorgerliche Beratung neue, christliche Verhaltensweisen entwickeln und die dadurch ihre gegenwärtigen Schwierigkeiten erfolgreich meistern, können in ihrer ersten Freude darüber zu einem falschen Selbstvertrauen oder einer falschen Siegesgewißheit kommen. Dem muß man vorbeugen.

Frau M. ist ein Schulbeispiel dafür. Sie hatte eben einige sehr schwierige Probleme in ihrem Leben gelöst. Daraufhin erbot sie sich, für das Seelsorgezentrum zu arbeiten. Sie sagte, sie sei zu jeder Arbeit bereit, um die man sie bitten würde. Dabei machte sie den Vorschlag, Vorträge vor Frauengruppen zu halten, um das Seelsorgezentrum dort bekannt zu machen. Ihre Seelsorger sagten zu ihr: „Wir wissen Ihre Bereitschaft zu schätzen, doch Sie haben gerade erst einige persönliche Schwierigkeiten überwunden. Sie sind noch nicht imstande, diese Aufgabe zu übernehmen."

Das brachte sie gehörig aus der Fassung; sie geriet sogar in Wut. Doch diese Reaktion zeigte nur um so deutlicher, daß es noch zu früh war für sie, diese Aufgabe zu übernehmen, weil die Fortschritte, die sie gemacht hatte, noch nicht genügend gefestigt waren. Ihre Seelsorger benutzten die Gelegenheit, sie darauf hinzuweisen. Sie machten ihr klar, daß sie lernen mußte, ihr Temperament unter Kontrolle zu bringen.

Dieses Erlebnis rüttelte sie auf. Sie nahm es sich zu Herzen und sah, wie genau 1. Kor. 10, 12 auch auf sie zutraf. Diese Erfahrung brachte eine bemerkenswerte Änderung in ihr zustande. Es wäre jetzt sehr wohl möglich gewesen, ihr bestimmte Aufgaben zu übertragen. Doch man sagte ihr dies nicht. Sie sollte Zeit haben, die Grundsätze zu festigen, die neuen Verhaltensweisen wirklich in die Praxis umzusetzen.

Da der Seelsorger die Probleme weder als einmalig und einzigartig ansieht, noch als zu groß, als daß sie in Christus gelöst werden könnten, strahlt er Hoffnung und Zuversicht aus. Er zweifelt nicht daran, daß die Schwierigkeiten in absehbarer Zeit gelöst sein werden. Wir wissen, daß sich die Haltung des Seelsorgers leicht auf den Ratsuchenden überträgt. Das bestätigen Äußerungen wie die folgende: „Ich konnte überhaupt nicht begreifen, weshalb Sie am Anfang so voller

Hoffnung waren, aber es war mir während jener ersten Tage eine große Hilfe.“

Der Seelsorger kann auch dadurch Hoffnung weitergeben, daß er dem Ratsuchenden zu verstehen gibt, daß er seine Probleme versteht. Weil Schwierigkeiten nicht einmalig sind, unterliegen sie gewissen Regeln, die der Seelsorger bald kennenlernt. Darüber hinaus weiß der Seelsorger, daß in seinem eigenen sündigen Herzen Ansätze zu demselben Versagen liegen, das er bei anderen Menschen sieht. Er kann dem Ratsuchenden sein Verständnis beweisen, indem er eine Begebenheit oder ein Beispiel erzählt, das im Ratsuchenden ein Echo hervorruft.[9] Daran wird der Seelsorger ablesen können, ob seine Einschätzung eines bestimmten Verhaltens im Leben des Ratsuchenden richtig gewesen ist. Denn meistens wird die gefühlsmäßige Reaktion des Ratsuchenden aufrichtig sein, da dieser froh ist zu wissen, daß er nicht gänzlich allein ist, sondern andere Menschen vor ihm denselben Problemen gegenüberstanden und der Seelsorger ihn versteht. Durch solches Verstehen entsteht echte Hoffnung, und genau das ist die Absicht von 1. Kor. 10, 13.

Hoffnung

Es gehört zum Wichtigsten in der Seelsorge, daß man Hoffnung weckt. Der Mensch im Elend braucht Hoffnung. Gott gab Adam Hoffnung. Als er ihn nach dem Sündenfall zurechtwies, offenbarte er ihm alle Konsequenzen der Sünde. Aber er sprach nicht nur von Strafe, er zeigte auch, daß er Jesus Christus, den Herrn, senden würde, um die Schlange und ihr Werk zu zerstören (1. Mose 3, 15). Der Seelsorger muß auf dieselbe Art verfahren. Christus wies Petrus zurecht und vergaß dabei keinen Aspekt seiner sündigen Verleugnung[10]; aber er richtete ihn auch wieder auf und gab ihm den Auftrag zum künftigen Dienst.

[9] Aus diesem Grunde hatten die Gleichnisse Jesu sowohl auf seine Feinde wie auch auf seine Nachfolger eine so ungeheure Wirkung.

[10] Man denke an das Kohlenfeuer, das an das Feuer erinnert, bei dem Petrus saß und den Herrn verleugnete; an den Hinweis auf das stolze Gewissen (Joh. 21, 15, vgl. Mark. 14, 29) und die dreifache Frage, die der dreifachen Verleugnung entspricht. Natürlich wurde Petrus durch das Kommen des Heiligen Geistes an Pfingsten zu seinem Dienst befähigt, doch war er ein Mann, dem vergeben war, der verändert und wiederhergestellt worden war, bevor der Heilige Geist auf ihn kam. Ohne das hätte es für Petrus kein Pfingsten gegeben. Die Predigten und die Briefe des Petrus spiegeln

Wie ein roter Faden geht das Thema „Gericht“ durch die Botschaft fast aller alttestamentlicher Propheten, doch sie verkündeten gleichzeitig auch Hoffnung. Christus hat über die Sünde und deren Folge triumphiert. Dieses Evangelium, diese gute Nachricht ist der Boden, auf dem Hoffnung erwächst. Kol. 1, 5 z. B. spricht von der „Hoffnung des Evangeliums“. Diese Hoffnung verleiht dem Christen die Gewißheit, daß er ewiges Leben haben wird, weil Christus für seine Sünden gestorben ist, und daß er im Tod zur Vollendung gelangt. Doch diese Hoffnung gilt nicht nur der Zukunft. Schon jetzt überwindet er dadurch viel Elend, in welches ihn seine Sünden hineingerissen haben. Die Hoffnung des Christen gilt nicht nur dem Jenseitigen, sie beginnt sich schon hier auszuwirken.

Wenn man sagt, seelische Schwierigkeiten seien „Krankheiten“, dann zerstört man Hoffnung, und Enttäuschung und Verzweiflung machen sich breit. Man weiß allgemein, daß psychiatrische Kliniken vielen Menschen keine Hilfe bringen. Es hat sich auch herumgesprochen, daß Psychiater mit langen Therapien rechnen, und daß sie keinen Erfolg versprechen können.[11] Wenn man einem Christen in einer der ersten Unterredungen sagt: „Ihre Schwierigkeiten basieren im wesentlichen auf Sünde“, dann nimmt man ihm damit nicht die Hoffnung, sondern man ermutigt ihn: Christen wissen ja, daß Schuld und ihre Folgen überwunden werden können, weil Jesus gestorben ist, um die Sünde zu überwinden.

Wird z. B. Homosexualität als „Krankheit“ bezeichnet, dann zerstört man die letzte Hoffnung für den Ratsuchenden. Bezeichnet man sie hingegen als Sünde, wie dies die Bibel tut, dann bietet man damit

---

diese Begegnung wider. Man beachte besonders seinen Nachdruck auf den rechten Hirtendienst der Herde Christi (z. B. in 1. Petr. 2, 25 und 5, 1—4). Hier fand die Verwandlung des Simon in Petrus (= „Fels“) statt. Zu beachten ist, daß die vollständige Neuschöpfung aller Lebensgebiete des Petrus schmerzhaft *und* barmherzig zugleich war. Johannes erwähnt die schmerzliche Trauer des Petrus. Doch der Schmerz verwandelte sich bald in die Freude über die *ganze* Wiederherstellung. Da alle verschiedenen Verfehlungen ein für allemal erledigt waren, mußte sich Petrus mit keiner von ihnen mehr befassen. Er konnte die Arbeit, die ihm der Herr gegeben hatte, mit einem guten Gewissen tun, ohne von Depressionen geplagt zu sein, die sonst von Zeit zu Zeit hätten kommen können. Die schmerzhafte Begegnung war eine äußerst barmherzige.

[11] Diese Haltung überträgt Hoffnungslosigkeit, wogegen in der nuthetischen Seelsorge Hoffnung weitergegeben wird. Diese entgegengesetzte Grundhaltung mag teilweise zur viel größeren Erfolgsrate beigetragen haben.

Hoffnung an.[12] Es gibt nichts, was wesentlicher wäre, wenn man einem homosexuellen Menschen helfen will. Deshalb ist es wichtig, daß man sich den entmutigenden Ansichten entgegenstellt, Homosexualität sei eine Krankheit, oder sie sei vererbt.

Viele kommen ohne große Hoffnungen zur Seelsorge, da das häufige Versagen der psychiatrischen Beratung allgemeiner Hoffnungslosigkeit Vorschub leistet. Der Seelsorger muß deshalb lernen, dadurch Hoffnung zu wecken, daß er die Menschen ernst nimmt, wenn sie von ihren Sünden sprechen. Wenn eine Frau in bemitleidenswertem Ton sagt: „Ich glaube, ich habe als Mutter und Ehefrau versagt", dann erwartet sie vermutlich, daß der Seelsorger ihr zu verstehen gibt, daß sie sich zu schlecht einschätzt. Alle anderen Menschen haben diese Selbstkritik bisher nicht ernst genommen. Sie sagten ungefähr folgendes: „Du solltest nicht so von dir reden, du weißt selbst, so schlecht bist du nicht gewesen." Eine solche Antwort zerstört Hoffnung, weil der Betreffende nicht ernst genommen wird.
Wer ein Problem verharmlost, erweckt im Ratsuchenden den Eindruck, daß er sich nicht ernsthaft mit dem Problem befaßt. Wenn noch Hoffnung auf Hilfe da war, ist sie nun zerstört. Zudem macht man dem anderen ein zweifelhaftes Kompliment, wenn man seine

---

[12] Vgl. Röm. 1, 26—28. 32. In V. 26 nennt Paulus Homosexualität eine „schändliche Leidenschaft", in V. 27 eine „Schamlosigkeit" und eine „Verirrung", und in V. 32 sagt er, daß die, die solches verüben, „des Todes würdig sind".
Niemand wird als Homosexueller geboren, genausowenig wie jemand als Ehebrecher geboren wird. Homosexualität wird nicht als Konstitution, sondern als Handlung betrachtet. Sie ist eine sündhafte Tat, die zum Lebensstil werden kann. Wie die Tat des Ehebruchs einen zum Ehebrecher macht, so macht die homosexuelle Handlung einen zum Homosexuellen. (Natürlich kann man homosexuelle Sünden auch mit dem Herzen begehen, wie dies für den Ehebruch zutrifft. So wie einer eine Frau begehren kann, kann ein anderer Begierde nach einem Mann haben.) Doch gerade weil Homosexualität angelerntes Verhalten ist (wie Ehebruch), zu dem der sündige Mensch neigen kann, kann sie in Christus vergeben werden, und an ihrer Stelle kann der Heilige Geist das rechte Verhalten schaffen. Es gibt Homosexuelle, die jede Hoffnung verloren haben, weil Seelsorger sich gesträubt haben, Homosexualität als Sünde zu betrachten. Ein ausgezeichneter neuerer Beitrag zur Homosexualität findet sich in Hebden Taylor, *The New Legality* (The Presbyterian and Reformed Publishing Company, Philadelphia, 1967), Seiten 36—49.
Aufschlußreich ist auch Klaus Bockmühls Aufsatz „Die Diskussion über Homosexualität in theologischer Sicht" in dem von ihm herausgegebenen Buch *Homosexualität in evangelischer Sicht* (Aussaat Verlag, Wuppertal, 1965), Seiten 26—61.

unnachsichtige Einschätzung verharmlost. Man entschuldigt zwar (fälschlicherweise!) ein Fehlverhalten, das der andere als solches erkannt hat und das er als Schuld empfindet, aber man erniedrigt ihn noch weiter, da man ihm zu verstehen gibt, daß er ja gar nicht wisse, wovon er rede. Wer die Selbsteinschätzung eines Menschen nicht ernst nimmt, der nimmt ihn selbst auch nicht ernst.

In der nuthetischen Seelsorge bemüht man sich, auf negative Selbsteinschätzungen wirklich einzugehen und die schlechte Meinung, die ein Mensch über sich selbst hat, nicht zu verharmlosen.[13] Wenn eine Frau sagt: „Ich habe als Mutter versagt", dann wird der Seelsorger etwa antworten: „Das ist schlimm. Erzählen Sie mir bitte Einzelheiten! Was haben Sie getan oder unterlassen? Wie zeigte sich Ihr Versagen als Mutter?" Ebenso wenn jemand sagt: „Ich bin keine rechte Ehefrau." Auch hier antwortet der Seelsorger z. B.: „Das ist eine ernste Sache. Wie sah es im einzelnen aus?"

Wenn Menschen zu Jesus kamen, dann nahm er ihre Sünden ernst. Bezeichnend war seine Antwort: „Deine Sünden sind dir vergeben." Er war weit davon entfernt, Sünden zu verharmlosen, und oft kam *er* auf das Thema „Sünde" zu sprechen, wenn es sein Gegenüber nicht tat (siehe z. B. die Begegnung mit dem reichen Vorsteher, Luk. 18, 18—23).

Frau L., eine Christin, war während 13 Jahren immer wieder in psychiatrischen Kliniken gewesen. Man hatte den Eindruck, daß niemand ihr helfen konnte. Sie kümmerte sich nicht um ihre Kinder, lag den ganzen Tag im Haus herum und war unfähig, ihre Hausarbeiten zu tun. Ihr Mann war verzweifelt, und Frau L. hatte schwerste Depressionen. Freunde brachten sie von weither zur Beratung.

Ihr erster Besuch bewirkte eine erstaunliche Veränderung in ihrem Leben. Als der Seelsorger ihr die faule, ungeordnete und verantwortungslose Lebensweise vor Augen hielt und ihr sagte, sie solle wieder zur Kirche gehen, ihre Hausarbeit aufnehmen und auch ihre Wäsche wieder besorgen, da war jedermann entsetzt — außer Frau L. selbst, die neue Hoffnung faßte. Ihr Mann war sprachlos. Ein Psychiater hatte

---

[13] Wo an Selbstmord gedacht wird, wo ein Mensch eine solch niedrige Selbsteinschätzung hat, daß er denkt, die Welt wäre ohne ihn besser dran, da verletzen wir den Betreffenden, wenn wir ihn nicht ernst nehmen. Der Seelsorger sollte ihm sagen, daß er wahrscheinlich recht habe, wenn er sein jetziges Leben als wertlos betrachte. Er sollte sich erzählen lassen, wie schlecht das bisherige Leben gewesen ist. Doch dann sollte er ihm zeigen, daß Gott eine andere Lösung hat als Selbstmord: ein geheiligtes Leben, das mit der Umkehr seinen Anfang nimmt.

sie fast ein Jahr lang verhätschelt. Er hatte ihr voller Mitleid zugehört und ihr verschiedene Beruhigungspillen verschrieben — ohne Erfolg. In der Woche nach der ersten nuthetischen Beratung legte Frau L. diese Pillen weg — ganz von sich aus.[14] Sie putzte ihr Haus von oben bis unten. Nach wenigen Wochen konnte sie aus der Beratung entlassen werden. Schwierigkeiten, die sie mit einem ihrer Söhne hatte, und viele andere Probleme wurden während dieser Zeit gelöst.

Eine Beratung braucht nicht lange zu dauern, wenn es einem gelingt, schnell zum Kern der Probleme vorzustoßen, und wenn der Ratsuchende die Bereitschaft zeigt, sich zu ändern. Daß man die Sünden des anderen ernst nimmt, ist dazu der erste Schritt. „Wer einem bekümmerten Herzen Lieder singt, ist wie einer, der an einem kalten Tag das Kleid ablegt, und wie einer, der Essig auf eine Wunde gießt" (Spr. 25, 20). Wer die Last auf dem Herzen eines Menschen verharmlost, hilft ihm nicht, er macht sie dadurch nur schwerer. Nur eines gibt dem durch Sünde Niedergeschlagenen Entlastung: daß er seine Sünde bekennt und Vergebung erfährt.

Davids musikalische Therapie brachte Saul keine wirkliche Hilfe, sie beruhigte ihn nur für kurze Zeit, aber sie bewirkte keine Änderung. Sein Zustand verschlimmerte sich. Er ließ seinem Neid und seiner Verbitterung freien Lauf. Sein Stolz und seine Ich-Bezogenheit wirkten sich auf sein gesamtes Leben aus. Die Schrift führt seinen Wahnsinn nicht auf Krankheit zurück, und seine Sünde wird nicht „entschuldigt", weil man ihn für krank hält. Vielmehr werden Wahnsinn und Sünde in engem Zusammenhang gesehen (1. Sam. 18, 6—11).

---

[14] Das übermäßige Verordnen von Medikamenten durch Psychiater und andere Ärzte ist alarmierend. Manchmal ist die Persönlichkeit eines Menschen durch Psychopharmaka so entstellt, daß der Berater nicht weiß, ob er mit einem Menschen oder einer Pille spricht. Wenn irgend möglich sollte der Arzt, der das Medikament verschrieben hat, angefragt werden, ob es möglich wäre, während der Zeit der Beratung von der Einnahme von Medikamenten abzusehen oder deren Dosis zu reduzieren. Medikamente können dadurch, daß sie Schmerz und Depressionen lindern, viele Antriebskräfte wegnehmen, die zu einer wirklichen Besserung fruchtbar gemacht werden könnten. Nicht alle derartigen Medikamente sind unnötig, aber sehr viele. Es gibt Fälle, in denen der Seelsorger von einer Beratung absehen muß, bis der Gebrauch von Medikamenten verringert oder eingestellt wird. Kein nuthetischer Seelsorger verschreibt oder verbietet den Gebrauch von Medikamenten, es sei denn er ist selbst Arzt. Doch sollte er wenn möglich mit einem Arzt zusammenarbeiten, dessen Urteil und Ratschläge ihm helfen, sich eine eigene Meinung zu bilden.

Einem bekümmerten Herzen Lieder zu singen, kann zwar eine zeitweilige Entlastung bringen, doch keine echte Hilfe. Spiel- oder Beschäftigungs-Therapie können jemanden nur von seiner Sünde ablenken. Schwere Arbeit kann manchmal ein schlechtes Gewissen zum Schweigen bringen und vorübergehende Erleichterung schaffen, doch auf die Dauer ist damit nicht geholfen.

In der Bibel wird Krankheit klar von einem unter der Last eines sündigen Herzens zusammengebrochenen Geist unterschieden. Die Abgrenzung ist deutlich: „Der Geist eines Mannes erträgt seine Krankheit; aber ein zerschlagener Geist, wer richtet ihn wieder auf?" (Spr. 18, 14.) Der Autor sagt, daß seelische Schwierigkeiten viel schwerwiegender sind als körperliche.

Probleme, die zweitrangig scheinen, sind es oft gar nicht. Vernachlässigt jemand seine Pflichten, so ist das oft nicht nur eine Folge der Depression, sondern deren Ursache. Es gibt einfach faule Menschen.

Das Buch der Sprüche spricht häufig vom trägen oder faulen Mann. „Der Träge steckt seine Hand in die Schüssel, doch er ist zu faul, sie zum Mund zu führen" (26, 15). Ein humorvolles Bild des Faulen findet sich in 24, 30—34: „Noch ein bißchen schlafen, ein bißchen schlummern, ein bißchen die Hände falten, um auszuruhen."

Der Faule wird mit seiner Arbeit nicht fertig, weil er nicht früh genug anfängt. Er verweichlicht sich und gibt jedem Wunsche nach. Doch schließlich wird er von Schuldgefühlen gepackt, die er durch seine Versäumnisse, seine liederliche Arbeit und seine gebrochenen Versprechen auf sich geladen hat. Unter der Last dieser Schuld und der sie begleitenden Depressionen kann er dann nicht einmal das wenige tun, das er bisher getan hat. So wird er noch träger. Damit ist er in den Sog der Sünde geraten. Was vom faulen Menschen gilt, gilt ganz allgemein vom Menschen, der mit der Sünde nicht fertig geworden ist.

Im Sog der Sünde

In Röm. 6, 19 stellt Paulus das neue Leben dar, zu dem die Gläubigen berufen sind. Er gebietet, die Sünden der Vergangenheit abzulegen, weil wir ja mit Christus dem alten Leben „abgestorben" sind. Zur Illustration gebraucht Paulus das Beispiel aus der Sklaverei. Vorher waren die Christen an die Sünde verkauft (die Sünde war gleichsam ihr Sklavenhalter). Sie waren willige Sklaven, die sich ganz den Lüsten der Sünde hingaben, so daß sie schließlich Werkzeuge der

Sünde wurden (V. 12—13). Sie gaben sich der Sünde als Werkzeuge zur Ungerechtigkeit hin (V. 13 a). Diese Hingabe an die Sünde führte unvermeidlich zu „Unreinheit und Gesetzwidrigkeit" (V. 19).

Jetzt aber müssen sie sich als Christen mit derselben Bereitschaft und Begeisterung Gott in Gehorsam hingeben, zur Gerechtigkeit und Heiligung (V. 19). Als sie noch als Sklaven der Sünde lebten, zog eine sündige Handlung die andere nach sich. (V. 19: „Der Dienst der Unreinheit und der Gesetzwidrigkeit" führte zu weiterer „Gesetzwidrigkeit". Eine Lüge muß durch ein weiteres Dutzend Lügen verdeckt werden. Wer Menschen ungerecht behandelt, wird zu einem Menschen, dessen Gegenwart Menschen bedrückt, und indem man ihm ausweichen will, kommt es zu weiterem Unrecht usw.) Jetzt aber sind sie Christen geworden. Jetzt müssen sie sich ebenso bereitwillig ihrem neuen Herrn hingeben, um mit ihrem ganzen Leben seinen Willen zu tun.

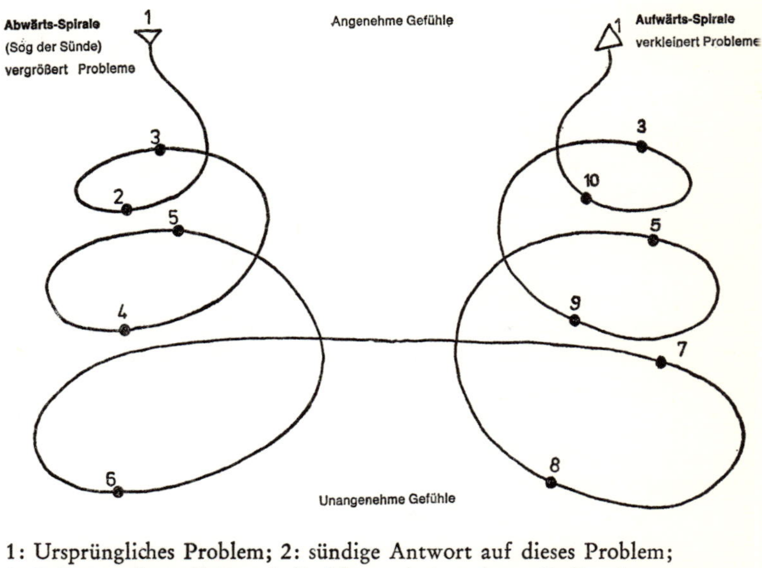

1: Ursprüngliches Problem; 2: sündige Antwort auf dieses Problem; 3, 5, 7: neue komplizierende Probleme; 4, 6: weitere sündige Antworten; 8, 9, 10: Verarbeiten der Probleme auf biblische Art.

Die Sünde reißt die Menschen in einen Sog hinein, der sie immer tiefer sinken läßt: Taucht ein Problem auf, antwortet der Mensch mit einer sündigen Handlung und schafft dadurch eine neue Schwierigkeit, die zu erneutem Sündigen Anlaß gibt. Dieses Schema muß völlig verändert werden. Taucht ein Problem auf, wird es nach biblischen Grundsätzen gelöst. Dadurch wird man gestärkt und fähiger gemacht, neue Probleme auch so zu lösen. Damit hat eine Aufwärtsbewegung begonnen (siehe Skizze Seite 123).

Das Buch der Sprüche warnt vor der Sklaverei sündiger Gewohnheiten: „Denn eines jeden Weg ist dem Herrn offenbar, er hat acht auf alle seine Bahnen. Der Gottlose verfängt sich in seiner eigenen Schuld, wird festgehalten von den Stricken seiner Sünde. Aus Mangel an Zucht geht er zugrunde." (Spr. 5, 21—23.)

Es ist nicht leicht, mit sündigen Gewohnheiten zu brechen. Aber wenn es nicht geschieht, wird der Mensch noch stärker an sie gebunden werden. Er wird von den Stricken seiner eigenen Sünde festgehalten, und diese ziehen sich immer mehr zusammen. Der Sog der Sünde erfaßt ihn und zieht ihn in die Tiefe. Schließlich wird er zum Sklaven der Sünde (Röm. 6, 12—23).

Paulus stellt die Sünde als einen grausamen Herrn dar, der über den Sünder regiert. In den Sprüchen heißt es: „Er geht zugrunde", zerstört von seiner eignen Sünde. Er geht zugrunde „aus Mangel an Zucht", weil ihm die Ausrichtung fehlt, die nur Gottes Gebote geben können.

In einem früheren Kapitel (S. 81) sprachen wir von Kain. In 1. Mose 4, 3—7 erklärt Gott selbst die Kräfte, die den Sünder in einen Teufelskreis hineinziehen und darin festhalten. Kain brachte Gott ein sündhaftes Opfer dar. Abel brachte Gott das Beste (von den „Erstlingen" und dem „Fett"), Kain dagegen einfach „ein Opfer".[15] Als Gott Kains Opfer nicht annahm, komplizierte dieser das Problem dadurch, daß er falsch reagierte: „Er ergrimmte sehr und blickte finster." Als Gott das sah, sagte er zu ihm, er solle recht handeln und Buße tun, dann werde er sich auch wieder wohlfühlen (V. 7: „Du wirst frei aufschauen."). Wenn er weiter im Trotz verharre, werde das Problem noch schwieriger, und er werde der Sünde bald ganz zum Opfer fallen. Seine einzige Hoffnung sei, durch Buße und Änderung des Verhaltens aus dem Teufelskreis der Sünde auszubrechen, der sich immer mehr verfestige.

---

[15] Dies ist der einzige Unterschied, der dem Text entnommen werden kann. Es wäre in den Text hineingelesen, einen Unterschied zwischen einem blutigen und unblutigen Opfer festzustellen. (Der Grund, warum Gott Kains Opfer abgelehnt hat, ist in unserem Zusammenhang jedoch Nebensache.)

Das Ende der Geschichte zeigt, wie Kain Gottes Warnung mißachtete und immer tiefer in Sünde geriet, wie ihm vorausgesagt worden war. Groll, Selbstmitleid, Ärger ließen sein Gesicht finster blicken. Der Teufelskreis der Sünde führte schließlich zum Mord an Abel.

Sünde führt zu Schuld und zu Depressionen. Weitere sündige Handlungen vergrößern die Schuld und verstärken die Depressionen. In diesem Teufelskreis werden die Depressionen selber zu Faktoren für weiteres Versagen, da sie oft als Entschuldigung dafür gebraucht werden, daß man die Sünde nicht bekämpft. Es geht also nicht darum, zuerst die Gefühle ändern zu wollen und dann das Verhalten. Vielmehr zeigt uns Gott die umgekehrte Reihenfolge: „Wenn du recht handelst, darfst du frei aufschauen" (V. 7).

Probleme auf drei Ebenen

Im Sog der Sünde werden Schwierigkeiten je länger desto komplexer. Abgesehen von der sündhaften Natur selbst kann man drei Schwierigkeitsstufen unterscheiden, die wir vereinfachend so umschreiben können:[16]

1. Das *„präsentierte Problem": z.* B. „Ich habe Depressionen". (Oft wird es als Ursache angesehen, obwohl es eine Folge ist.)
2. Das *„Leistungsproblem"*: z. B. „Ich bin keine rechte Hausfrau". (Oft wird es als eine Folge dargestellt, obwohl es eigentlich eine Ursache ist.)
3. Das *„ursächliche Problem"*: z. B. „Immer, wenn es schwierig wird, weiche ich der Verantwortung aus". (Auch dies wird häufig als Folge dargestellt, obwohl es in Wirklichkeit die Ursache ist.)
   Hier wird eine eingeübte Reaktionsweise beschrieben. Das Leistungsproblem ist ein besonderer Fall des ursächlichen Problems. Dieses wird meist erst dann voll gesehen, wenn man sein Verhältnis zu den ersten beiden verstanden hat.

In der Seelsorge muß man zwischen diesen drei Ebenen unterscheiden und sie sehr oft getrennt behandeln. Zuerst ist es richtig, auf das *präsentierte Problem* einzugehen: „Ich bin immer so müde." Aber man

[16] An diesen Begriffen liegt mir nicht viel. Sie scheinen für die Beschreibung der verschiedenen Stufen eines Problems, das zur Diskussion steht, zweckmäßig zu sein.

darf natürlich nicht hier aufhören. Als nächstes muß man versuchen, so bald wie möglich über die Bewältigung der täglichen Aufgaben Auskunft zu erhalten. Der Seelsorger muß auf Einzelheiten eingehen, um den Leistungsproblemen auf die Spur zu kommen. Er stellt die einfache logische Frage: „Wieviel Stunden schlafen Sie durchschnittlich in der Nacht?" Wenn der Ratsuchende dann sagt, er habe in den letzten zwei Wochen nur je sechs Stunden geschlafen, wird der Seelsorger versuchen, an das ursächliche Problem heranzugehen. Vielleicht fragt er: „Was haben Sie denn während der Zeit getrieben, in der Sie hätten schlafen sollen?" Antwort: „Seit Monaten saß ich bis zum Sendeschluß vor dem Fernseher."
Andere typische Arten, wie ein Problem „präsentiert" wird, sind Äußerungen wie: „Ich habe Depressionen. Ich bin immer so allein. Ich habe Angst ... nachts Auto zu fahren, über Brücken zu gehen. Alle sind hinter mir her" usw.

Charakteristisch am *Leistungsproblem* ist, daß hier auf spezifische Art Lebensproblemen ausgewichen wird. Häufig kann man vom Leistungsproblem auf die ursächlichen Probleme schließen. Auf jeden Fall kann man von den ersteren her die letzteren erarbeiten. Es ist zwar möglich, das behindernde Leistungsproblem als solches zu lösen, aber solche „Katastrophenhilfe" versagt im allgemeinen deshalb, weil sie nicht an die eigentlichen Wurzeln des Problems gelangt. Ratsuchende wollen sich oft viel zu schnell mit der Lösung des Leistungsproblems allein zufrieden geben. Sie kommen nicht mehr zur Seelsorge, sobald der momentane Druck weg ist, doch sie müssen später wiederkommen, weil sie in neue Schwierigkeiten geraten.

Gewohnheiten, die sich während vieler Jahre entwickelt haben, müssen durch neues Verhalten ersetzt werden, das mit biblischen Grundsätzen in Übereinstimmung steht. Wenn dies nicht geschieht, wird der Ratsuchende auch nach der seelsorgerlichen Beratung den Krisen des Lebens in der üblichen sündhaften Art begegnen. Das Leistungsproblem ist nur ein Ausdruck der zugrundeliegenden Gewohnheit, den Problemen auf diese Weise auszuweichen. Um einen Ausdruck aus der Computersprache zu verwenden: Der Ratsuchende reagiert so, wie er sich in der Vergangenheit selbst „programmiert" hat. Wenn es seine Gewohnheit geworden ist, auf Schwierigkeiten mit Zornesausbrüchen zu reagieren, und wenn deshalb seine Eltern seinen Wünschen nachgegeben haben, um ihn zu beruhigen, dann wird er sich höchstwahrscheinlich seinem Chef oder seiner Frau gegenüber genauso verhalten.

Er braucht eine radikale Veränderung seiner Persönlichkeit, die nur der Heilige Geist durch das Wort Gottes wirken kann.
Wenn man sich nur mit dem Leistungsproblem befaßt, kann man vielleicht eine bestimmte Verhaltensänderung, aber nicht eine grundlegende Persönlichkeitsveränderung erreichen. So kann einer z. B. aufhören, seinen Eltern im Zorn zu begegnen, ohne daß er wahre Selbstbeherrschung erlangt hat, die eine Frucht des Geistes ist.

Es gilt also, zum *ursächlichen Problem* vorzustoßen. Das ursächliche Problem ist das Verhaltensschema, das sich oft über lange Zeit hinweg entwickelt hat. Das Leistungsproblem ist nur ein spezifischer Ausdruck davon. Wir haben die Schwierigkeiten schon erwähnt, daß Ratsuchende sich manchmal mit halben Lösungen zufriedengeben wollen. Wenn die Leistung verbessert wurde und Erleichterung in der augenblicklichen Schwierigkeit und Spannung eingetreten ist, wollen sie die Seelsorge beenden.
Um vorzubeugen, daß man sich zu früh und mit zu wenig zufriedengibt, halten wir es für nötig, den Ratsuchenden die verschiedenen Problemstufen zu erklären. Im allgemeinen ist es richtig, auf allen Stufen gleichzeitig zu arbeiten. Sobald auf einer Stufe genügend Information vorhanden ist, fängt man damit an, die anderen Stufen zu untersuchen.
Der Ratsuchende sieht anhand von Beispielen aus seiner Vergangenheit, daß verhärtete Gewohnheiten vorhanden sind. Er merkt auch, daß sein Problem viel komplexer ist, als er dachte, und daß es noch nicht gelöst ist, wenn ein einzelner Fall aus dem Weg geräumt ist. Er muß lernen, daß er seine alten Gewohnheiten durch neue ersetzen muß. Man muß ihm zeigen, daß Gott mit Heiligung nicht nur die Trennung von sündigen Gewohnheiten meint, sondern das Einüben neuer, richtiger Verhaltensweisen. Der alte Mensch wird zum Teil dadurch „abgelegt“, daß der neue Mensch „angezogen“ wird (vgl. Epheser 4, 22—32). Alte Gewohnheiten werden von neuen verdrängt.

Die Vergangenheit kann die Gegenwart bestimmen

Manchmal ist es nicht nötig, auf die Vergangenheit einzugehen. Es gibt jedoch mindestens zwei Gründe, warum man es in den meisten Fällen tun sollte. Zunächst einmal, um klar herauszustellen, daß die

augenblicklichen Probleme auf unbiblische, widergöttliche Reaktions- und Verhaltensweisen zurückzuführen sind. Es ist wichtig, sich ein Bild dieser Gewohnheiten zu verschaffen, mit denen der Ratsuchende den Schwierigkeiten des Lebens seither begegnet ist. Er selbst muß erkennen, daß an der Wurzel eines besonderen Problems, das ihn gerade bedrängt, das ursächliche Problem liegt. Das Unkraut wird wieder wachsen, wenn es nicht mit der Wurzel ausgerissen wird.
Man geht in die Vergangenheit zurück, um den Werdegang des Verhaltens zu erkennen.[17] Gegenwärtig ist bei uns ein Test in Bearbeitung, der in der Seelsorge unter anderem dazu verwendet werden kann, um die Verhaltensschemata zu bestimmen und einzuordnen, die sich mit der Zeit entwickelt haben. Es gilt herauszufinden, wie der Ratsuchende sein Leben gestaltet. Dabei befaßt man sich besonders mit seinem gewohnheitsmäßigen Verhalten. Zur Zeit ist eine vorläufige Form in Gebrauch. Wir hoffen, daß dieser Test bald verbessert werden und sich auf die Dauer als brauchbares Hilfsmittel erweisen wird.[18]

Noch etwas anderes spricht dafür, daß die Vergangenheit zur Sprache kommen soll. Der Ratsuchende muß Sünden der Vergangenheit erkennen und bekennen. Wir wollen dies anhand des Gebrauchs der Zeitformen im Griechischen verdeutlichen. Im Griechischen wird eine Handlung der Vergangenheit, deren Wirkung bis in die Gegenwart reicht, durch das *Perfekt* ausgedrückt. Dieses wird unterschieden von einer anderen Zeitform der Vergangenheit, dem *Aorist.* Eine Sünde der Vergangenheit, die bereinigt wurde und die deshalb „vergangen" ist, könnte man gewissermaßen eine „Aorist-Sünde" nennen. „Perfekt-Sünden" dagegen sind begangene Sünden, die Auswirkungen bis in die Gegenwart haben und deshalb den Sünder nicht zur Ruhe kommen lassen.

[17] Es stimmt, daß lieblose Eltern vielleicht Kinder zu solchen Gewohnheiten angehalten haben. Aber der entscheidende Punkt ist hier nicht, was andere dem Hilfesuchenden angetan haben (er wird während seines Lebens immer wieder ungerecht behandelt werden), sondern wie er gelernt hat, auf dieses Unrecht zu reagieren. Wenn er Gewohnheiten angenommen hat, die im Gegensatz zur Ethik der Bibel stehen (auf Grausamkeit mit Grausamkeit zu reagieren, zurückzuschlagen usw.), dann kann ihm nur geholfen werden, wenn er umkehrt und anfängt, sich so zu verhalten, wie die Bibel es gebietet.

[18] Es gibt mehr oder weniger brauchbare Tests. Psychologische Tests, die für Nichtchristen entwickelt wurden, zeitigen für Christen nicht immer angemessene Resultate. Es besteht unseres Erachtens ein großer Mangel an guten Tests, die auf christlichen Voraussetzungen aufgebaut sind.

Solche Sünden sind deshalb auch „Gegenwarts-Sünden“, weil man es unterließ, ihrem Einfluß ein Ende zu setzen. Sie beeinflussen und zerstören weiterhin das Leben des Ratsuchenden. Bei solchen Sünden kann die Vergangenheit tatsächlich ein Teil der Gegenwart sein. Sie müssen vor Gott und vor Menschen zur Sprache kommen.[19] Paulus schreibt von der Trauer über jene vielen, „die zuvor gesündigt und nicht Buße getan haben“ (2. Kor. 12, 21).

Oft können „Perfekt-Sünden“ nicht eher zu „Aorist-Sünden“ werden, bis bestimmtes Unrecht wiedergutgemacht wird. Herr M. war Lehrer an einem Gymnasium, ein geachteter Mann unter seinen Kollegen. Er litt an schwerer Schlaflosigkeit. Was er auch immer versuchte, er konnte einfach nicht einschlafen. Schließlich brauchte er derart hohe Dosen von Schlafmitteln, daß es gefährlich wurde. In der Seelsorge kam es an den Tag, daß er bei seiner Steuererklärung betrogen hatte. Unter der Oberfläche machte ihm dieser Betrug sehr zu schaffen, weil er Angst hatte, die Behörden würden ihm auf die Spur kommen, und er würde dann als Dieb dastehen. Nachts ließ ihm sein Gewissen keine Ruhe. Endlich gab Herr M. seine Sünde preis, schrieb den Behörden, schlug einen Rückzahlungsplan vor und versprach, alles zu erstatten. Kaum war dieser Brief geschrieben, konnte er schlafen und kannte danach keine Schlaflosigkeit mehr.

Rückerstattung ist ein biblischer Grundsatz. In Spr. 6, 31 finden wir die alttestamentliche Regel für Diebstahl: „Ertappt, ersetzt er es siebenfach, gibt alle Habe seines Hauses hin ...“ (d. h. wenn eine Buße bezahlt werden muß, muß er bereit sein, alles zu verlieren, was er hat). Johannes der Täufer sprach von der „Frucht, die der Buße gemäß ist“ (Matth. 3, 8, vgl. auch Apg. 26, 20). Zachäus gab die Hälfte seiner Habe den Armen und zahlte jedem vierfach zurück, den er betrogen hatte (Luk. 19, 8).[20]

---

[19] Auch die Zukunft kann ein Teil der Gegenwart sein. Jemand kann im voraus unter Schuld leiden, die er durch zukünftiges, sündhaftes Verhalten auf sich laden wird. Vgl. das Beispiel „Thomas“ im nächsten Abschnitt „Totale Neuordnung“, Seite 130 f. Vgl. auch O. H. Mowrer „Note and Notions“ in *Dis-Coverer*, Jahrgang 4, Nr. 4, Oktober 1967, Seite 8.

[20] In 3. Mose 6, 1—7 und 4. Mose 5, 5—8 findet man den Grundsatz, daß zur vollen Rückerstattung noch ein Fünftel dazugegeben werden müsse. Wenn derjenige tot war, dem die Rückerstattung zukam, oder wenn er aus irgendeinem Grunde das Geld nicht in Empfang nehmen konnte, so mußte es dem Priester gegeben werden. Diese Maßnahme zeigt, daß es bei der Rückerstattung nicht nur um den Bestohlenen geht, sondern auch um das Wohl des Diebes, der diese Rückerstattung vor Gott und der Gemeinde vollzieht.

Totale Neuordnung

Viele Menschen, die zur Seelsorge kommen, haben keine „schweren" Sünden begangen.[21] Oft jedoch ist ihr ganzes Leben von Verantwortungslosigkeit geprägt. Zur Illustration folgendes Beispiel:[22]

Der Wecker rasselt um sieben Uhr. Thomas ergreift ihn, stellt ihn ab und wirft ihn in eine Ecke. Dann zieht er die Decke über die Ohren und schläft wieder ein. Fünf Minuten vor acht erwacht er wieder, wird sich klar, was er getan hat, und merkt, daß er unmöglich um acht Uhr an der Arbeit sein kann. Thomas steht vor einer Entscheidung. Was kann er tun?

Er könnte verantwortlich handeln, indem er seinen Vorarbeiter anruft und ihm sagt: „Wilhelm, ich hab' heute morgen was ganz Dummes getan; ich habe den Wecker abgestellt und bin wieder eingeschlafen. Ich rufe dich an, damit du weißt, warum ich zu spät kommen werde. Ich mache mich sofort auf den Weg. Ich wollte es dir sagen, damit jemand meine Maschine übernimmt, bis ich komme." Das wäre eine Möglichkeit. Thomas wird nicht gerade mit sich zufrieden sein, aber die Sache wäre so jedenfalls zu erledigen.

Er kann sich aber auch für die verantwortungslose Handlungsweise entscheiden, wie es so viele tun. Anstatt seinen Vorarbeiter anzurufen, kann er voller Ärger überlegen, wie er sich aus dieser Lage herauslügen könnte. Vor lauter Aufregung und Eile schneidet er sich beim Rasieren, was seinen Mißmut noch verschlimmert. Während er sich anzieht, versucht er verbissen, eine Ausrede zu finden. Die Last der Schuld wird noch schwerer, weil er weiß, daß er etwas Unrechtes tun wird. Mit schlechtem Gewissen schlingt er sein Frühstück hinunter und knurrt seine Frau an, weil sie seinen Toast verbrannt hat. Innerlich schäumt er und zerbricht sich den Kopf darüber, wie er sich aus der mißlichen Lage herauslügen könnte.

Auf dem Weg zur Arbeit entgeht er nur mit knapper Not einem

---

21 „Schwere" Sünden in dem Sinne, wie *die Welt* die auffallenden Sünden nennt. In Gottes Augen ist jede Sünde gleich schlimm; jede verletzt das Gesetz Gottes. Daß innere, verborgene Sünden in Gottes Sicht ebenso schlimm sind wie die auffallenden äußeren, lehrt uns Jesus. Einen anderen in Gedanken umbringen hat allerdings nicht so verheerende Wirkung auf die Gesellschaft wie die entsprechende Tat und erscheint deshalb nicht so schlimm in den Augen der Menschen.

22 Das Beispiel illustriert auch die zerstörerische Sogwirkung der Sünde.

Zusammenstoß und flucht über den anderen Fahrer, obschon er sich bewußt ist, daß es sein Fehler war. In der Fabrik lügt er den Vorarbeiter an, fragt sich aber, ob der die Lüge glaubt. Den ganzen Tag trägt er die Frage mit sich herum, ob er ihn auch wirklich hat überzeugen können. Er überwirft sich mit seinen Mitarbeitern, immer wieder geht etwas schief bei der Arbeit, und als er abends heimkommt, ist er gänzlich ungenießbar. Kaum hat er die Türe hinter sich zugemacht, beginnt er mit der Familie zu zanken, und der Rest des Abends ist chaotisch.

Die gespannte und gereizte Stimmung, das Resultat verantwortungsloser Handlungsweise, zieht hundert weitere, ähnliche Situationen nach sich. Wenn man sich vorstellt, daß Wochen und Jahre so verbracht werden, dann wird es durchaus verständlich, daß Menschen, die in dieser Spannung leben, schließlich im Sprechzimmer des Seelsorgers oder Psychiaters landen. Ja, eine beträchtliche Zahl von Menschen, die sich keiner besonders verantwortungslosen einzelnen Handlung erinnern können, haben ein solches Leben in fortlaufender konsequenter Verantwortungslosigkeit geführt, ein Leben, das ihnen zum Problem geworden ist. So viele kleine Dinge sind verkehrt in einem solchen Leben, daß nur noch eine totale Umstrukturierung helfen kann. Der Ratsuchende muß lernen, die biblischen Grundsätze der Ehrlichkeit und Verantwortlichkeit vor Gott und den Menschen in seinem Leben zu verwirklichen.

Aber nicht nur jene, die allgemein ein verantwortungsloses Leben geführt haben, brauchen eine Neuordnung. Wenn es sich jeweils herausstellt, daß die Schwierigkeit des Ratsuchenden eine auffallende Sünde ist, wie etwa Homosexualität, dann glaubt dieser, er habe nur *ein* Problem zu lösen. Vielleicht wird er sogar ungeduldig mit dem Seelsorger, der auch andere Seiten seines Lebens durchleuchten will. „Warum kommen Sie nicht endlich zur Sache?" heißt es dann vielleicht. Aber in solchen Fällen beeinflußt das Hauptproblem alle anderen Gebiete seines Lebens. Es wirkt sich aus auf sein gesellschaftliches Leben, auf sein Familienleben, auf seine Arbeit, auf seine finanzielle Lage usw.

Geordnetes „zuchtvolles" Leben ist ein Leben im Einklang mit den Geboten Gottes. Ziel ist ein Leben der Liebe. Weder der Ratsuchende noch der Seelsorger sollten sich mit weniger zufriedengeben als mit dem Ziel, eine ganzheitliche Neuausrichtung des Lebens nach dem Gesetz Gottes herbeizuführen.

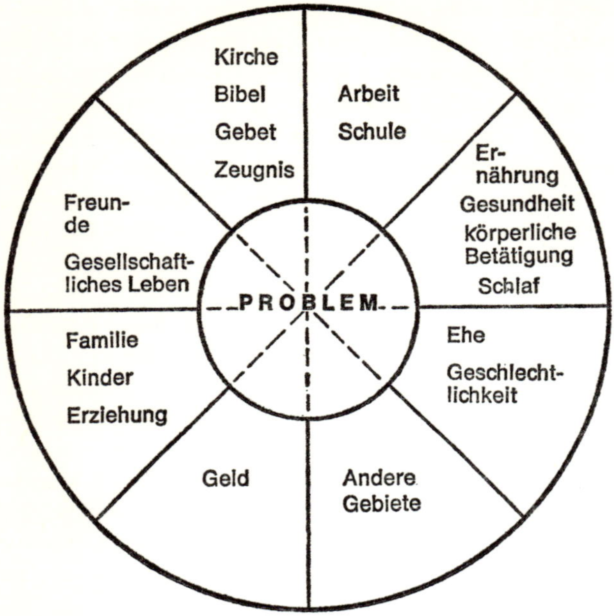

Totale Neuordnung berücksichtigt alle Lebensgebiete; denn das gesamte Leben eines Menschen wird von einem Problem in Mitleidenschaft gezogen. Erst wenn das gesamte Leben auf Gott ausgerichtet ist, können die punktierten Linien ausgezogen und das Problem als gelöst betrachtet werden. Das Diagramm deutet einzelne Bereiche an, ist aber nicht vollständig.

Zucht

Der Hebräerbrief wurde geschrieben, um Menschen, die unter Verfolgung in Gefahr waren, den christlichen Glauben zu verleugnen, zur Ausdauer zu ermuntern. Der Autor vergleicht das Christentum mit dem, was seine Leser verlassen hatten, als sie Christen wurden. Sein Argument heißt: „Warum wollt ihr zu etwas zurückkehren, das minderwertig ist?" Das Schlüsselwort, das er braucht, ist: „besser". In Kapitel 12 beschreibt er die Hintergründe, die zu einem Abfall vom Glauben führen könnten. Er versichert zu Beginn: „Ihr habt noch nicht bis aufs Blut widerstanden im Kampf gegen die Sünde" (Hebr. 12, 4) und fragt dann: „Habt ihr den Zuspruch vergessen, der zu euch wie zu Söhnen redet?" Aus Spr. 3, 11 und 12 zitiert er:

„Mein Sohn, achte die Züchtigung des Herrn nicht gering, und verzage nicht, wenn du von ihm gestraft wirst; denn wen der Herr liebhat, den züchtigt er, er geißelt jeden Sohn, den er annimmt."

Der Schreiber fährt fort: „Wenn ihr Züchtigung erduldet, begegnet euch Gott wie Söhnen; denn wo ist ein Sohn, den der Vater nicht züchtigt? Seid ihr aber ohne Züchtigung, deren alle teilhaftig geworden sind, so seid ihr ja unechte Kinder und nicht Söhne.[23] Wir hatten unsere leiblichen Väter zu Züchtigern und erwiesen ihnen ehrfurchtsvolle Scheu; sollten wir uns nicht viel mehr dem Vater der Geister unterwerfen und dadurch leben?" (Hebr. 12, 7—9.)

Hier wird gesagt, daß Christen durch Not nicht entmutigt, sondern ermuntert werden sollen; denn durch Leiden werden wir gezüchtigt und erfahren dadurch, daß wir zu Gottes Familie gehören.

Auf einen Unterschied weist er freilich hin. Unsere irdischen Väter „züchtigten uns für wenige Tage nach ihrem Gutdünken" (oder besser: „um Ziele auf kurze Sicht zu erreichen").[24] Gott dagegen züchtigt uns „zu unserem Besten, damit wir seiner Heiligkeit teilhaftig werden" (V. 10).

Der Autor vergleicht hier nicht die Dauer der Erziehung, sondern die verschiedenen Ziele, auf die die Erziehung Gottes und die der irdischen Väter ausgerichtet ist. Unsere Väter richten sich nach sozialen, finanziellen oder die Bildung betreffenden Vorteilen. Dies sind Ziele auf kurze Sicht. Gott dagegen erzieht seine Kinder, um ihnen Ewigkeitswerte zukommen zu lassen, um sie zu heiligen (V. 10). Er will,

---

[23] Jeder echte Christ steht unter der Züchtigung; sie ist eines der Zeichen der Söhne Gottes.

[24] Spr. 22, 6: „Erziehe dein Kind angemessen für seinen Lebensweg, dann wird es auch im Alter nicht davon ablassen." Einige Ausleger haben das dahin verstanden, daß ein Kind, wenn es älter wird, nicht von dem abweichen wird, was ihm seine Eltern in guter Erziehung beigebracht haben. Wahrscheinlich will dieser Vers jedoch etwas anderes aussagen: Wörtlich heißt es: „Erziehe ein Kind gemäß seinem Weg", das heißt, so, wie es selbst erzogen werden will. Dieser Vers ist also nicht so sehr eine Verheißung als eine Warnung.

Eltern, die ihrem Kinde gegenüber allzu nachsichtig waren und dessen Neigungen nachgaben, können später nicht erwarten, daß es sich ändert. Kinder werden als Sünder geboren, und wenn man sie ihren eigenen Wünschen nachleben läßt, werden sie sich natürlicherweise an sündiges Verhalten gewöhnen. Eine ähnliche Aussage finden wir in Spr. 19, 18: „Züchtige deinen Sohn, denn es ist noch Hoffnung; laß dir nicht in den Sinn kommen, ihn dem Verderben preiszugeben."

daß sie eine Heiligkeit erlangen, die seine Heiligkeit widerspiegelt und die nur er geben kann.
Um herauszufinden, was „Zucht“ eigentlich ist, müssen wir die ersten zehn Verse dieses Kapitels noch einmal durchgehen. Zucht wird dort als zurechtweisende Strafe beschrieben: „Züchtigung“ und „Strafe“ meinen hier dasselbe, und auch „züchtigen“ und „geißeln“ werden synonym gebraucht (V. 5 und 6). Die Züchtigung der Gemeinde bestand darin, daß sie verfolgt wurde.[25] Der Autor fordert die Leser deshalb auf, auf den zu achten, „der einen solchen Widerspruch von den Sündern gegen sich erduldet hat“, damit sie nicht „ermatten und in ihren Seelen verzagen“ (V. 3). Christus gab nicht auf, sondern er blieb standhaft bis zum Tod und gab sein Leben für uns hin. Seine Leiden waren nicht zu *seinem* ewigen Vorteil, sondern zu unserem.

Die Zucht, die wir erleiden, ist auf die Ewigkeit ausgerichtet, damit wir als Söhne Gottes ewige Heiligkeit erlangen. Darum sollten wir Christen, unvollkommen wie wir sind, nicht darüber erstaunt sein, daß wir durch Leiden erzogen werden. (V. 7 heißt wörtlich: „Zu eurer Erziehung ist es, daß ihr leidet ...“) Leiden ist Erziehung zur Heiligkeit. Gott züchtigt aus Liebe, um zurechtzuweisen, zu reinigen, um uns zu „trainieren“ und um unser Leben nach seinem Willen auszurichten: „Achte die Züchtigung des Herrn nicht gering und verzage nicht, wenn du von ihm gestraft wirst; denn wen der Herr liebhat, den züchtigt er; er geißelt jeden Sohn, den er annimmt.“
Merken wir uns noch einmal, daß Züchtigung ein Zeichen dafür ist, daß einer zur Familie jenes Vaters gehört, der sich um alle sorgt, die er liebt.
Gott züchtigt seine Kinder, um sie zu heiligen. Züchtigung ist stets „zu unserem Besten, zu unserem Vorteil“ (V. 10). Gott züchtigt seine Kinder, um sie zu segnen und ihnen zu helfen (auch hier ist das nuthetische Element stark betont. Vgl. auch S. 43).

Manche betrachten biblische Ethik und geordnetes Leben als unvereinbar mit Freude und Vergnügen und setzen jede Ordnung mit Langeweile gleich. Biblische Ethik richtet sich jedoch nicht gegen das Vergnügen, sondern gegen den Mißbrauch des Vergnügens. Sie hat echte Freude auf lange Sicht (auf Gottes Sicht) zum Ziel und begnügt

---

[25] Noch wurde allerdings kein Blut vergossen. Die Verfolgung hatte erst angefangen.

sich nicht mit einzelnen Vergnügungen. Wenn ein Leben nach den Zehn Geboten ausgerichtet ist, dann stimmt es auch mit den Grundsätzen überein, nach denen Gott diese Welt erschaffen hat. Ein Leben, das sich nach der biblischen Ethik ausrichtet, steht nicht im Konflikt, sondern im Einklang mit der Ordnung der Schöpfung. Sie ermöglicht dem Menschen tiefe, dauernde Freude und längeres, gesünderes Leben.

Aber ist Disziplin nicht eine beengende Einschränkung? Im Gegenteil; ein Zug kann erst dann rasch und sicher fahren, wenn er an das Gleis „gebunden" ist. Der Musiker, der sich den Gesetzen der Musik und der Harmonie „unterwirft", kann freier spielen als einer, der sie im Namen der Freiheit mißachtet. Gott hat den Menschen zu reichem und vollem Leben erschaffen, und er hat uns auch die Ordnung vorgezeichnet, durch die erfülltes Leben in Liebe zustande kommen kann.
Es stimmt natürlich, daß sündhafte, sich gegen Gott auflehnende Menschen dem Gläubigen durch mancherlei Verfolgungen das Leben schwermachen können. Aber auf lange Sicht gesehen, werden alle Ungerechtigkeiten gerichtet werden (vgl. 2. Thess. 1, 4—12). Dennoch ist unser Leben nicht nur auf das Jenseits ausgerichtet. Der gehorsame Christ erlebt schon auf dieser Welt Frieden und Freude (Phil. 4, 4—13), und das Buch der Sprüche ist voll von Verheißungen für den, der nach göttlicher Weisheit strebt. Das Christenleben ist — trotz Unrecht und Verfolgungen — auch für diese Welt sehr erstrebenswert.
Ein Vater erzieht sein Kind für dessen Zukunft. Er überlegt sich, wie er durch die Erziehung sein Kind befähigen kann, diese zu bewältigen. So ist auch Gottes Züchtigung auf die ewige Zukunft seiner Kinder ausgerichtet. Er bereitet sie auf ein zukünftiges ewiges, heiliges Zusammenleben mit sich vor. Schon jetzt aber leben sie in Gottes Welt, und auch hier kommt ihnen ein geheiligtes Leben zugute.
Die Erziehung auf kurze Sicht, die ein menschlicher Vater seinem Kind zukommen läßt, hat jedoch Mängel gegenüber der Erziehung des himmlischen Vaters zu ewiger Heiligkeit. Ein menschlicher Vater erzieht „nach seinem Gutdünken", und weil er ein Sünder ist, ist auch seine Erziehung immer unvollkommen. Was ein Vater für gut hält, ist vielleicht in Wirklichkeit nicht gut für seinen Sohn. Väter haben Vorurteile oder können nicht auf lange Sicht planen; sie machen Fehler, sind oft selbstsüchtig und wenden Zucht nicht konsequent an. Wenn aber Gott seine Söhne züchtigt, ist es immer zu deren Nutzen, denn seine Erziehung ist vollkommen.

Gottes Willen einüben

Wir haben ein Beispiel eines vollkommenen Lebens voll Zucht und Übung zur Heiligkeit in Jesus Christus, *dem* Sohn. Ein zuchtvolles Leben (ein Leben in Übereinstimmung mit den Geboten Gottes) entsteht durch solche Erziehung, der sich auch Christus unterworfen hat. Auch er hat „den Gehorsam gelernt“ (Hebr. 5, 8). Oft denkt man beim Wort „Gehorsam“ nur an die Selbstbeherrschung, die Sünder sich auferlegen. Aber sogar beim sündlosen Sohn wuchsen Handlungen des Gehorsams nicht aus Intuition heraus, sondern auch er mußte den Gehorsam *lernen*.

Natürlich lebte Jesus im ständigen Verlangen, den Willen des Vaters zu tun. Er vertraute seinem Vater und hatte den Wunsch, ihm zu gehorchen. Das bedeutete jedoch, daß er Gottes Willen kennenlernen mußte. Die Kenntnis des Willens Gottes war ihm nicht angeboren, sondern sie mußte erlernt werden (Luk. 2, 40. 46). In Hebr. 5, 8 ist das übliche griechische Wort für „lernen“ gebraucht: „... er hat, wiewohl er der Sohn war, an dem, was er litt, den Gehorsam *gelernt;* und nachdem er zur Vollendung gekommen war, ist er allen, die ihm gehorsam sind, der Urheber ewigen Heils geworden.“

Jesus lernte Gottes Willen, indem er Gottes Wort auf sein Leben anwandte. Auch er mußte lernen, den praktischen Problemen des Lebens so zu begegnen, wie die Bibel es verlangt.[26] Und genau das wird in der Seelsorge gelehrt und gelernt.

Gehorsam ist das Ziel des Christenlebens. Der Autor des Hebräerbriefes tadelt seine Leser, weil sie noch so wenig davon gelernt haben: „Denn während ihr der Zeit nach schon Lehrer sein solltet, habt ihr wieder nötig, daß man euch die ersten Anfangsgründe des Wortes Gottes lehrt.“ Sie konnten nur Milch trinken und waren nicht fähig, feste Speise zu sich zu nehmen, weil ihr Wachstum gestört war. Weshalb war es gestört?

„Jeder, der Milch genießt, ist *unerfahren* in der eigentlichen Lehre, denn er ist unmündig; für Gereifte aber ist die feste Speise, für die nämlich, welche durch *stetigen Gebrauch geübte* Sinne haben zur Un-

---

[26] In diesem Zusammenhang ist Lernen mehr als nur intellektuelles Begreifen. Der Text meint nicht, Christus habe Tatsachen über Gehorsam kennengelernt (Was ist Gehorsam? Wie gehorcht man? usw.), sondern vielmehr, daß er gehorchen gelernt hat.

terscheidung des Guten und des Bösen" (Hebr. 5, 13. 14).[27] Sie waren „unerfahren", weil sie das heilige Leben nicht einübten und sich angewöhnten. Ein Leben im Einklang mit Gottes Geboten kann nur durch regelmäßige, konsequente Übung zustande kommen. Wie Christus lernte, so müssen auch wir durch Übung Gehorsam lernen.

Sogar für den sündlosen Sohn war es schwierig, Gottes Willen zu tun (V. 7 und 8 b). „In den Tagen seines Fleisches" hat er mit lautem Schreien und unter Tränen gebetet. Obschon er erhört wurde, litt er, und durch Leiden lernte er Gehorsam. Es war schwer, in einer sündigen Welt zu gehorchen. Immer wieder gab es verlockende, scheinbar leichtere Möglichkeiten (leichter für den Augenblick). Das klassische Beispiel dafür steht in Matth. 4. Die Versuchung des Teufels bestand darin, daß er Jesus anbot, ihm die Königreiche der Welt auf viel angenehmere Art zu verschaffen. „Du mußt nur mich anbeten", sagte er. Aber Jesus lehnte den leichten, sündigen Weg ab. Auch unter dem starken Druck in Gethsemane gab er nicht nach. Gehorsam erduldete er den Tod am Kreuz und stand dann triumphierend vom Tode wieder auf.

Auch wir sündhaften Söhne müssen Gehorsam lernen, und für uns ist es um so schwieriger. Hebr. 5, 11—14 zeigt, daß Menschen in der Seelsorge lernen müssen, im täglichen Leben beharrlich Gehorsam zu üben, bis er für sie etwas ganz Natürliches wird. Durch Übung sollen sie lernen, zwischen Gut und Böse zu unterscheiden. Der Ausdruck „geübte Sinne" (oder „geschulte Organe") in V. 14 *(aistheteria gegymnasmena)* deutet daraufhin, daß man im Innersten seiner Persönlichkeit durch konsequentes Wiederholen lernen muß, zwischen Gut und Böse zu unterscheiden.[28] Man muß *lernen,* Gottes Willen, wie er in der Bibel ausgedrückt ist, zu tun. Man muß das Gute mit solcher Ausdauer üben, daß man natürlicherweise und ohne Zögern

---

[27] Ich habe die Ausdrücke kursiv gesetzt, um zu zeigen, wie wichtig es ist, biblische Gewohnheiten zu erlernen.

[28] Das Wort *aistheterion* („Sinn") meint Urteilsvermögen. Es wird in der Septuaginta zur Übersetzung des Wortes t'm in Psalm 119, 66 gebraucht, wo es Unterscheidungsvermögen im Sinne von „gutem Geschmack" bedeutet. Bei Cicero und Quintilian heißt das Wort Einsicht, Anschauung oder Wahrnehmung im allgemeinen. Erkennen durch die Sinne allein ist späterer Gebrauch. Im biblischen Griechisch fällt die Betonung eher auf die Beurteilung der Sinneswahrnehmungen als auf Sinneswahrnehmung selbst. Der Schreiber des Hebräerbriefes sagt, daß das Urteilsvermögen durch Gebrauch und Übung vervollkommnet wird.

weiß, was man zu tun hat, sobald eine Versuchung auftaucht, und es auch mit Leichtigkeit und Gewandtheit tut.

Ziel der Erziehung

Gott züchtigt immer auf ein Ziel hin; seine Zucht ist „zu unserem Besten, *damit* ...“ (Hebr. 12, 10). Dieses Ziel ist, wie wir gesehen haben, daß die Söhne Gottes der ewigen Heiligkeit Gottes teilhaftig werden. Was heißt nun: „an Gottes Heiligkeit teilhaben“? Welche Heiligkeit ist gemeint: diejenige, die Gott eigen ist, oder diejenige, die er gibt? Die Heiligkeit eines Menschen spiegelt Gottes Heiligkeit wider und ist so die Wiederherstellung des Bildes Gottes im Menschen (vgl. Kol. 3, 10. 11; Eph. 4, 23. 24). Heiligkeit kommt von Gott und spiegelt seine Heiligkeit wider. Genauer kann man die Frage wohl kaum beantworten. Für Christen ist es ein wichtiges Ziel, an Gottes Heiligkeit teilzuhaben. Dieses Ziel hat der Vater für seine Söhne im Auge: ein Leben in Übereinstimmung mit dem Willen Gottes. Weil Gottes Ziel mit uns ein heiliges Leben ist, sollte dies auch unser Ziel sein.

Jede Züchtigung ist von Natur aus etwas Unangenehmes. Es schmerzt, wenn Unvollkommenheiten weggemeißelt werden. Die Frucht der Züchtigung dagegen ist höchst angenehm: „Jede Züchtigung scheint zwar für die Gegenwart nicht zur Freude zu dienen, sondern zur Traurigkeit. Nachher aber verleiht sie denen eine friedvolle Frucht der Gerechtigkeit, die durch sie geübt sind ...“ (Hebr. 12, 11.)

Das Wort *gegymnasmenos*, das hier mit „geübt“ übersetzt ist, hat dieselbe Wurzel, die wir auch in unserem deutschen Wort „Gymnastik“ finden. Es bedeutet auch ungefähr dasselbe, nämlich, daß etwas so lange geübt wird, bis es etwas Natürliches wird. Diese Stelle spricht von jener regelmäßigen, systematischen, gewohnheitsmäßigen Übung, die den Dienst für den Herrn zu etwas Natürlichem werden läßt. Wie der Sportler übt, bis sein Training ihn zu einem Fachmann macht und sein Sport zu seiner „zweiten Natur“[29] wird, so muß der Christ

---

[29] Dies ist ein treffender Ausdruck. Manche Gewohnheiten prägen sich mit der Zeit so tief ein, daß man sie kaum von den natürlichen *(physis)* oder instinktiven Trieben unterscheiden kann. Zweifellos rührt ein Großteil der Verwirrung und der Irrtümer der Freudschen Deterministen, die die Betonung auf das irrationale, ethisch neutrale Unterbewußtsein legen, von der Tatsache her, daß erlerntes Verhalten so *natürlich* werden kann wie die instinktiven Triebe (die in der *physis* vererbt sind).

„trainieren", bis er gewandt ist in der Heiligkeit, bis seine „zweite Natur" (vom Heiligen Geist gewirkt) natürlich und leicht sein Leben bestimmt. Je länger er übt, desto dauerhafter wird die Gewohnheit, und es wird immer leichter und natürlicher, ein Leben gemäß der Bibel zu führen.

Jede Züchtigung scheint zuerst etwas Schmerzhaftes zu sein, aber jenen, „die durch sie geübt sind", verleiht sie nachher (d. h. wenn das Trainingsziel erreicht ist) „eine friedvolle Frucht der Gerechtigkeit". Das Wort „Frucht" bedeutet *Ergebnis*. Das friedvolle Ergebnis der Zucht ist Gerechtigkeit. Und Gerechtigkeit ist eine „friedvolle Frucht", weil sie Frieden bringt: „Wenn eines Menschen Wege dem Herrn gefallen, so versöhnt er auch seine Feinde mit ihm" (Spr. 16, 7). Wer das Ergebnis der Zucht schmeckt, der hat den Frieden, der allen Verstand überragt (Phil. 4, 7): Frieden des Gewissens, des Verstandes, des Herzens, welchem überall Menschen vergeblich nachjagen. Wenn Christen also Zucht säen, werden sie Gerechtigkeit ernten, die zum Frieden führt.

Das erste Wort von Hebr. 12, 12 „darum" deutet den logischen Zusammenhang des Folgenden mit dem Vorausgegangenen an. Weil Zucht zu Heiligung, Gerechtigkeit und Frieden führt, fordert der Schreiber seine Leser auf: „Darum richtet die erschlafften Hände und die müden Knie wieder auf und geht gerade Wege mit euren Füßen, damit das Lahme sich nicht ausrenkt, sondern geheilt wird." Wir haben hier das Bild eines Athleten, der nicht mehr in Form ist. So sind auch schwache, zuchtlose Christen, die, wie ein schwacher Sportler, keine rechten Leistungen zustande bringen. Sie müssen die erschlafften Hände und die müden Knie stärken. Was sie nötig haben, ist Training in der Lebensweise, die Gott gefällt.[30] Mit erschlafften Händen und müden Knien kann man nicht an einem Wettkampf teilnehmen. Ein Sportler kann es sich nicht leisten, daß seine Hände schlaff herunterhängen und seine Knie unsicher sind. Sein ganzer Körper muß in Form, seine Muskeln müssen voller Spannkraft sein.

Das Bild wird nun ausgeweitet: „Geht gerade Wege mit euren Füßen, damit das Lahme sich nicht ausrenkt, sondern vielmehr geheilt wird." Wenn ein Mensch mit einem verletzten Fuß über Geröll geht, wird er sich wahrscheinlich noch mehr verletzen. Wenn er heil ankommen will, muß er auf geradem, ebenem Weg gehen. Gott hat die Richtung an-

---

[30] Vgl. auch 1. Tim. 4, 7. 8: „. . . übe dich hingegen für die Frömmigkeit!"

gegeben und in der Bibel den Weg gezeigt, so daß der Mensch seine Route nicht selbst aushecken muß.

Fassen wir zusammen: Als gute Sportler im Wettkampf des Lebens müssen Christen dem Frieden mit allen Menschen nachjagen, so lange, bis sie in dieser Jagd nach Heiligkeit das Ziel erreicht haben (Hebr. 12, 14).

Und wenn sie dies tun, sollen sie zusehen, „daß keiner hinter der Gnade Gottes zurückbleibt, daß nicht eine bittere Wurzel aufwächst und Schaden anrichtet und durch diese die große Mehrzahl befleckt wird“ (V. 15). Diese „bitteren Wurzeln“ bezeichnen die Schwierigkeiten, in der sich die Gemeinde befand. Bitterkeit scheint dort wie Pilze aus dem Boden geschossen zu sein. Die Gemeinde hätte lernen sollen, in der Verfolgung auszuharren, doch statt dessen gab es in ihr Pessimisten, die etwa sagten (oder jedenfalls in Versuchung standen, so zu sprechen, wenn man nicht wachsam war): „Es war falsch, daß wir das Judentum verließen und uns dem christlichen Glauben zuwandten. Seither werden wir nur verachtet und verfolgt. Wir sind aus dem Regen in die Traufe geraten. Es ist klüger, wir geben auf. Ich glaube, wir sollten zurückgehen.“

Der Same der Bitterkeit hatte in einigen Wurzel gefaßt, doch diese schadeten der ganzen Gemeinde; denn „die große Mehrzahl wird durch sie befleckt.“ Sie hätten viele zum Abfall verleiten können, und der Schreiber warnt deshalb vor diesen „bitteren Wurzeln“. Er deutet an, daß einige in der Gemeinde vielleicht keine echten Christen sind. Darum warnt er: „Seht zu, daß nicht jemand hinter der Gnade Gottes zurückbleibt“, d. h.: Gebt acht, daß ihr alle die Gnade Gottes in Jesus Christus gefunden habt; vergewissert euch, daß ihr alle im Glauben steht!

„Seht zu“, warnt er, „daß nicht jemand ein Abtrünniger ist oder ein niedrig Gesinnter wie Esau, der für eine einzige Speise sein Erstgeburtsrecht verkaufte. Denn ihr wißt, daß er nachher, als er den Segen zum Erbe erhalten wollte, verworfen wurde; denn er fand keinen Raum für eine Änderung des Sinnes, obschon er sie mit Tränen suchte“ (V. 16—17). Esau war betrübt, aber nicht darüber, daß er gegen Gott gesündigt hatte. Er war betrübt wegen der Konsequenzen, die ihm seine Tat eingebracht hatte, und darüber, daß es keine Möglichkeit gab, etwas daran zu ändern.

Durch zuchtvolles, heiliges Leben kann diese Bitterkeit wie ein Unkraut ausgejätet werden. Selbstverständlich besteht nicht alle Zucht in Verfolgung. Auch Gottes Wort züchtigt. Ein Christ ist dann weise, wenn er sich selbst „trainiert", das zu tun, was Gott in der Bibel gebietet. So wird er seine Hände und Knie stärken und gerade Wege gehen mit seinen Füßen. Auf diese Weise kann einer schnell zum Frieden kommen. Es ist viel besser, ein Leben der Selbstzucht zu führen, als Züchtigung von außen zu ertragen. Gott wird alle seine Kinder erziehen. Entweder durch die Zucht seines Wortes, das sie selbst annehmen und anwenden, oder durch die Zucht gefügter Umstände, wie Verfolgung oder Krankheit usw.

Immer wieder wird von Menschen, die bei uns in der Beratung waren, betont, wie wichtig es war, daß man solchen Nachdruck auf Disziplin legte. In der Besprechung, die die Seelsorge abschließt, oder beim Kontrollbesuch, der etwa sechs Wochen nach Abschluß der Beratung stattfindet, sagt man uns oft: „Wir haben es sehr geschätzt, daß Sie hart mit uns ins Gericht gingen, daß sie uns nicht mit Glacéhandschuhen anfaßten und uns nichts durchgehen ließen."[31] Die meisten Menschen schätzen dies, weil sie zum erstenmal dazu angehalten wurden, die Gebote und Weisungen der Bibel ernst zu nehmen. Sie mußten anfangen, ihr Leben nach der Bibel auszurichten. Zum erstenmal wurden ihre Listen, ihre Kniffe und Tricks aufgedeckt, die sie entwickelt hatten, um andere dazu zu bringen, mit ihnen Mitleid zu haben und sie zu verhätscheln. Die Ratsuchenden selbst merken es, daß ihnen gerade deshalb geholfen werden konnte; und sie danken dafür, weil sie angefangen haben, die Frucht der Heiligung zu schmecken.
Herr und Frau B. machten keine besonderen Fortschritte in der Seelsorge. Kleinere Probleme hatten in Ordnung gebracht werden können. Ihre finanziellen Schwierigkeiten waren überwunden. Die Seelsorger hatten mit ihnen ein „Sparprogramm" ausgearbeitet, das ihnen erlaubte, von einem kleinen Gehalt etwa 140 Mark pro Monat auf die Seite zu legen. Vorher war das Geld jeweils in kurzer Zeit durchgebracht worden, und beträchtliche Schulden waren entstanden. Spontanes, unüberlegtes Einkaufen war eingeschränkt worden, und langsam nahm der Schuldenberg ab. Noch andere Probleme wurden gelöst; aber offensichtlich war ein hintergründiger Faktor noch nicht aufgedeckt worden. Die Seelsorger kamen zu dem Schluß, daß die beiden nicht recht vorwärts machen wollten; sie gingen ihre Probleme nicht eifrig genug an.
In der sechsten Woche der Seelsorge halten wir in der Regel eine Auswertungsbesprechung. Es wurde ihnen direkt gesagt, man habe den

[31] Dies ist ein Zitat aus den Akten eines Falles.

Verdacht, daß sie nicht mit ganzem Einsatz dabei seien. Man sagte ihnen, daß sie in dieser Zeitspanne zu wenig Fortschritte gemacht hätten: „Etwas stimmt nicht. Wenn Sie uns nicht sagen, wo die eigentliche Schwierigkeit liegt, und wenn Sie nicht wirklich Ernst machen, dann können wir nichts mehr für Sie tun. Wir können nur mit dem arbeiten, was Sie uns mitteilen."

Verschiedene Gebiete wurden ergebnislos durchsucht, bis ein Seelsorger offen fragte: „*Wollen* Sie eigentlich beide ihre Ehe wieder in Ordnung bringen?" Herr B. bejahte, aber sie sagte: „Nun, ich weiß nicht so recht ..." Hier lag die Schwierigkeit. Frau B. arbeitete nicht mit ganzem Einsatz, weil sie nicht sicher war, ob ihre Ehe diesen Einsatz lohnte. Beide waren Christen. Die Seelsorger besprachen von neuem die Gebote und Verheißungen der Bibel, die sich auf die Schwierigkeiten der beiden bezogen. Dann sagte man ihnen: „Wenn Sie sich nicht beide ernsthaft verpflichten, Ihre Ehe zu retten, dann können wir Ihnen nicht helfen. Wenn Sie das nicht wollen, verharren Sie im Ungehorsam gegenüber Gottes Willen, und Sie haben nur weitere Schwierigkeiten zu erwarten. Wenn Sie Gottes Willen tun wollen, wird er Ihnen helfen. Wie stellen Sie sich dazu?" Frau B. änderte ihre Einstellung. „Diesmal meine ich es ernst", sagte sie, „ich will unsere Ehe wieder in Ordnung bringen. Ich habe immer wieder gesündigt." Sie bat ihren Mann um Vergebung. Auch er bat sie um Vergebung für sein sündiges Verhalten ihr gegenüber.

Die Seelsorger machten ihnen dann klar, daß diese Abmachung nun verpflichtend war. Zusammen wurde die Sache auch im Gebet vor Gott gebracht. Als Herr und Frau B. eine Woche später zurückkamen, waren sie wie verwandelt. Die ganze Woche lang hatten sie hart gearbeitet, um ihre Ehe in Ordnung zu bringen. Stundenlang hatten sie jede Seite ihrer Probleme durchgesprochen und darüber gebetet. Als sie wiederkamen, war es klar, daß eine radikale Veränderung in ihnen stattgefunden hatte. Zwei Wochen später wurden sie aus der Seelsorge entlassen, nachdem sie schnelle Fortschritte gemacht hatten. In der Schlußbesprechung sagte Herr B.: „Was Sie in der sechsten Besprechung zu uns gesagt hatten, war gerade das, was wir brauchten. Ich glaube nicht, daß wir es geschafft hätten, wenn Sie nicht hart zu uns gewesen wären und uns zur Einsicht gebracht hätten. Vielen Dank!"[32]

---

[32] Dieses Beispiel illustriert auch die zentrale Rolle der Motivation. Man beachte, daß oft dort, wo die Motivation fehlt, eine konsequente Anwendung nuthetischer Prinzipien den Ratsuchenden motiviert. Nuthetische Seelsorge

„Zusammenbrüche“ sind Aufbrüche

Seelsorge ist in der Regel nichts Angenehmes für die Ratsuchenden: schwierige Entscheidungen müssen gefällt und peinliche Dinge besprochen werden. Auch die Zucht des Herrn ist nichts Angenehmes, aber mit der Zeit bringt sie die köstliche Frucht der Gerechtigkeit und des Friedens. Manchmal sprechen nuthetische Berater geradezu davon, daß Menschen auseinandergenommen und wieder zusammengesetzt werden. In gewissem Sinne geschieht das wirklich.

Es gibt allerdings Menschen, deren Leben schon völlig zerbrochen ist, wenn sie zur Seelsorge kommen. Kazimierz Dabrowski, Direktor des Institutes für Kinderpsychiatrie und Psychohygiene in Warschau und Professor der polnischen Akademie der Wissenschaften, hat in einem kürzlich erschienenen Buch einen interessanten Vorschlag gemacht.[33] Er vertritt die Ansicht, daß ein sogenannter Nervenzusammenbruch in Wirklichkeit etwas sehr Nützliches sei. Sowohl Ratsuchende als auch Berater sollten einen „Zusammenbruch“ als ein Aufbrechen, und nicht als ein Zusammenbrechen betrachten.[34] Er sagt, daß in solchen Zeiten alte Verhaltensweisen und Gewohnheiten, die versagt haben, zerbrechen.

Der Hilfesuchende erkennt, daß er den Problemen des Lebens nicht richtig begegnet ist. Enttäuscht gibt er die alten Gewohnheiten auf. Für eine gewisse Zeit weiß er nicht, wohin er sich wenden soll. Verwirrt steht er vor den Scherben seiner alten Gewohnheiten. Vor diesem Scherbenhaufen gibt ihm Gott eine unerwartete Gelegenheit. Er kann neu anfangen und sein Leben durchgehend neu aufbauen, wie er es sonst kaum hätte tun können. Durch das Zerbrechen des Alten schenkt Gott ihm die Möglichkeit, sein Leben nach den Grundsätzen

---

ist am besten geeignet, Motivation zu wecken. Man sollte besonders in den ersten Besprechungen, wenn man Informationen sammelt, auf die Motive des Ratsuchenden achten. Man behalte die Frage im Auge: Welches waren bisher die Motive des Ratsuchenden? Die Antwort auf diese Frage wird vielleicht wieder gebraucht zur Neuordnung seines Lebens.

Wir müssen jedoch auch darauf achten, nur solche Motivation anzuwenden, die biblisch gerechtfertigt ist. Als Motivation können unter rechten Bedingungen auch die Gefühle angesprochen werden. Dabei muß man aber den Grundlagen dieser Gefühle und den Umständen Beachtung schenken; denn auch in der Bibel wird Motivation danach ausgerichtet.

33 Kazimierz Dabrowski, *Positive Disintegration* (Little, Brown and Company, New York, 1964).

34 Dies ist meine eigene Formulierung der Gedanken Dabrowskis.

der Bibel zu formen und neue, biblische Gewohnheiten einzuüben. Jedes erschütternde Ereignis eines Lebens gibt Gelegenheit zum Neubeginn.

Zeiten ernster Krankheit, Trauer, finanzielle Verluste oder der Bruch fester Bindungen können erschütternde Erfahrungen sein, die einen Menschen zerbrechen. Ein trauernder Mensch braucht Hilfe, um sein Leben neu nach der Bibel auszurichten. Hier hat der Pfarrer eine wichtige Aufgabe. Der Tod bringt für die Überlebenden Veränderungen mit sich. Bei Christen sollten diese Veränderungen zu tieferer Hingabe an Christus führen.

Wenn jemand seine Stellung verliert, wenn eine Scheidung eine Familie zerreißt, wenn ein Kind in ernste Schwierigkeiten gerät, wenn einer sein Ansehen verliert, wenn jemand so niedergedrückt ist, daß er nicht weiß, wohin er sich wenden soll, dann sieht der nuthetische Berater eine wichtige Gelegenheit, dem Leidenden den Weg zu weisen.

So betrachtet, kann die Zertrümmerung der Vergangenheit ein Vorteil sein. Wenn man richtig vorgeht, kann solch ein zerbrochenes Leben viel rascher und radikaler nach biblischen Grundsätzen neu ausgerichtet werden.[35]

[35] Eine Untersuchung abgeschlossener Fälle eines Seelsorge-Zentrums hat gezeigt, daß die Hoffnung auf einen vollen und nicht nur teilweisen Erfolg um so größer ist, je ernsthafter das Problem ist. Der starke Wunsch nach einer Veränderung und das völlige Zerbrechen vergangener Gewohnheiten scheinen dabei wichtige Faktoren zu sein. „Wie schlimm steht es mit dem Hilfesuchenden?“ ist eine bedeutsame Frage, die vom Seelsorger beantwortet werden sollte. Menschen, die sich auf eine radikale Veränderung einstellen, sind fähig, größte Fortschritte zu machen. Je radikaler das Problem, desto schlagartiger kann die erwünschte Veränderung sich einstellen.

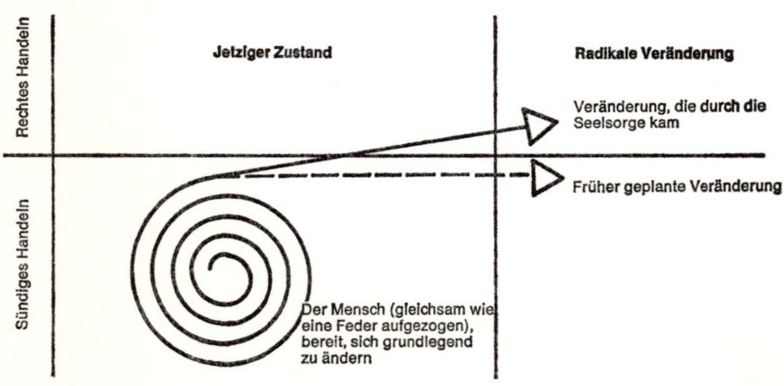

Immer dann, wenn Menschen ihre akuten Probleme „präsentieren", hinter denen jedoch zugleich das Leistungsproblem (Versagen) und das ursächliche Problem (Fehlorientierung) stehen, kann der Seelsorger damit rechnen, daß eine Auflösung alter Gewohnheiten vorangegangen ist und daß sie sich in einem Zustand der Verzweiflung befinden. Für einen verzweifelten Menschen ist in der Seelsorge am meisten zu hoffen.[36] Die Hälfte des Weges ist meist schon zurückgelegt.

So bieten die schwierigsten Fälle einzigartige Gelegenheiten. Wenn ein Pfarrer hier nicht vollmächtig hilft, verpaßt er die besten Gelegenheiten seines Dienstes. Wenn Menschen bei der Neuordnung ihres Lebens keine geistliche Hilfe bekommen, werden sie in andere sündhafte Verhaltensweisen geraten und sich neue Gewohnheiten aneignen, die genauso unbiblisch und schädlich sind wie die ersten und noch tiefer in die Verzweiflung führen können.

Christus änderte das Leben des Petrus, als dieser in tiefster Verzweiflung und erschüttert über seine Auflehnung und Verleugnung des Herrn war (Joh. 21). Eine Veränderung von Grund auf fand statt. Nun begann er, seinen neuen Namen mit Recht zu tragen (Petrus = Fels). Ebenfalls benutzte Gott eine Zeit großer Angst und Not, um aus Jakob einen Israel zu machen (1. Mose 32, 7—31).

Nun kommen aber viele in die Seelsorge, die nicht verzweifelt sind. Sie sind zwar enttäuscht, aber dennoch recht keck der Meinung, daß sie den Problemen des Lebens schon richtig begegnet seien. In solchen Fällen kann es nötig sein, die Verantwortungskrise, in der der Ratsuchende, ohne es recht zu merken, schon längere Zeit steht, in ihrer Entwicklung zu beschleunigen. Wenn z. B. eine Begegnung im Sinne von Matth. 5, 23. 24 zwischen dem Ratsuchenden und jemandem, den er verletzt hat, schon längst fällig gewesen wäre, kann diese Begegnung jetzt herbeigeführt werden.[37] Dadurch ermutigt man den Rat-

---

[36] Verzweiflung an sich ist nicht unbedingt ein Vorteil in der Seelsorge. „Die Betrübnis, wie sie Gott will", jedoch, die „eine Buße zum Heil wirkt", zeigt, welchen Platz die Verzweiflung innerhalb der angestrebten Umkehr haben kann (vgl. 2. Kor. 7, 9—11).

[37] Vgl. S. 122 ff. Es ist unnötig, zusätzlich Druck auszuüben. Der Zustand des Ratsuchenden ist bedrückend genug. Der Seelsorger sammelt alles Bedrückende und befreit den Ratsuchenden bald davon. Er benutzt diesen Zustand, um das Leben der Bibel gemäß zu ändern. Rasche Entlastung vom vorhandenen Druck bringt rasche Erleichterung und spornt den Ratsuchenden an, auf weitere Veränderungen hinzuarbeiten. Man kann eine Analogie mit einem Feuer sehen: Feuer ist rasche Oxydation, im Gegensatz zu einer Oxy-

suchenden, Unrecht gutzumachen und gibt ihm auch die Gelegenheit, mit einer alten, sündhaften Gewohnheit aufzuhören und an deren Stelle eine neue, biblische einzuüben.

Häufig haben die Menschen es nötig, daß das Gesetz Gottes ohne Einschränkungen auf ihr Leben angewandt wird, damit alte Gewohnheiten gesprengt werden. Wir glauben nicht, daß ein Mensch über Monate und Jahre hinweg sachte weitergeführt werden muß. Stattdessen finden wir es notwendig, ihm Gottes Wahrheit klipp und klar zu sagen und ihm zu zeigen, daß seine jetzige Lebensweise unweigerlich zu Hoffnungslosigkeit führen wird. Wir müssen ihn warnen und ihm zeigen, daß seine momentane sündige Handlungsweise nur zu größeren Enttäuschungen und zu endgültiger Niederlage führen kann.

Diese Ansicht wurde aufs schärfste angegriffen: „Es gibt Seelsorger, die meinen, daß ein rasches und vollständiges Aussprechen der Sünden dem Ratsuchenden helfe, sie ans Licht zu bringen und um Vergebung zu bitten. Aber ‚Quetschen' ist nicht klug, ja sogar gefährlich. Wenn Sie Ihr Bestes leisten wollen in der Seelsorge, dann müssen Sie Informationen und Gedanken ‚durchsickern' lassen. Warum darf ein Seelsorger nicht Leute ‚ausquetschen'? Weil es schmerzt. Es schmerzt Sie und denjenigen, dem Sie helfen wollen. Der gute Seelsorger sucht hellhörig die Bereitschaft des anderen zu erkennen."[38]

Kein guter Zahnarzt wird einen Zahn ziehen, wenn es nicht nötig ist. Aber in gewissen Fällen ist Zahnziehen das einzig Richtige. Wenn ein Zahn längere Zeit faulen konnte, wird er sich entzünden und den ganzen Körper vergiften. Das Barmherzigste, das man tun kann, ist, den Zahn zu ziehen. Niemand zieht Zähne stufenweise während längerer Zeit. Es ist viel weniger schmerzhaft, den starken, aber kurzen Schmerz des Ziehens zu ertragen. Dann schmerzt es nicht mehr, und der Heilungsprozeß kann einsetzen.[39] Es ist eine Tatsache, daß die Qual viel größer ist, wenn sich die Reihe der Unterredungen über lange Zeit hinauszieht, als wenn das ganze Problem so rasch wie möglich ans Licht gebracht wird.

---

dation, die sich über eine lange Zeit hin erstreckt. Druck, der nur langsam abgebaut wird, zermürbt einen Menschen und verursacht einen Zerfall der Persönlichkeit. Dies ist die einzige und nicht erstrebenswerte Alternative zu dem, was die Bibel „Buße" und „Umkehr" nennt.

[38] Clyde Narramore, *Techniques of Counseling* (Pasadena, o. J., S. 7).

[39] Eine gute Illustration dieser Wahrheit finden wir in Joh. 4, der Geschichte der Samariterin. Christus kam sehr bald auf ihr eigentliches Problem zu sprechen. Obschon das weh tat, folgte bald die Heilung.

Gott sandte den Propheten Nathan zu David, um ein Bekenntnis von diesem zu fordern. Viele protestieren: „Quetschen tut weh." Selbstverständlich tut es weh; niemand bestreitet das. Aber ein entzündeter Zahn tut auch weh, und auf lange Sicht richtet er viel mehr Schaden an. Der Grundsatz der Psalmen 32; 38 und 51 ist, daß Gott uns unglücklich werden läßt, wenn wir die Schuld unvergebener Sünde in uns verschließen. Deshalb warnt David die Leser, sich nicht wie störrische Maultiere zu benehmen, die am Zügel gezerrt werden müssen. Vielmehr sollen sie willig ihre Sünden bekennen.
Nicht das Ans-Licht-Ziehen der Sünde schmerzt am meisten, sondern die Sünde selbst, die den Menschen in diesen unglücklichen Zustand gebracht hat. Wo es Sünde gibt, gibt es auch Schmerz. Das Bekennen der Sünde verletzt den Stolz. Es ist sinnlos, diese Tatsache umgehen zu wollen oder nach einer schmerzlosen Methode des Sündenbekenntnisses zu suchen. Es ist überhaupt nicht richtig, in der Seelsorge nach möglichst schmerzlosen Methoden zu fragen. Manchmal muß ein gewisser Druck ausgeübt werden, weil es Gottes Wille ist, daß Sünde sofort bekannt wird. Wir dürfen keinem den Rat geben, sein Sündenbekenntnis auf später zu verschieben, weil man solchen Rat von der Bibel her nie rechtfertigen kann.
Nuthetische Seelsorge hat auch eine vorbeugende Funktion. Man muß nicht nur den entzündeten Zahn behandeln und ziehen, es ist auch nötig, Löcher zu füllen und die Zähne zu schützen. Zahnziehen und Bohren sind schmerzhaft, aber beides ist nötig.

„Zweitrangige" Dinge

Wie wir festgestellt haben, geht es in der Seelsorge um totale Neuordnung. Das heißt, daß ein Leben der Liebe aufgebaut werden muß, ein Leben, das in jeder Hinsicht in Übereinstimmung mit den Geboten Gottes steht. Deshalb ist der nuthetische Seelsorger nicht nur an den Grundfragen, sondern auch an Nebenfragen interessiert. Wenn das präsentierte Problem gelöst, das momentan schwächende Leistungsproblem auf die Seite geschafft wurde und wenn neue, biblische Gewohnheiten an den Platz des ursächlichen Fehlverhaltens getreten sind, bleiben häufig gewisse Nebenwirkungen zurück, die beiläufig das präsentierte Problem begleitet hatten.
Nervöse Zuckungen sind dafür ein gutes Beispiel. Frau R. kam zu uns mit einer Zuckung des Gesichts, erwähnte diese aber nicht als Teil

ihres Problems. Immer, wenn sie etwas erregt war, zuckten Wange und Auge. Die Zuckung war unübersehbar, entstellte sie und lenkte andere ab. In der Seelsorge befaßten wir uns mit ihren ernsten Eheschwierigkeiten. Nach einer Weile benahmen sich ihre Seelsorger scheinbar höchst taktlos: Sie erwähnten die Zuckung. Frau R. war froh, daß endlich jemand offen genug war, diese Sache mit ihr zu besprechen. Sie war sich der Zuckungen bewußt und wollte sie loswerden. Sie erzählte uns, daß sie auch darüber gebetet hatte. Nach einiger Zeit, als ihre größeren Schwierigkeiten schon teilweise gelöst waren und sie deshalb Mut gefaßt hatte, wurde ein Plan ausgearbeitet, um die Zuckungen loszuwerden.
Das brauchte Gebet und Disziplin. Zuerst bemühte man sich darum, daß alle Glieder ihrer Familie für sie beteten und bereit waren, ihr zu helfen. Der zweite Schritt bestand in einem „Lohn- und Strafe-Programm", das sie anspornte. Die Familie wurde angewiesen, sie jedesmal auf ihre Zuckung aufmerksam zu machen. Dies half Frau R., die Zuckung nicht zu vergessen. Schließlich gab man ihr einen Ansporn zur Überwindung. Die Seelsorger fragten Frau R., was sie sich am sehnlichsten wünschen würde. Sie antwortete: „Eine Kommode mit Spiegel." Dieser Wunsch war ideal, nicht nur weil ihr Mann sich damit einverstanden erklärte, die Kommode zu kaufen, sondern auch, weil sie jedesmal an ihren Sieg über die Zuckung erinnert würde, wenn sie in den Spiegel sah. Der Plan war einfach: Wenn die ganze Familie während einer Woche keine einzige Zuckung bemerken würde, sollte ihr Mann ihr die Kommode kaufen. Sie erhielt sie nach der ersten Woche.

Problemlösen durch Beispiele

Im dritten Kapitel des zweiten Thessalonicherbriefes kommt Paulus auf Disziplin zu sprechen. In Thessalonich gab es Leute, die dachten, sie könnten ihre Arbeit liegen lassen, weil sie gehört hatten, die Wiederkunft des Herrn stehe unmittelbar bevor. Sie trieben unnütze Dinge und lebten auf Kosten der anderen. Paulus nennt ihr Benehmen „unordentlich" und schreibt: „Wir gebieten euch, ihr Brüder, im Namen unseres Herrn Jesus Christus, daß ihr euch von jedem Bruder zurückzieht, der ein unordentliches Leben führt . . ." (2. Thess. 3, 6.)
Das Wort „unordentlich" bedeutet „ohne Ordnung und Disziplin". Dinge wie „außer Tritt", „aus der Reihe tanzen" und „nicht am

Platz“ klingen darin an. Die Gemeinde war wie eine Kolonne von Soldaten, in der einige nicht im Schritt marschierten. Paulus ging das Problem direkt an und gebot, daß jeder Bruder, der ein unordentliches Leben führte, und „nicht nach der Lehre, die sie von uns empfangen haben“, lebte, von den anderen gemieden werden sollte. Offenbar hatte Paulus während seines kurzen Aufenthaltes in Thessalonich eingehend darüber gesprochen, wie wichtig es sei, ein ordentliches, zuchtvolles Leben zu führen.

Paulus schreibt nun: „Denn ihr wißt selbst, wie man unser Beispiel nachahmen soll, denn wir haben uns unter euch nicht unordentlich verhalten“, und betont damit, wie wichtig ein gutes Beispiel ist, wenn jemand lernen soll, sein Leben zu ordnen. Die Bedeutung des beispielhaften Vorlebens der Gebote Gottes kann nicht genug betont werden. Auch das Rollenspiel kann dazu gebraucht werden, biblische Zucht zu lehren. (Wir haben das Rollenspiel auf Seite 95 ff. näher besprochen.) Paulus erinnert seine Leser also nicht nur an die Worte, die er gesprochen, sondern auch an das Leben, das er und seine Mitarbeiter in ihrer Mitte geführt hatten. Durch Beispiele können sich Grundsätze dauerhaft und eindrücklich einprägen. Für Paulus war es etwas Selbstverständliches, auf Vorbilder hinzuweisen. Häufig gebrauchte er sein eigenes Verhalten als Beispiel für andere.

Im vierten Kapitel des Philipperbriefes weist Paulus seine Leser an, zu beten und sich auf jene Dinge zu konzentrieren, die „wahr, ehrbar, gerecht, rein, liebenswürdig und wohllautend“ sind, und dann fährt er fort: „Was ihr auch gelernt und empfangen, gehört und *gesehen habt an mir,* das tut! Dann wird der Gott des Friedens mit euch sein.“ (Phil. 4, 8—9.) Im vorangehenden Kapitel desselben Briefes sagt er: „Ahmt miteinander, ihr Brüder, mein Beispiel nach und achtet auf die, die so leben, wie ihr uns zum Vorbild habt“ (3, 17). Paulus hielt sein eigenes Leben für ein Vorbild für junge Christen. Auch in den anderen Paulusbriefen finden wir denselben Gedanken. In 1. Kor. 4, 16 lesen wir z. B.: „Daher ermahne ich euch: Ahmt mein Beispiel nach!“

Ebenso findet man den Vorbildgedanken in 1. Thess. 1, 6: „Ihr seid unsere und des Herrn Nachahmer geworden.“ Unser Wort „Mimik“ ist mit dem griechischen Ausdruck verwandt, der hier mit „Nachahmer“ übersetzt ist. Die Thessalonicher lernten offenbar, den Herrn nachzuahmen, indem sie Paulus nachahmten, der ein Nachahmer des Herrn war. Darum lobte Paulus sie und sagte, sie seien nun selbst

„ein Vorbild geworden für alle Gläubigen in Mazedonien und Achaja" (1. Thess. 1, 7).

Petrus ermahnte die Ältesten der Gemeinden, an die er schrieb, sie sollten nicht nur „die Herde Gottes weiden", sondern sich auch als Vorbilder der Herde erweisen, ohne über die, welche ihnen zugeteilt waren, zu herrschen (1. Petr. 5, 3). Das Wort für „Vorbilder", das Petrus hier gebraucht, ist *„typoi"*. Älteste haben Vorbilder, Muster zu sein für ihre Herden.

Auch in den johanneischen Schriften wird von Nachahmung gesprochen. In 3. Joh. 11 setzt Johannes offenbar voraus, daß Nachahmung stattfinden wird. Er sagt: „Geliebte! Ahmt nicht das Böse nach, sondern das Gute!" Er sagt gewissermaßen: „Ihr werdet nachahmen. Ihr könnt gar nicht anders. Als Kind lerntet ihr durch Nachahmen, und während eures ganzen Lebens werdet ihr nachahmen. Achtet darauf, daß ihr das Gute nachahmt!" Noch an vielen anderen Stellen finden wir den Vorbildgedanken im Neuen Testament.[40]

Der Einfluß, den die älteren Kinder auf die jüngeren einer Familie haben, zeigt, wie entscheidend das Beispiel ist. Die jüngeren schnappen ihre Aussprache, ihre Worte auf, nehmen ihr Tun und ihr ganzes Gebaren an. Auch der Berater übt in der Seelsorge einen wichtigen Einfluß auf den Ratsuchenden aus. In allem, was ein Seelsorger tut, ist er Vorbild. Manchmal stellt er sich auch ausdrücklich als Vorbild hin.[41]

O. H. Mowrer war in schwierige persönliche Probleme verstrickt und kam gewissermaßen durch das Annäherungsverfahren auf seine Theorien des Bekennens und der Verantwortung. In diesem Zusammenhang kam er auf den Gedanken der Nachahmung. Deshalb betont er, daß das Bekennen immer eine gemeinsame Erfahrung sein müsse. Er glaubt, daß er den Ratsuchenden dadurch zum Reden bringen kann, daß er selbst im Bekennen ein Vorbild ist. Die Beratung beginnt bei ihm damit, daß er als erster irgendein Versagen in seinem eigenen Leben bekennt. Mowrer besteht darauf, daß der Berater in jedem

---

[40] Vgl. auch 1. Tim. 4, 12; 2. Tim. 3, 10; Tit. 2, 7; Hebr. 13, 7 usw.

[41] Vgl. dazu die Worte Jesu in Luk. 6, 40 b: „Jeder aber, wenn er ganz vollendet ist, wird wie sein Meister sein." Zum Begriff der Nachfolge gehört ganz wesentlich das Miteinander-Leben und damit das Vorbild-Erleben (Mark. 3, 14: „Er bestimmte zwölf, damit sie um ihn wären ..."). Das hat weittragende Folgen sowohl für die Lehre als auch für die Seelsorge. In der Bibel ist der Lehrer zugleich auch Berater, und so sollte es auch bei uns sein. Man beachte die enge Verbindung in Kol. 3, 16 und 1, 28.

Fall „seine Geschichte erzählt“ — so umschreibt er seine Auffassung von Vorbild —, auch wenn dies nicht unbedingt nötig wäre, um ein Bekenntnis aus einem Ratsuchenden herauszubekommen.

Mowrer entdeckte die Möglichkeiten der Nachahmung durch einen Zufall. Er sprach zu anderen über einen persönlichen, inneren Kampf. Da entdeckte er, daß seine eigene Geschichte eine Reaktion auslöste: Der Ratsuchende ergänzte, indem er etwas aus seiner eigenen Erfahrung erzählte. Mowrer war tief beeindruckt und entwickelte die Methode sorgfältig. Er hielt sie für so wirksam, daß er jetzt von ihr sagt: „Das Herz der *Integrity Therapy* (Ganzheitsherapie) besteht im Vormachen dessen, was der Patient tun soll.“[42] Aber Mowrers Betonung liegt zu sehr auf beispielhaftem Vormachen. Seine Mitarbeiter erreichen oft die gleichen Resultate, obschon sie diese Methode wenig oder gar nicht anwenden. Man hat den Verdacht, daß Vormachen nicht so sehr deshalb zum Herz der Theorie Mowrers wurde, weil sie so hilfreich ist, um Ratsuchenden ein Bekenntnis zu erleichtern, sondern vielmehr wegen des (wenn auch zeitlich begrenzten) Nutzens, den er als Berater daraus ziehen kann.

Vorbild und Nachahmung sind nichts Neues. Sie sind nützliche biblische Prinzipien, die ein Seelsorger dann und wann anwenden wird. Die Erfahrung hat jedoch deutlich gezeigt, daß es nicht wesentlich zur Seelsorge gehört, daß der Berater sich selbst ausdrücklich als Vorbild hinstellt. Ja, es kann als regelmäßig angewandte Methode sogar recht gefährlich sein. Der Seelsorger drängt so sich selbst und seine Probleme auf unnatürliche Art in den Vordergrund. Beobachter, die Mowrer und seine Mitarbeiter, die davon überzeugt waren, daß es immer nötig sei, „seine Geschichte zu erzählen“, an der Arbeit sahen, hatten den Eindruck, daß es bei etlichen Beratern (nicht bei Mowrer selbst), in ein unverbindliches Plaudern ausartete.[43]

---

[42] *The Dis-Coverer,* Jahrgang 4, Nr. 4, Oktober 1967, S. 5. Was oben über die Kraft eines Beispiels oder Erlebnisses gesagt wurde, das im Ratsuchenden etwas anklingen läßt, erklärt den Erfolg des Vorbildes, wie Mowrer es auffaßt. Mowrer betont beispielhaftes Vormachen als Methode, um Bekenntnisse herauszulocken. In der Bibel dagegen ist das beispielhafte Vormachen ein Mittel, um andere zu lehren, ihr Leben nach dem Wort Gottes auszurichten. Daß es nicht immer nötig ist, „seine eigene Geschichte zu erzählen“, wird deutlich am Gebrauch, den Christus von Gleichnissen gemacht hat, die seinen Zuhörern bekannt waren.

[43] Andere Gefahren dieser Methode zeigt Edwin Hallstein auf: „Integrity Training and the Opening Interview“ in *The Dis-Coverer,* Jg. 4, Heft 2, S. 3. Richard Parlour u. a. („Rediscovered Dimensions of the Psychothera-

Warum mag für Mowrer das „Erzählen seiner Geschichte“ so wichtig sein? Mowrer will vom Sühnetod Christi nichts wissen. Er hat nie diese Freude erlebt, daß einem die Sünden ein für allemal vergeben sind (Hebr. 9, 28—10, 18). Er versucht, mit guten Werken eine „Selbsterlösung von der Sünde“ zu erwirken. (Er selbst gebraucht diese Worte). Aber Mowrers Selbsterlösung ist wie die eines Priesters, der „Tag für Tag dasteht, um den Dienst zu verrichten und immer wieder dieselben Opfer darzubringen, die doch niemals Sünden wegnehmen können“ (Hebr. 10, 11). Die schmerzliche Erfahrung des Sündenbekennens (für Mowrer *ist* sie schmerzlich und nicht ein billiges Geschichten-Austauschen) ist eine Gelegenheit für ihn, wieder einen Preis zu zahlen für seine Sünde. Mowrer spürt die Notwendigkeit, sich irgendwie für seine Schuld immer wieder zu bestrafen, um sein Gewissen zu beruhigen. Wenn ein Christ diese fruchtlosen Bemühungen sieht, das Problem der Sünde zu lösen, muß er dafür dankbar werden, daß der, welcher „einmal gereinigt“ ist, durch die Ein-für-allemal-Erlösung Christi, „kein Bewußtsein von Schuld mehr hat“ (Hebr. 10, 2).

Neuere Untersuchungen zeigen, daß es unmöglich ist, eine Beeinflussung durch Vorbilder auszuschließen, und deuten die Rolle an, die solche Beeinflussung in der Seelsorge spielt:

„Man hat guten Grund anzunehmen, daß die optimale Umgebung zur Einführung eines bestimmten Verhaltens diejenige ist, in welcher dieses Verhalten von anderen beispielhaft vorgelebt wird. Experimente zeigen deutlich, daß Menschen in der Gegenwart eines euphorischen Schauspielers zur Euphorie neigen, daß sie zu Zorn neigen in der Gegenwart eines zornigen Schauspielers. Neuere Versuche über Stimmungen erweisen die Richtigkeit des Satzes, daß die Stimmung der Mehrzahl einer sozialen Gruppe die Stimmung aller ihrer Glieder beeinflußt.“[44]

Diese Untersuchungen illustrieren, wieweit die biblische Lehre von der Macht des Beispiels Gültigkeit hat. Sie unterstreichen die Tatsache, daß Gefühle, die durch Gesten, Körperhaltung und Handlungen zum

---

pist's Responsibility“, nicht publiziert) haben ebenfalls wichtige Vorbehalte. In der Gruppentherapie kommt es vor, daß Menschen dazu ermutigt werden, ihre Sünden auch vor Leuten zu bekennen, die damit direkt nichts zu tun haben. Dies ist, um es nicht noch krasser auszudrücken, von der Bibel her nur schwer zu rechtfertigen. Es ist fragwürdig, ob man überhaupt zu einem Bekenntnis ermuntern soll, wenn es nicht zur Versöhnung dient.

[44] Georg Maudler in *New Directions in Psychology* (Holt, Rinehart and Winston Company, New York, 1962) S. 312.

Ausdruck kommen, ansteckend wirken. Und diese Gefühle wiederum haben in einer inneren Haltung ihren Ursprung. Die Haltung des Seelsorgers bei der Beratung ist also wesentlich. Wenn er Hoffnung hat, wird er Hoffnung mitteilen, wenn er verwirrt ist, wird sich auch das übertragen.[45] Ob man an die Möglichkeit einer Lösung der Probleme glaubt oder nicht, wird zweifellos „durchschlagen". Es ist entscheidend, daß der Berater ganz bei der Sache ist, wenn Menschen zu ihm in die Seelsorge kommen. Wenn seine eigene Haltung durch unerledigte persönliche Dinge belastet ist, kann das dem, was er sagt, widersprechen und seine Bemühung, anderen zu helfen, mindern.

Beschäftigung oder Klinikaufenthalt?

2. Thess. 3 legt einen weiteren Grundsatz eines geordneten Lebens dar: „Als wir bei euch waren, geboten wir euch dies: ‚Wer nicht arbeiten will, soll auch nicht essen.' Denn wir hören, daß etliche unter euch unordentlich wandeln." (V. 10—11.) Wie schon bemerkt, wird mit dem Wort „unordentlich" ein Leben bezeichnet, dem Ordnung und Struktur fehlen. Paulus tadelt jene, die ein unordentliches und zügelloses Leben führen; jene, die geschäftig unnützen Dingen nachlaufen, anstatt zu arbeiten und für ihren Unterhalt aufzukommen. Er fährt fort: „Den Betreffenden gebieten wir und ermahnen sie ..." Solche Ratsuchenden müssen auch *wir* ermahnen und ihnen gebieten, „still zu arbeiten und ihr eigenes Brot zu essen" (V. 12).

Es gibt Psychiater, die ihre Patienten verhätscheln. Oft liefern sie sie in Kliniken ein, wo sie nichts weiter zu tun haben, als in einer schönen Parkanlage auf dem Rasen zu liegen. Menschen, die schon faul sind, werden dadurch noch fauler. Sie gewöhnen sich an ein Leben in

[45] Der Versuch, einen neutralen Standpunkt einzunehmen, wirkt oft verwirrend auf den Hilfesuchenden, weil dadurch die wahre Haltung des Seelsorgers entstellt wird. Man kann damit den Eindruck von Interesselosigkeit oder sogar Zustimmung hervorrufen, ohne es zu wollen. Irgendeinen Eindruck wird der Seelsorger machen, darüber darf er sich keinen Illusionen hingeben; Neutralität ist nicht möglich. Dazu kommt, daß der Ratsuchende ehrliche Antworten braucht, um sich ein eigenes Urteil zu bilden. Einer drückte es folgendermaßen aus: „Ich muß wissen, was ein normal denkender Mensch dazu sagt." Die wahre nuthetische Antwort ist eine biblische Antwort und weist deshalb auf den Willen Gottes in dieser Sache hin. Gott steht sündhaftem Verhalten keineswegs neutral gegenüber. Wenn man also einen neutralen Standpunkt einzunehmen versucht, stellt man sich gegen den Willen Gottes.

der Klinik, wo andere für sie sorgen und für ihren Unterhalt arbeiten. Statt dessen sagt Paulus, daß man sie im Herrn ermahnen und ihnen gebieten soll. „Gebieten" und „ermahnen" sind starke Ausdrücke dafür. Er fährt fort: „Ihr aber, ihr Brüder, werdet nicht müde, das Rechte zu tun. Wenn jedoch jemand unserem Wort in diesem Briefe nicht gehorcht, den merkt euch; habt keinen Umgang mit ihm, damit er beschämt wird." (V. 13—14.)

Wenn Christen Vorbilder, Ermahnungen und Zurechtweisungen verachten, muß die Kirchenzucht zur Anwendung kommen: „Haltet ihn trotzdem nicht wie einen Feind, sondern weist ihn zurecht wie einen Bruder!" Hier handelt es sich um nuthetische Zurechtweisung. Die Wärme, die in diesem Ausdruck *(nutheteo)* liegt, wird daraus ersichtlich, daß er immer wieder im Kontext von familiären Beziehungen vorkommt. „Weist ihn nuthetisch zurecht" (oder besser: „Fahrt fort, ihn nuthetisch zurechtzuweisen", wie die präsentische Form andeutet) wie einen *Bruder*.

Kindererziehung

Was hat der nuthetische Berater zur Kindererziehung zu sagen? Vor allem ist er darauf vorbereitet, daß Kinder sündigen. Die Bibel deutet an, daß „die Torheit dem Knaben im Herzen" steckt (Spr. 22, 15). Die Lügner gehen „von Geburt an" in die Irre, sagt der 58. Psalm (V. 4). „In Schuld bin ich geboren" (Psalm 51, 7). Paulus sagt unmißverständlich, daß wir „von Natur", d. h. von Geburt an[46], Kinder des Zorns sind. Der Mensch wird als Sünder geboren und verdient ewigen Zorn. Weil Kinder „geborene" Sünder sind, wird sich ihre Natur bei der ersten Gelegenheit in sündhaftem Verhalten äußern.

Die Sünden Erwachsener sind nicht sehr verschieden von den Sünden der Kinder. Erziehung ist also, wie die Arbeit mit Erwachsenen auch, ein Kampf gegen unchristliche Verhaltensweisen. Die Kindererziehung hat der Arbeit mit Erwachsenen allerdings viel voraus. Wenn man sich der Verhaltensformen bewußt ist, die das Kind im Laufe seines späteren Lebens entwickeln könnte, wird man als Eltern sein möglichstes tun, um dem Kinde die Verhaltensweisen beizubringen, die

[46] *Physis* bedeutet die von den Eltern ererbte genetische Natur und kann dann geradezu „von Geburt an" bedeuten. Vergleiche die *Reden* des Lysias *(Philo): hosoi de physei men politai eisi:* „Die sind Bürger, die es von Geburt an sind."

mit den Weisungen der Bibel übereinstimmen. Wo sich ein Kind verantwortungslos verhält, wird man versuchen, dieses Verhalten zu ändern.

Eltern (und Lehrer) sollten auf das Verhalten ihrer Kinder ehrlich und korrekt reagieren. Nur so können sie einen Maßstab setzen, an dem das Kind die Auswirkungen seines Verhaltens auf andere Menschen ersehen kann. Eine ehrliche Reaktion wird dem Kind nicht schaden. Im Gegenteil, „neutrale" (d. h. entstellte) und unberechenbare Reaktionen verwirren das Kind und begünstigen eine spätere asoziale Haltung. Kein Kind wird davor verschont bleiben, daß Menschen ihm Unrecht tun. Selbstverständlich werden Eltern ihrem Kind nicht vorsätzlich Unrecht zufügen, aber wenn sie es unbeabsichtigt tun, und wenn sie gelegentlich Fehler machen, so ist das nicht so schlimm, wie viele denken.

Das ganze Leben hindurch wird das Kind immer wieder falsch behandelt werden. Es ist sogar gut, wenn es das erste Unrecht von denen erleidet, die es am meisten lieben. Denn wenn diese ihren Fehler *in Liebe* zugeben, um Vergebung bitten und wiedergutmachen, worin sie gefehlt haben, lehren sie das Kind etwas sehr Wertvolles, nämlich auf Fehler anderer Menschen richtig zu antworten. Dies ist die wichtigste Lektion, der Schlüssel zur Erziehung, Kindern beizubringen, sich dem Unrecht gegenüber so zu verhalten, wie die Bibel es lehrt. Das Problem des Kindes ist nicht so sehr die Unsicherheit (wie man oft annimmt), sondern die Unfähigkeit, Schwierigkeiten auf richtige Art zu bewältigen.

Bei Jugendlichen ab etwa zwölf Jahren geht es nicht mehr darum, daß die Eltern in Zucht und Verantwortung das Leben des Kindes in Ordnung bringen, sondern darum, daß sie das Kind dazu anleiten, sein Leben in eigener Verantwortung zu ordnen. Natürlich ist dieser Wechsel der Verantwortung ein Prozeß, der viele Jahre vorher beginnen muß. Es muß die Sache des Heranwachsenden werden, ein zuchtvolles Leben zu führen. Er soll zu einem Menschen werden, der sein Leben selbst planvoll ordnet und unter Disziplin stellt, bevor er sein Zuhause verläßt.

Sobald nun der Jugendliche das Elternhaus verläßt und seine eigenen Entscheidungen trifft, übernimmt er die volle Verantwortung dafür. Die Zeit ist endgültig vorbei, in der er aufgrund der Entscheidungen handelte, die seine Eltern für ihn trafen. Er muß seine persönliche Verpflichtung Gott gegenüber erkennen. Er muß lernen, daß das

Wort: „Wenn du mich liebst, halte meine Gebote!" (Joh. 14, 15. 21) ihm persönlich gilt. Er muß eine verantwortliche Beziehung zu Gott und seinen Mitmenschen aufbauen, indem er Gottes Gebote hält. Er muß lernen, daß Gott von ihm verlangt, Gott und die Mitmenschen zu lieben. Nun ist es an der Zeit, kindisches Verhalten abzulegen und in reifer Liebe zu handeln (1. Kor. 13, 11). Jetzt müssen Kinder, die in einem christlichen Haus aufwachsen, gelehrt werden, sich Selbstbeherrschung aufzuerlegen.[47]

Es braucht viel Weisheit, Jugendlichen zu helfen, in die Selbstbeherrschung hineinzuwachsen. Situationen, die in einer Sache eine Entscheidung verlangen, in der der Jugendliche und seine Eltern verschiedener Ansicht sind, bieten eine ganz besondere Gelegenheit zum Wachstum. Wenn die fragliche Entscheidung ernstere Folgen haben könnte und der Jugendliche bisher wenig Gelegenheit hatte, Entscheidungen dieser Art selbst zu fällen, ist es nicht ratsam, ihm hier die ganze Verantwortung zu übergeben. Zieht die Angelegenheit aber kaum ernstere Konsequenzen nach sich (will der Jugendliche z. B. Kleider tragen, die die Eltern schockieren), ist es gut, wenn das Kind selbst die Verantwortung übernimmt.

Man muß sorgfältig vorgehen, wenn man das Kind lehrt, sein Leben selbst zu gestalten. Die Eltern sollten etwa folgendermaßen mit ihrem Kind sprechen: „Ich vertraue dir, daß du diese Angelegenheit selbst entscheidest. Aber du solltest Gott fragen und es auf verantwortliche Weise tun. Höre zuerst einmal, was ich als biblische Antwort auf diese Frage sehe. Meiner Ansicht nach hat die vorgeschlagene Handlungsweise diese und jene Folgen. Nimm dir nun genügend Zeit, um alles zu durchdenken und darüber zu beten, bevor du die endgültige Entscheidung triffst. (In wichtigen Angelegenheiten oder bei den ersten eigenen Entscheidungen kann der Vater vom Jugendlichen auch erwarten, daß er seine Beweggründe kurz niederschreibt.) Wenn du entschieden hast, werde ich nichts mehr dazu sagen; du wirst aber auch die Folgen selbst zu tragen haben."

Die Eltern sollten das Kind in diesem Alter dazu ermutigen, sich selbst zu prüfen. Der Jugendliche muß seine Maßstäbe und sein Verhalten im Lichte der Bibel überprüfen. Die Pubertät ist eine wichtige Zeit körperlicher und seelischer Anpassung. Es ist eine Zeit, in der ein

---

[47] *Egkrateia*, „Selbstbeherrschung", kommt oft in der Bibel vor. Vgl. u. a. Apg. 24, 25; Gal. 5, 23; 2. Petr. 1, 6.

Jugendlicher neue Verantwortung auf sich nimmt und sich zu seinem eigenen Lebensstil durchfindet. Er muß lernen, „nicht allein um des Zornes Gottes, sondern auch um des Gewissens willen" zu handeln (Röm. 13, 5; vgl. auch 1. Petr. 2, 19). Die Pubertät ist eine Zeit der Selbstfindung.

Wenn das Kind aus Hilflosigkeit und Abhängigkeit herauswächst, muß es lernen, für sein Leben persönliche Verantwortung zu übernehmen. Der Jugendliche ist in einem Zwischenstadium zwischen Kind und Erwachsenem. Er steht in einem seelischen und körperlichen Reifungsprozeß. Er soll lernen, „den Verlockungen der Jugend zu entfliehen und der Gerechtigkeit nachzujagen" (2. Tim. 2, 22).

Junge Menschen, die Christus nicht kennen, werden oft in den alten Gewohnheiten bleiben oder neue verkehrte Gewohnheiten annehmen.[48] Ohne den Maßstab der Bibel gibt es keine Alternative. Der junge Christ sollte die Verhaltensweisen bewahren, die ihm nach Gottes Wort beigebracht worden sind.[49] Er darf das Alte nicht zu schnell über Bord werfen. Er ist aber auch dafür verantwortlich, sein Leben dahin zu prüfen, ob all seine Gewohnheiten mit dem Worte Gottes übereinstimmen. Er darf nicht einfach annehmen, daß alles, was seine Eltern ihn gelehrt haben, biblisch sei, auch wenn die Eltern Christen sind.

Als junger Christ sollte er auch aus den Fehlern seiner Kindheit lernen können. Wenn er seine Lebensweise am Worte Gottes mißt, sollte er zum Entschluß kommen, ein besseres Leben als seine Eltern führen zu wollen, besser auch, als er es bisher unter Anleitung seiner Eltern geführt hatte. Aber er muß sich dabei klar sein, daß er nur dann eine Handlungsweise „besser" nennen darf, wenn dieses Urteil vor dem einen Maßstab, dem Wort Gottes, bestehen kann.

Jede junge Generation von Christen sollte sich auf die Erfahrungen der letzten Generation stützen. Die Kinder eines christlichen Elternhauses können ihr Leben mit einem Erbe beginnen. Sie brauchen nicht noch einmal ganz von vorn anzufangen, sondern sollten in vieler Hinsicht dort fortfahren, wo die Eltern aufgehört haben.

---

[48] Die für Jugendliche so charakteristische Rebellion ist nicht einfach eine „Phase", die alle Kinder einmal durchmachen müssen. Auflehnung gegen die Eltern ist Sünde. Es ist schwierig für einen jungen Christen, diesem Hang zu widerstehen, besonders in dieser Zeit, in der er Unabhängigkeit und persönliche Verantwortung zu erlernen hat. Aber mit Gottes Hilfe ist es möglich.

[49] Wir können hier der Frage nach der Bekehrung innerhalb der christlichen Familie nicht nachgehen.

Verhaltensregeln

Die meisten Schwierigkeiten in der Kindererziehung können dadurch gelöst werden, daß man eine Liste der für die Familie gültigen Grundsätze aufstellt. Diese Regeln müssen der Bibel entnommen und klar festgelegt sein. Gott hat den Eltern Autorität über ihre Kinder gegeben, die in Unterordnung unter die Bibel ausgeübt werden muß. Der Mann soll das Haupt der Familie sein, die Frau seine Hilfe, die sich ihm willig unterordnet. Kinder sollen ihre Eltern lieben, indem sie sie ehren und ihnen gehorchen.

Diese allgemeinen biblischen Grundsätze müssen jedoch auf einzelne Situationen hin ausgearbeitet werden, die sich im Umgang mit Kindern ergeben. Was soll man tun, wenn ein Kind lügt, den Eltern widerspricht oder nicht rechtzeitig nach Hause kommt? Als eine gute Methode, auf solche Fragen gerechte, konsequente Antworten zu geben, hat sich das Aufstellen einer Liste von Verhaltensregeln bewährt. Ein Blatt Papier wird in vier Spalten aufgeteilt und mit den folgenden Überschriften versehen:

„Vergehen“	Strafe	durch wen	wann

Jedes Feld dieser Liste wird dann ausgefüllt entsprechend den besonderen Schwierigkeiten in der Familie. Die Höhe der Strafe sollte dem Vergehen angemessen sein und, wenn möglich, auch direkt mit ihm in einem Zusammenhang stehen. Dazu ist es hilfreich, zwischen der Nichtausführung von Pflichten und offenem oder rebellischem Ungehorsam zu unterscheiden. Es ist am besten, produktive Strafen anzusetzen, solange dies möglich ist (einzelne Arbeiten, die nicht mit den normalen Pflichten identisch und strenger als diese sind).

Normale Hausarbeiten sollten nicht als Strafen gebraucht werden, weil die Eltern versuchen sollten, ihren Kindern Freude am Helfen in der Familie zu machen. Hausarbeiten können zum Beispiel einmal in der Woche so verteilt werden, daß man die Kinder Zettelchen ziehen läßt, auf denen die verschiedenen Arbeiten aufgeschrieben sind. Den Kindern Vorrechte zu entziehen oder ihnen gesunde Tätigkeiten zu verbieten (z. B. „Du darfst nächste Woche nicht draußen spielen!"), gehört zu den schlechten Strafen. Häufig werden durch solche Strafen die Eltern mehr gestraft als die Kinder. In der Regel wird die Strafe durch Vater oder Mutter kurz nach dem Vergehen ausgeführt. Es kann auch Fälle geben, wo man eine Strafe bis zur Heimkehr des Vaters aufschiebt, um den Ernst des Vergehens zu unterstreichen.

Nach kurzem Überlegen dürfte einem aufgehen, wie wichtig es ist, daß alle vier Spalten einer solchen Liste im voraus ausgefüllt werden: Wenn eine dieser Spalten vernachlässigt wird, kann das Verwirrung und Schwierigkeiten zur Folge haben. Die wichtigen Faktoren bei der Festlegung von Regeln sind: Klarheit, konsequente Durchführung, Regelmäßigkeit, Durchführbarkeit und Gerechtigkeit. Wenn man eine Liste von Verhaltensregeln aufstellt, haben sich die Eltern über die Einzelheiten zu einigen.

Dann wird die Liste den Kindern gezeigt und erklärt. Man gibt ihnen die Gelegenheit, Änderungen vorzuschlagen, wo sie der Ansicht sind, daß sie damit die Liste verbessern können. Bei jüngeren Kindern wird sich dieses Verhandeln hauptsächlich auf das Festsetzen der Strafen beschränken. Oft wird man erleben, daß schon kleine Kinder strengere und angemessenere Strafen vorschlagen.

Die Eltern haben kraft ihrer (von Gott übertragenen) Autorität den Vorschlägen gegenüber das Vetorecht. Der Seelsorger wird dann die Liste durchgehen und da und dort Verbesserungsvorschläge machen, wenn es nötig ist. Dann wird die Liste im Haus aufgehängt, wo alle sie sehen können, und von diesem Zeitpunkt an muß sie von Kindern und Eltern konsequent eingehalten werden. Wenn man die Disziplin auf eine solche Grundlage stellt, müssen die Eltern die Regeln genauso einhalten wie die Kinder.[50] Wenn Vater oder Mutter eine Regel übertreten, müssen sie um Vergebung bitten und die Sache in Ordnung bringen.

---

[50] Die Liste regelt nicht nur das Verhalten der Kinder, sondern auch das der Eltern. Auf der Liste steht zum Beispiel nichts von Anschreien. Wenn die Mutter zum energischen Klaps (der in der Liste vorgesehen ist) auch noch schreit, hat sie die Regel verletzt und muß sich beim Kind entschuldigen.

[51] Einzelheiten der Liste können neu überdacht und geändert werden, wenn man die ganze Familie über die Änderung informiert. Die Regeln auf der Familienliste müssen klar von Gottes Geboten unterschieden werden.

Eine solche Liste von Verhaltensregeln darf nicht wie eine heilige Schrift behandelt werden[51], vielmehr ist sie eine brauchbare Methode, um Gottes Gebot nachzuleben, „seinem Hause gut vorzustehen und seine Kinder zum Gehorsam anzuhalten mit aller Ehrbarkeit" (1. Tim. 3, 4). Eine Familie soll ordentlich geleitet werden. Dazu sind praktische Anweisungen nötig. Wenn Eltern und Kinder anfangen, sich an die Liste zu halten, wird oft in wenigen Wochen der ganze Haushalt wieder zur Ruhe kommen.

Wenn auch Kinder Strenge und die festgesetzten Strafen nicht mögen, so kennen sie dann wenigstens die Grenzen. Sie wissen genau, was geschehen wird, wenn sie eine Regel übertreten. Kinder schätzen es, wenn sie genau wissen, wo die Grenzen verlaufen. Zum großen Erstaunen der Eltern kommt es oft vor, daß Kinder sich für die Regeln begeistern.

Das Prinzip, das dieser Liste zugrunde liegt, ist biblisch: Gott offenbarte Adam seinen Willen und sagte ihm klar, welche Folgen der Ungehorsam haben werde. Als Adam sündigte, hielt sich Gott an seine Voraussage. „Sobald du davon ißt, mußt du sterben" (1. Mose 2, 17), hieß die Strafe oder Sanktion, die zum Verbot hinzukam. — Als die Israeliten sich in Kanaan niederließen, offenbarte Gott seinen Willen zusammen mit Segen oder Fluch, die dem Gehorsam oder Ungehorsam folgen würden. Und was er gesagt hatte, das führte er auch aus (5. Mose 27, 28).

Strafen, die man vorher bei ruhigem Überlegen festgesetzt hat, sind im allgemeinen gerechter und weiser als jene, die in der Hitze des Gefechts verhängt werden. Wenn die Kinder im voraus wissen, was die Strafe für ein Vergehen sein wird, und merken, daß die Eltern sich streng an die Regeln halten, werden sie lernen, sich innerhalb der gesetzten Grenzen zu bewegen.

Wenn die Strafe für dasselbe Vergehen immer wieder geändert wird, wird das Kind sehr bald verwirrt und entmutigt sein, weil es die Grenzen und Folgen seines Verhaltens nicht kennt. Solcher Strafe fehlt die Ordnung. Wenn ein Kind heute mit einem ernsten Vergehen straflos ausgeht und morgen eines kleineren Vergehens wegen geprügelt wird, wird es bald zum Schluß kommen, daß zu Hause Willkür herrscht. Da die Strenge der Strafe dem Vergehen nicht angemessen und unberechenbar ist, kommt das Kind zu dem Schluß, daß es auf dasselbe herauskomme, wenn es einfach tut, was ihm paßt.

Es gäbe noch viel zu einer solchen Liste zu sagen. Wir können hier nicht auf alles eingehen. Einen Punkt wollen wir aber noch unterstreichen. Es liegt zwar an den Eltern, die Regeln durchzusetzen. Doch sie müssen es immer wieder deutlich sagen, daß sie dies nur deshalb tun, weil sie die Autorität recht gebrauchen wollen, die Gott ihnen verliehen hat. Weil Gott ihnen als Eltern Rechte und Pflichten zugeteilt hat, müssen die Kinder lernen, daß jeder Ungehorsam den elterlichen Regeln gegenüber eine Verletzung der Gebote Gottes und eine Auflehnung gegen seine Autorität darstellt.

Wenn sie die Regeln der Familie übertreten, wenn sie den Eltern gegenüber Verachtung zeigen, wenn sie die Hausordnung mißachten, lehnen sie sich nicht nur gegen ihre Eltern auf, sondern es ist im Grunde eine Auflehnung gegen Gott, der gebietet: „Gehorcht euren Eltern im Herrn" (Eph. 6, 1). Deshalb ist es wichtig, daß Eltern ihren Kindern sagen, daß sie von Gott den Auftrag haben, im Hause die Disziplin aufrechtzuerhalten, auch wenn sie selbst die Liste der Verhaltensregeln (die gar nicht unfehlbar ist) zusammengestellt haben. Wenn Kinder ihren Eltern gehorchen, ehren sie Gott und bringen Frieden und Ordnung in ihre Familien. Aber auch die Eltern sollten immer wieder bedenken, daß sie Gott Gehorsam schulden, und ihre Kinder *zum Herrn* erziehen.

9. Grundsätze der nuthetischen Beratung

Anleitung zur Selbstzucht

Führt Seelsorge, die klaren Rat und eindeutige Weisungen gibt, zu Abhängigkeit? Diese Gefahr besteht zweifellos. Das Ziel der Seelsorge ist es aber, den Hilfesuchenden zur Selbstzucht zu führen.[1] Deshalb haben nuthetische Seelsorger Methoden entwickelt, die verhindern sollen, daß der Ratsuchende abhängig wird. Bevor wir diese näher betrachten, wollen wir uns kurz vergegenwärtigen, daß auch die Lehrer im Bereich der Kunst und des Sports mit Erfolg von Regeln und Ordnungen Gebrauch machen und klare Anweisungen geben. Der Musiklehrer gebraucht ganz ähnliche Methoden wie der Fußballtrainer, und es ist ebenfalls sein Ziel, seine Schüler zu Selbstdisziplin zu führen. Der Abschnitt im Hebräerbrief, den wir im vorhergehenden Kapitel besprochen haben, zeigt die Verwandtschaft zwischen einem sportlichen Training und einer Selbsterziehung in der Heiligung.

Eine öfter angewandte Methode zur Vermeidung eines Abhängigkeitsverhältnisses besteht darin, daß man den Ratsuchenden nach einiger Zeit sich selbst überläßt. Zu Beginn der Beratung übernimmt der Seelsorger die Führung und zeigt an einigen Problemen, wie sie gelöst werden können. Dies bewirkt zunächst zwei Dinge: Erstens bringt es dem Ratsuchenden sofort Erleichterung und führt zu einem Ausbrechen aus dem Teufelskreis der Niederlagen. Zweitens kann der Ratsuchende sehen, wie Probleme auf biblische Art gelöst werden können; denn der Seelsorger zeigt mit seinem Beispiel, wie die biblischen Grundsätze angewandt werden. Wenn der Ratsuchende so Erleichterung erfahren und gesehen hat, wie man Probleme löst, soll er die Lösung weiterer Probleme selbst in die Hand nehmen.

An diesem Übergangspunkt wird mit der Lösung eines Problems wie bisher im Sprechzimmer angefangen, aber diese wird absichtlich nicht

[1] Vgl. Philemon 14 und andere Stellen, die zeigen, wie wünschenswert der Übergang zur *Selbst*-Zucht ist.

zu Ende geführt. Der Hilfesuchende wird nach Hause geschickt mit dem Auftrag, die Arbeit weiterzuführen, bis er eine der Bibel gemäße Lösung gefunden hat. Dadurch kann er lernen, Gottes Wort auf seine Probleme anzuwenden.[2]

Es hat sich bewährt, von den Ratsuchenden eine ausführliche Liste ihrer Probleme anfertigen zu lassen. Ein oder zwei typische Probleme werden dann unter der Anleitung des Seelsorgers gelöst. Wenn es sich um Familien- oder Eheschwierigkeiten handelt, ist es sehr nützlich, wenn man diese Liste der Konflikte zu Hause anfertigen läßt.[3] Dies ist schon allein aus dem Grunde zu empfehlen, weil Menschen, die nicht mehr miteinander verkehrt haben, durch eine solche Aufgabe dazu geführt werden, die regelmäßige tägliche Kommunikation wieder aufzunehmen. Indem die Parteien sich darüber einig werden, wo die Konfliktgebiete liegen, beginnen sie zusammenzuarbeiten. Dies mag die erste gemeinsame Bemühung der Beteiligten sein, ihre Konflikte zu lösen. Schon allein das ist ein bedeutender Schritt vorwärts.

Sobald nun die Zusammenstellung vorliegt, stellt man eine Dringlichkeitsliste auf. Die Dringlichkeit kann bestimmt werden entsprechend (1) der Belastung, die das Problem darstellt, und (2) der Fähigkeit der Hilfesuchenden, das Problem im gegebenen Zeitpunkt lösen zu können. Mehrere Probleme werden dann im Sprechzimmer bearbeitet, mit dem Ziel, eine der biblischen Botschaft entsprechende Lösung herbeizuführen.

Während dieser Arbeit werden die Grundsätze des Gesprächs unter Christen gelehrt und durch Beispiel und Anleitung erklärt. Wenn einige ihrer Probleme wirklich gelöst werden, fassen die Ratsuchenden Mut, auch weitere Probleme nach biblischen Grundsätzen zu lösen. Die Hoffnung wächst dadurch oft sehr rasch. Die Lösungen werden im Sprechzimmer gefunden, wo man die Hilfesuchenden ermuntert, miteinander immer aktiver nach Lösungen zu suchen.

Wenn sie begonnen haben, im Sprechzimmer miteinander zu reden, wenn sie es verstehen, nach biblischen Lösungen Ausschau zu halten, gibt ihnen der Seelsorger die erste Aufgabe, die sie allein zu lösen haben. Sie haben ihren ersten „Alleinflug" zu bestehen. Die Liste

---

[2] Auch wenn es unmöglich ist, während der Seelsorge einen Kurs über Bibelauslegung zu geben, muß der Seelsorger sich als ein ernsthafter Ausleger des Wortes Gottes erweisen. Und er muß bereit sein, wenigstens elementare Anweisungen zum Bibelstudium zu geben, die natürlich je nach Wissen des Ratsuchenden verschieden aussehen werden.

[3] Auf diese Liste werden wir noch zurückkommen (S. 166).

der Probleme wird deshalb selten vom Seelsorger zu Ende behandelt werden. Normalerweise wäre dies nicht erwünscht. Die Ratsuchenden haben also den Auftrag, ein Problem, an dem in der Seelsorge schon gearbeitet wurde, noch vollends zur Lösung zu bringen, und man erwartet von ihnen, daß sie das nächste Mal die Resultate vorlegen (oft niedergeschrieben). In gewissen Fällen (z. B. bei großer Dringlichkeit) wird der Seelsorger um einen Anruf nach einigen Stunden bitten, wenn die Besprechung zu Hause beendet ist. Auf diese Art kann der nötige Druck ausgeübt werden, ohne den gewisse Menschen ihre „Hausaufgabe" nicht erfüllen würden.

In jeder Stunde gibt der Seelsorger dem Ratsuchenden genau umschriebene Probleme als Aufgaben mit nach Hause. Wenn immer möglich, schreibt er konkrete Vorschläge in ein Aufgabenheft (z. B.: „Bringen Sie das nächste Mal eine Einkaufsliste dieser Woche mit Bezeichnung und Preis des Gekauften mit!"). Wir verwenden ein kleines Heft mit dem Titel *Fortschritt im Problemlösen.* Es besteht aus sechs hellblauen und sechs gelben Seiten. Die blauen Seiten stellen die erste Hälfte der Beratung dar, in der man dem Ratsuchenden in der Regel hilft, aus den schlimmsten Problemen herauszukommen. Die gelben Seiten werden in der zweiten Periode gebraucht. Gelbe Seiten können vor der sechsten Woche, blaue auch nach diesem Termin hinzugefügt werden, um besonderen Fortschritt oder auch das Gegenteil anzuzeigen.

Das Hausaufgabenheft hat sich als höchst wertvoller Helfer erwiesen, indem es den Ratsuchenden Hoffnung gemacht und sie angespornt hat. Jede Woche werden Aufgaben zugeteilt. Fortschritt und Motivierung können von den Resultaten her beurteilt werden.[4] Die folgende Stunde beginnt normalerweise mit einer Besprechung der gestellten Aufgaben. Verwirrte, aufgeregte Leute *brauchen* geschriebene Anweisungen, sonst vergessen sie, was ihnen in der Seelsorge geraten wurde. Das Heft wird mit der Zeit ein persönlicher Leitfaden, den man in der Zukunft als Hilfe heranziehen kann. Der seelsorgerliche Rat muß nicht von einer Woche zur andern aufgefrischt werden, da das Hausaufgabenheft ein täglicher „Berater" wird, den man mit nach Hause nehmen kann.

Oft brauchen wir auch ein Schema zur Problemlösung (siehe S. 165). Dieses Blatt paßt in das Aufgabenheft (Schnellhefter oder Ringbuch),

---

[4] An diesem Punkt kann man dem Ratsuchenden erlauben, sich die Aufgaben selbst zu stellen.

in das auch andere Blätter eingefügt werden können. Auf dem Blatt kann festgehalten werden, wie man mit alten oder neuen Problemen, die während der Woche aufgetaucht sind, fertig geworden ist. Dies ermöglicht dem Seelsorger, das Gehörte einzuordnen, und es stellt eine Erinnerungshilfe zur Auswertung von Wachstum und Fortschritt dar. Der Seelsorger weiß, daß die Hilfesuchenden häufig dann aus der Seelsorge entlassen werden können, wenn sie anfangen, Probleme selbständig und aus eigener Initiative zu lösen. Häufig kann er diese Tatsache (und auch andere Informationen) diesem Blatt entnehmen.

Oft ist es nötig, den Hilfesuchenden genau zu zeigen, wie man etwas anpackt. Zunächst lehrt man sie, Ziele auf weite Sicht abzustecken, und dann die Nahziele zu formulieren. Als dritter Schritt wird die genaue Reihenfolge des Vorgehens festgelegt. Dann erst folgt als vierter Schritt die Ausführung des Geplanten. Die im Plan festgehaltenen Ziele wirken als Ansporn (es ist leichter, auf Nahziele hinzuarbeiten) und als Meilensteine (man kann leicht prüfen, ob die Ziele erreicht werden oder nicht).

Problemlösung

Was geschah?	Was tat ich?	Was hätte ich tun sollen?	Was muß ich jetzt tun?
Problem (bitte beschreiben)	Meine Antwort (beschreiben)	Von der Bibel aufgezeigte Antwort (Nennen und erklären Sie die in Frage kommenden Stellen)	Zeigen Sie, was Sie nun tun können, um die Dinge wieder in Ordnung zu bringen.

Auswertung und Kommentare:

Wenn die Nahziele zur geplanten Zeit oder früher erreicht werden, faßt der Ratsuchende Hoffnung. Wenn er im Plan zurückfällt, kann er zu neuer Anstrengung angespornt werden, bevor der Anschluß ganz verpaßt wird. Die doppelte Frage heißt: Werden die Ziele erreicht? und: Werden sie nach Plan erreicht? Man muß den Menschen helfen beim Abschätzen, wieweit die Ziele realistisch sind.

Viele Dinge, von denen man oft (zu Unrecht) meint, sie seien selbstverständlich, müssen genau erklärt werden. Wenn der Seelsorger z. B. Kinder lehrt, wie sie ihren Eltern gehorchen sollen, kann er folgende

Punkte erwähnen: 1. Hör aufmerksam auf alle Anweisungen! 2. Bitte um Erklärungen oder um ein Beispiel! 3. Tu das Verlangte, sobald du kannst, schieb's nicht auf!
Ein guter Rat, der hier dazu gehört, ist: „Immer, wenn du dich entscheidest, etwas zu tun, setze den Zeitpunkt fest, wann du es tun willst" (d. h. lege zumindest den Zeitpunkt des ersten Schrittes fest und einen provisorischen Zeitpunkt, wann du damit fertig sein willst). Abrahams Beispiel illustriert in lebendiger Art Punkt drei. Als Gott ihm aufgetragen hatte, die unbequemste Pflicht seines Lebens auszuführen, seinen Sohn Isaak zu opfern, „stand Abraham früh am Morgen auf ..." (1. Mose 22, 3). Er schob es nicht auf.

Fortschritte festhalten

Es hat sich bewährt, Resultate und Lösungen aufzeichnen zu lassen. Wenn einer seine Gedanken niederschreibt, ist er genötigt, sich deutlich auszudrücken. Menschen, die die Lösung eines Konflikts niederschreiben müssen, werden spätestens dann merken, ob sie wirklich eine beiderseitige Einigung erreicht haben.
Vorschläge in schriftlicher Form sind ein deutliches Zeichen dafür, daß darüber gesprochen wurde. Und Lösungen, die auf dem Papier stehen, werden später nicht so leicht mißverstanden. Dazu kommt, daß keine Seite von einem geschriebenen Übereinkommen sagen kann, sie habe es nicht gekannt.[5] Auch können konkrete Ergebnisse wieder gelesen und neu überdacht werden. Wenn ein Neuüberdenken Zusätze oder Änderungen notwendig machen sollte, weiß man, wo man neu einsetzen kann, und man muß nicht noch einmal ganz von vorn anfangen. Früher Geschriebenes wieder durchzugehen, ist eine gute Methode, um zu neuen Ideen zu kommen.
Das Aufschreiben ist besonders für Hilfesuchende wichtig, die ein ungeordnetes Leben führen, weil allein schon das Schreiben zu einer gewissen Ordnung zwingt. Dies sind ein paar Gründe dafür, daß man in der Seelsorge häufig schriftliche Aufzeichnungen verlangen sollte. Das Hausaufgabenheft, in das man die Aufzeichnungen des Hilfesuchenden sowie die Aufgaben des Seelsorgers einfügen kann, wird so ein brauchbares und wertvolles Dokument.

---

[5] Die Struktur des Gottesbundes mit Israel deutet das an. Die beschriebenen Tafeln des Bundes dienten diesem Zweck.

Verallgemeinerungen

Seelsorge, die Rat und Weisung erteilt, neigt oft zu bloßer Verallgemeinerung. Das finden wir in der Bibel jedoch nirgends.[6] Allgemeingültige Aussagen sollten aus der Arbeit an spezifischen Problemen erwachsen. Wenn der Ratsuchende sich nicht zuerst mit ganz bestimmten Problemen abgibt, wird er kaum je zu Lösungen kommen. Ein Student zeigte auf, daß der Durchbruch in seinem Seelsorgestudium dann kam, als er erkannte, wie wichtig es ist, zuerst die spezifischen Probleme zu lösen und dann erst diese Lösungen zur Illustration der allgemeinen Grundsätze zu gebrauchen, die der Ratsuchende für die Zukunft lernen muß.

Wenn praktische Einzelprobleme gemeistert werden, entsteht neue Hoffnung. Leute sehen, daß sie wenigstens in einem Falle fähig waren, das Problem einer biblischen Lösung zuzuführen. Daran wächst die Hoffnung, daß andere Schwierigkeiten auf ähnliche Weise überwunden werden können. Immer mehr Probleme werden dann in Zukunft mit der Bibel gelöst. Dazu kommt, daß die Lösung einiger konkreter Probleme den Ratsuchenden immer besser in die Lage versetzt, auch andere Probleme anzugehen, weil die Last der Schuld und der Druck einzelner Schwierigkeiten schon entfernt wurden. Die Menschen lernen die Grundsätze zur Lösung neuer Probleme am besten, wenn sie bestehende praktische Probleme schon gelöst haben.

Eins nach dem andern

Manchmal sollte sich der Seelsorger zu Beginn der Seelsorge das Bild eines Eisbergs in Erinnerung rufen.[7] Vielleicht liegen sechs Siebtel der Probleme des Ratsuchenden (und deshalb oft die entscheidendsten) am

---

[6] Eine der erstaunlichsten Tatsachen, auf die man in der gesamten Bibel stößt, ist, daß auch die tiefgründigsten Lehren in einem engen Zusammenhang stehen mit dem Leben. Die wichtige christologische Stelle in Phil. 2, 5—11 erscheint im Kontext der Ermahnung zur Einheit gegenüber einer geteilten Gemeinde. Die Gesinnung Christi wird hier als Beispiel hingestellt. Jesus war sein Volk wichtiger als sein eigenes Wohlergehen. Paulus ruft die Philipper auf, Christus nachzueifern und zuerst um andere besorgt zu sein.

[7] Im Verlauf der Seelsorge wird in der Regel die Gesamtstruktur des Lebens eines Ratsuchenden untersucht werden. Doch am Anfang ist es ratsam, sich auf jene Gebiete zu konzentrieren, wo nach Ansicht des Ratsuchenden das schwierigste Problem liegt.

Anfang noch „unter Wasser". Es kommt bei uns allerdings nicht selten vor, daß der nuthetische Seelsorger schon in der ersten oder zweiten Unterredung das ganze Problem sehen kann, teilweise aufgrund des Fragebogens mit persönlicher Information[8], welcher ausgearbeitet wurde, um rasch zur Wurzel des Problems vorzustoßen.

Das *präsentierte Problem* ist vielleicht nur eine komplizierende Schwierigkeit, die dem *Leistungsproblem* und dem *ursächlichen Problem* entstammt.[9] Dennoch darf das präsentierte Problem nicht ignoriert werden, wie manchmal vorgeschlagen wird. Diejenigen, die dieser Meinung sind, nehmen meistens an, der Ratsuchende habe kaum eine Ahnung von seinem eigentlichen Problem. In einigen Fällen ist es sicher wahr, daß er nicht fähig ist, hinter die Symptome zu schauen; aber es kommt doch sehr häufig vor, daß der Hilfesuchende schon in den Anfängen einer nuthetischen Unterredung ein echtes Problem (noch häufiger mehrere) erwähnt, vor allem dann, wenn er dazu ermutigt wird, sich nicht auf Gefühle (Symptome), sondern auf Verhalten zu konzentrieren.

---

[8] Vgl. Anhang, Seite 225 ff. Der Fragebogen wird normalerweise vor oder während der ersten Unterredung ausgefüllt.

[9] Wir haben (S. 125) zwischen drei Schichten von Problemen unterschieden, und es mag gut sein, dies hier noch einmal knapp zusammenzufassen:

1. Das erste Problem, das dem Seelsorger anvertraut wird, nennen wir das *präsentierte Problem*. Es gibt Antwort auf die Frage: „Warum sind Sie hier?" und besteht meistens in der Angabe von Symptomen, wie etwa: „Ich habe Depressionen."

2. *Leistungsproblem* nennt man die spezifische Ursache oder die auslösenden Faktoren, die der momentanen Schwäche zugrunde liegen. Nicht selten wird das Leistungsproblem schon bald am Anfang der Seelsorge genannt. Manchmal wird das Leistungsproblem gerade zuerst genannt und fällt dann mit dem präsentierten Problem zusammen. („Ich habe Rauschgift genommen und bin süchtig.") Wenn das der Fall ist, ist der Ratsuchende oft verzweifelt und am Ende seiner Kraft. Er verteidigt sich nicht mehr.

3. Das *ursächliche Problem* ist die schon lange bestehende, zugrundeliegende Gewohnheit, auf eine Weise zu reagieren, die nicht biblisch ist und welche oft bis in die Kindheit zurückreicht. Das Leistungsproblem ist nur ein spezifischer Ausdruck dieser allgemeinen Gewohnheit, falsch zu reagieren.

Hinter allen drei Problemen liegt natürlich die sündhafte Natur, mit der der Mensch zur Welt kommt, das „Herz", aus dem alles andere hervorgeht (Mark. 14, 21 ff.). Gute Seelsorge versucht nicht nur das präsentierte oder das Leistungsproblem zu lösen, sondern auch alle ursächlichen, unbiblischen Verhaltensweisen zu brechen und durch schriftgemäßes Verhalten zu ersetzen. Heiligung in diesem Sinne ist „Ausziehen" des alten und „Anziehen" des neuen Menschen (Eph. 4, 22—24).

Das präsentierte Problem ist häufig nur eine Folgeerscheinung und damit ein sekundäres Problem, dennoch ist es in der Regel eine echte Schwierigkeit, die deshalb ernst genommen werden muß. Wenn der Seelsorger dem Ratsuchenden hilft, dieses Problem zu lösen, dann bedeutet das nicht, daß er sich dadurch hat ablenken lassen. (Sofern er weiß, was er tut!) Im Gegenteil, er wird dem Hilfesuchenden zu verstehen geben, daß er auch andere Probleme angehen werde, daß er aber nur mit dem arbeiten könne, was vorliege, und daß er alles, was ihm gesagt werde, ernst nehme. Er wird etwa folgendes sagen: „Erst wenn Sie mir die nötigen Fakten vorlegen, werde ich Ihnen auch zeigen können, was die Bibel zu dieser Situation sagt."

Eine erfolgreiche Überwindung des präsentierten Problems ermutigt und gibt Hoffnung, und in der Regel werden dann neue Fakten von größerer Wichtigkeit genannt werden. Manchmal will ein Ratsuchender den Seelsorger prüfen, ob dieser sich für ihn interessiert, ob er fähig ist, Bedürfnissen zu begegnen, und wie er dies tut. Und so präsentiert er zunächst sekundäre Probleme. Wenn er nun darin ernst genommen wird, wird er sich auch in wesentlicheren Angelegenheiten dem Seelsorger öffnen.

Sekundäre (oder komplizierende) Probleme sind normalerweise kleiner und einfacher und deshalb am Anfang leichter zu lösen. Dazu gehören zum Beispiel Depressionen, die dann dazu führen, daß das Bügeln oder die Hausreinigung nicht mehr gemacht werden. Die Lösung einfacherer Probleme, denen schon zu Beginn Beachtung geschenkt wird (ohne daß die Arbeit an schwierigeren Dingen vernachlässigt wird), schafft Hoffnung. Dazu kommt, daß jedes Problem (ganz gleich, wie klein oder groß es ist) zum Ausbrechen aus dem Teufelskreis gebraucht werden kann, der zu diesen sekundären oder komplizierenden Problemen geführt hat.

Jedes präsentierte Problem verlangt eine Besprechung von Leistungsproblemen, weil diese dem ersteren zugrunde liegen. Eine Diskussion über das präsentierte Problem kann also der erste Schritt zu einer tieferschürfenden Untersuchung sein.[10] Die Lösung sekundärer Pro-

[10] Größere Probleme (besonders ursächliche Handlungsweisen) können zum Vorschein kommen oder sogar geklärt werden bei der Bearbeitung von kleineren Problemen. Es ist für Seelsorger nicht ratsam zu warten, bis alle relevanten Informationen hervorgeholt sind, bevor an die Lösung der Probleme herangegangen wird. Wer hat denn schon alle Informationen außer Gott? Aber wenn man (von der ersten Unterredung an) Aufgaben gibt, die sich auf die entsprechenden zugänglichen Informationen stützen, werden Gewohnhei-

bleme entlastet einen Menschen oft so, daß er jetzt auch die Hauptprobleme erfolgreich angehen kann. Zudem ist es auch viel einfacher, Grundsätzliches zur Problembewältigung an einfachen Problemen (mit einfachen Lösungen) zu erklären.
Es ist also nicht nötig, daß ein Hilfesuchender die letzten Tiefen seiner Probleme ausgelotet hat, bevor ihm Erleichterung zuteil wird. Die Probleme werden einzeln aufgegriffen, auch wenn in der Regel mehrere gleichzeitig auftauchen.
Das „Eis über der Wasseroberfläche" ist Gegenstand der Seelsorge. Während der Seelsorger vom sichtbaren Teil des Eisberges abträgt, wird mehr und mehr davon an die Oberfläche kommen, bis er schließlich ganz abgetragen ist. Ja, indem nuthetische Seelsorger zuerst auch kleineren Problemen Beachtung schenken (während sie den Ratsuchenden versichern, daß nach und nach alle auftauchenden Probleme von Bedeutung besprochen werden), können sie viel rascher zu den Hauptproblemen vorstoßen als mit anderen Methoden.

Wenn der Seelsorger von Anfang an schon in kleineren Angelegenheiten Hilfe gewähren kann, brauchen die Hilfesuchenden nicht die entmutigende Wartezeit von Wochen, Monaten oder gar Jahren zu ertragen, bis alles restlos „ausgepackt" ist, bevor man an eine Lösung der Probleme denken kann. Eine derartige Entmutigung wirkt sich negativ auf den Erfolg aus und wird selbst wieder zur Ursache neuer Probleme. Unproduktive Wartezeiten lassen die Meinung aufkommen, in den Unterredungen sei keine Hilfe zu holen, was man nur schwer rückgängig machen kann.
Baldige Lösungen (auch kleinerer Probleme) werden zu Beispielen für erfolgreiche Lösungen, die großen Einfluß haben und sich so auswir-

---

ten und tiefere Probleme schnell an die Oberfläche kommen. Sie zeigen sich auch schon darin, wie die Aufgaben gelöst werden.
Eine Untersuchung dieser Gewohnheiten ist oft wertvoller als die Analyse des Ratsuchenden, weil der Seelsorger direkt beobachten kann, wie der Betreffende auf Aufgaben reagiert, die von ihm eine biblische Art der Problemlösung verlangen. Wenn man sich konkreter Probleme annimmt, dann werden dadurch nicht nur die tieferliegenden bloßgelegt; vielmehr beginnt man gleichzeitig, sie zu lösen. Jemand mag Schwierigkeiten haben, ein objektives Urteil über sich selbst abzugeben oder Einzelheiten zu einem Problem mitzuteilen. Wer mit kleinen Dingen beginnt, kann sich auf den Grundsatz in Luk. 16, 10 stützen: „Wer im Kleinsten treu ist, der ist auch im Großen treu ..." Wer andere Menschen zur Treue Gott gegenüber anleiten will, muß sie lehren, im Kleinsten treu zu sein.

ken, daß man den Hilfesuchenden bald aus der Seelsorge entlassen kann. (Vgl. Spr. 13, 12: „Hingehaltene Hoffnung macht das Herz krank, ein erfüllter Wunsch aber ist ein Baum des Lebens.“)
Nichts in der Bibel deutet darauf hin, daß man auf Änderungen warten müsse. Überall finden wir, daß eine sofortige, wenn auch unvollständige, Änderung möglich ist. In jeder Unterredung kann der Seelsorger dem Ratsuchenden zusprechen, daß Gott die Dinge noch heute ändern kann. Die Wahrheit kann man erfahren, wenn man sich von Anfang an auf biblische Lösungen konzentriert.

Team-Seelsorge

In diesem Buch wird Seelsorge durchgängig als Teamarbeit aufgefaßt. Für nuthetische Seelsorger hat sich Team-Seelsorge bewährt.
Warum Team-Seelsorge? In der Bibel wird die Teamarbeit durchweg als wirkungsvolle Methode dargestellt. Jesus arbeitete mit Jüngern. Paulus arbeitete und reiste mit einem Team. Jesus sandte die Siebzig zu zweien aus.[11] Der Prediger sagt, daß zwei besser daran seien als nur einer, denn wenn einer falle, könne der andere ihm aufhelfen; und eine dreifache Schnur werde nicht so leicht zerrissen (Pred. 4, 9—12).
Dieser Gedanke der gegenseitigen Hilfe ist grundlegend für die Team-Seelsorge. Während einer vom Team spricht, kann der andere beobachten und weiterdenken. Wieder ein anderer kann sorgfältige Notizen machen.[12] Er kann Bibelstellen nachschlagen und sich überlegen, wie die Unterredung sich fortsetzen könnte. Er kann etwas suchen, ohne daß das Gespräch unterbrochen wird, oder er kann Auf-

---

[11] Die Anzahl von Seelsorgern, die bei einer Unterredung dabei sind, kann verschieden groß sein. Die Erfahrung hat gezeigt, daß mehr als vier hinderlich sind. Zwei oder drei scheint die ideale Anzahl für ein Seelsorge-Team zu sein. Das Herbeirufen der *Ältesten* in Jak. 5, 14 deutet ebenfalls auf Teamarbeit hin.
[12] Es gibt Seelsorger, die dagegen sind, daß man während der Unterredung Notizen macht. Für den nuthetischen Berater sind Notizen jedoch sehr wertvoll, kann er doch Aussagen wieder zitieren, Prioritäten ablesen, Dinge für später vormerken usw. Die Ratsuchenden lernen diese Sorgfalt bei der Informationsaufnahme schätzen. Berichte, die erst nach der Unterredung aufgeschrieben wurden, sind zu subjektiv und lassen zu viel Wichtiges aus. Das Notieren ist ein wertvolles Hilfsmittel, wenn man rechten Gebrauch davon macht.

gaben im Heft des Ratsuchenden notieren. Wenn mehrere Seelsorger zugegen waren, kann die Unterredung nachher sinnvoll durchgesprochen werden.

War hingegen nur ein Seelsorger anwesend, dann wird eine spätere „Fall-Besprechung“ darunter leiden, daß alle Informationen aus seiner begrenzten Sicht stammen. Es besteht dann keine Möglichkeit herauszufinden, ob er auf etwas Nebensächliches abgeglitten ist, ob er wichtige Tatsachen übersehen oder im Gespräch eine falsche Richtung eingeschlagen hat.[13] Jede folgende Diskussion ist dann auf diese einzige Quelle angewiesen.

Sinnvolle und fruchtbare nachträgliche Besprechungen sind möglich, wenn zwei oder drei Seelsorger ihre Notizen vergleichen können. Dies ist auch für die Seelsorger selbst von großem Wert. Sie können Lücken in ihren Beobachtungen füllen und ihre Arbeit auswerten. Seelsorger, die allein arbeiten, erkennen oft ihre eigenen Fehler nicht. Weil solche Fehler weder aufgezeichnet noch besprochen werden, werden sie häufig wiederholt, bis sie zur Gewohnheit geworden sind. Wenn Seelsorger sich aber weiterentwickeln wollen, müssen sie ihre eigenen Fehler kennenlernen. Sie haben es nötig, die Ansichten anderer über ihre Seelsorgetätigkeit zu hören. Damit eine optimale Auswertung zustande kommt, muß natürlich eine offene nuthetische Beziehung zwischen den Seelsorgern bestehen.

Team-Seelsorge hat noch weitere Vorteile. Die Gegenwart eines Zeugen, der alles mit anhört, bietet Schutz, besonders auch da, wo es um die Besprechung sexueller Schwierigkeiten geht. Team-Seelsorge verhindert größtenteils die provozierenden Gespräche und Handlungen, die ins Repertoire gewisser Frauen gehören.

Seelsorge ist eine harte, ermüdende Arbeit, in der man allein rasch erlahmen kann. Die Ermutigungen, die durch die Team-Seelsorge kommen, helfen einem, auch unter schwierigen Umständen weiterzumachen.

Von unschätzbarem Wert bei der Team-Seelsorge ist die Möglichkeit, andere in wirklichen Seelsorgesituationen auszubilden.[14]

---

[13] Man kann natürlich auch Tonbandaufnahmen machen. Aber Untersuchungen haben gezeigt, daß das Mikrophon viele Seelsorger stark behindert, weil sie dazu neigen, ein wenig „Theater zu spielen“, wenn sie wissen, daß ihre Worte aufgezeichnet werden. Das Tonband kann auch Gesichtsausdrücke, Gesten und Körperbewegungen nicht aufzeichnen, die in einem guten Gespräch und besonders in der Seelsorge so wesentlich sind.

[14] Wir bilden auf diese Art Pfarrer und Theologiestudenten aus, indem wir sie als „mitarbeitende Beobachter“ an der Seelsorge teilnehmen lassen. Ich

Es gibt auch Nachteile. Team-Seelsorge bedeutet, daß zwei oder mehr Berater bei jeder Unterredung dabeisein müssen. Dieser Zeitaufwand wird dadurch wieder etwas ausgeglichen, daß nuthetische Beratung rasch Resultate zeigt, so daß eine größere Zahl von Menschen Hilfe finden kann.

Eine Voraussetzung für ein nuthetisches Seelsorgeteam besteht darin, daß die Mitglieder fähig sind, ihre gegenseitigen Verschiedenheiten zu verarbeiten. Sie lernen bald, abwechslungsweise zu arbeiten, damit ein Gedankengang, der von einem angefangen wurde, nicht vom nächsten unterbrochen wird. Damit die Absichten des einen nicht vom anderen durchkreuzt werden, kann man einander mit einer Geste andeuten, daß man seinen Gedankengang beendet hat. Oder man kann auch direkt seinen Kollegen um dessen Meinung bitten. Wenn die Seelsorger jedoch nicht in gegenseitiger Übereinstimmung als Team zusammenarbeiten, wird das Ergebnis Verwirrung sein.

Es ist wichtig, daß einer jeweils die Leitung und Verantwortung übernimmt. Wenn er einmal bei einer Unterredung nicht dabeisein kann, kann ein anderer aus dem Team, der von Anfang an dabei war, sofort einspringen. Damit kann vermieden werden, daß Unterredungen an entscheidenden Punkten ausfallen. Es kann auch vorkommen, daß ein Fall einem anderen aus dem Team übergeben werden sollte.

Wenn ein Seelsorger keine Fortschritte erzielt, sollte er ehrlich genug sein, dies zuzugeben und seinen Fall einem anderen überlassen, der vielleicht mehr erreichen kann.

Der Gemeindepfarrer in einem Seelsorge-Team[15]

Manchmal ist es ratsam, in der Seelsorge den Pfarrer des Ratsuchenden beizuziehen.[16] Das empfiehlt sich vor allem gegen Ende der Beratung. Statt dem Ratsuchenden Ratschläge für die Zukunft mit-

---

hoffe, darüber später einmal mehr zu veröffentlichen. Diese Art der Ausbildung kommt der Jüngerschaft (oder „Lehre") nahe, die Jesus anwandte.

[15] Pfarrer von zwei oder drei Nachbargemeinden haben die Möglichkeit, zusammen ein Seelsorgeteam zu bilden und dadurch in den Genuß der Vorteile dieser Methode zu kommen. Dies ist wahrscheinlich eine der besten Arten, mit nuthetischer Seelsorge anzufangen. Es ist vielleicht ratsam, auch verschiedene „Älteste" (Kirchenvorsteher) als Team-Seelsorger bei den Unterredungen dabeizuhaben (vgl. Jak. 5, 14 f.).

[16] Hier ist an eine Situation gedacht, wo der Ratsuchende nicht seinen eigenen Pfarrer, sondern einen anderen Seelsorger aufgesucht hat. Wenn der Ratsuchende Christ ist, wird er auch einer Gemeinde angehören, deren Pfar-

zugeben, wird am Schluß der Beratung eine Unterredung mit dem Pfarrer des Ratsuchenden eingeschoben. Der Hilfesuchende selbst faßt in Gegenwart seines Pfarrers zusammen, was bisher geschehen ist: Wie sein Problem zu Beginn der Beratung aussah, welche Lösungen erarbeitet, welche Abmachungen getroffen wurden, was er gelernt hat und was noch zu tun bleibt. Dies geschieht unter der Leitung des Beraters, der wenn nötig noch Ergänzungen anbringt. Der Pfarrer soll einen Einblick gewinnen in das ursprüngliche Problem, in das, was durch die Beratung erreicht wurde, und er soll die jetzige Situation des Ratsuchenden kennenlernen.

Für den Seelsorger ist es auch wünschenswert, den Hilfesuchenden an den Pfarrer zu verweisen, wenn besondere theologische Fragen einer Antwort bedürfen oder wenn sich andere Schwierigkeiten zeigen, die vom Gemeindepfarrer besser bearbeitet werden können als von einem außenstehenden Berater. Dies trifft beispielsweise zu bei Schwierigkeiten, die der Ratsuchende mit seiner Gemeinde hat. Besonders wichtig ist die Heranziehung des Pfarrers, wenn Gemeindezucht[17] geübt werden muß.

Wenn ein Mensch seiner Sünde überführt wurde und erkennt, daß er einzelnen Gliedern oder den Vorstehern in seiner Gemeinde bekennen und seine Sünde gutmachen muß, ist es angebracht, den Gemeindepfarrer hinzuzuziehen. Wenn dies aus irgendeinem Grund nicht möglich ist, kann der Ratsuchende selbst den Pfarrer informieren. In diesem Fall sollte man ihm kurze, klare Anweisungen geben, damit er keine wichtigen Punkte vergißt. Es ist aber in der Regel besser, den Pfarrer mit einzuschalten, weil dadurch eine Brücke von der jetzigen Seelsorgesituation zur zukünftigen Seelsorge (oder Gemeindezucht) der Kirche geschlagen wird. Es ist auch gut, wenn der Berater von seinem Standpunkt aus dem Pfarrer zeigen kann, was unternommen wurde. Eine Übergangsunterredung erlaubt Berater und Ratsuchenden, den ganzen Fall von beiden Seiten her darzustellen.

Sehr unklug ist es, dem Pfarrer privat Informationen über den Ratsuchenden zukommen zu lassen. Jede Information soll in der Gegen-

---

rer (Prediger) hier gemeint ist (Anm. d. Übers.). Wenn man mit der Erscheinung der Übertragung (siehe S. 87 f.) arbeitet, ist es natürlich unmöglich, eine weitere Person hinzuzuziehen oder überhaupt als Team zu arbeiten. Team-Seelsorge allein schiebt dem Übel der Übertragung einen Riegel vor.

[17] Die von den meisten heutigen Kirchen zu Unrecht vernachlässigte Erfüllung des Auftrags Jesu in Matth. 18, 15—18 (Anm. d. Übers.).

wart des Betroffenen weitergegeben werden. Befreiende Seelsorge leitet Menschen dazu an, anderen gegenüber offen und ehrlich zu sein Der Seelsorger soll hier denen, die zu ihm kommen, ein Vorbild sein indem er keine Information hinter ihrem Rücken weitergibt und nichts geheimhält, was sie direkt betrifft.

Wenn etwas weitergesagt werden muß, soll es in der Gegenwart des Ratsuchenden geschehen. Dann wird es später keinen Verdacht, keine Fragen oder Schwierigkeiten geben, die Heimlichtuerei immer mit sich bringt. Selbstverständlich muß der Ratsuchende zu einer solchen Unterredung mit Drittpersonen zuerst seine Zustimmung geben.

Wortlose Verständigung

Seelsorger müssen lernen, Gesichtsausdrücke, Gesten und Körperbewegungen zu lesen, wie Paulus es konnte: „In Lystra war ein Mann, ohne Kraft in den Füßen, lahm vom Mutterleib an, der nie hatte gehen können. Dieser hörte Paulus reden; und als der ihn anblickte und *sah, daß er den Glauben hatte,* er könne gesund werden, sprach er mit lauter Stimme: Stelle dich aufrecht auf deine Füße!" (Apg. 14, 8—9.) Paulus war ein guter Beobachter. Inmitten einer Volksmenge konnte er erkennen, daß da einer den Glauben hatte, er könne gesund werden. Paulus *sah,* daß er Glauben hatte.

Es gibt Ratsuchende, denen es ein guter Seelsorger ansieht, daß der Zeitpunkt gekommen ist, eine Entscheidung zu fällen oder etwas zu unternehmen. Manchmal deutet das ganze Verhalten eines Menschen darauf hin. Vielleicht gibt aber nur eine Einzelheit im Benehmen einen Anhaltspunkt (z. B. können Stirnrunzeln oder Zögern auf eine Bereitschaft zur Entscheidung hinweisen). Wenn der Seelsorger dies bemerkt, sollte er wie Paulus dazu auffordern, den nächsten Schritt im Glauben zu wagen.

Manchmal sind Menschen gerade dann bereit zu tun, was Gott von ihnen verlangt, wenn sie am leidenschaftlichsten opponieren. In der Seelsorge verhalten sie sich nicht selten ganz ähnlich wie beim Kauf eines Wagens. Ein guter Verkäufer merkt, wann der Kunde zum Kauf bereit ist. Der Kunde traktiert dann die Reifen mit Fußtritten oder benimmt sich sonst merkwürdig. Er fängt an, Fragen zu stellen, die mit dem eigentlichen Kauf nichts zu tun haben. Vielleicht zeigt er sich sogar dem Kauf sehr ungewogen. Irgendwie meint er einen Widerstand inszenieren zu müssen, bevor er „aufgibt".

Das kann man auch in der Seelsorge beobachten. Frau E. behauptete, daß sie sich unter keinen Umständen mit ihrer Schwiegermutter aussöhnen werde, obschon sie zugab, daß sie den inneren Groll, den sie seit langem gegen sie hegte, ihr eingestehen sollte. Sie war eine Christin und gab zu, daß Gott das von ihr verlangte; aber sie weigerte sich hartnäckig. Ihre letzten Worte beim Gehen waren: „Ich werde es nie tun!" Am nächsten Abend telephonierte sie ihrem Seelsorger und sagte triumphierend: „Ich hab's getan!"

Auch Fräulein S. zeigte sich sehr widerspenstig und sagte, sie werde nie in ihre Kirche zurückkehren, die ganze Seelsorge sei nutzlos gewesen und sie habe keinerlei Fortschritte gemacht. Der Seelsorger merkte, daß sie mit ihren Worten und ihrem Gehabe eine gewisse Ähnlichkeit zu jemandem hatte, der Reifen mit Fußtritten traktiert. Da sagte er zu ihr: „Mir scheint, daß Sie nicht mehr viele Argumente haben, um dem Wort Gottes zu widerstehen. Sind Sie eigentlich nicht schon bereit, ja zu sagen zu dem, was Gott von Ihnen will? Gehen Sie jetzt zurück in Ihre Kirche, stellen Sie sich diesen Leuten, und bringen Sie die Dinge in Ordnung!" Ihre Antwort: „Also gut!" Und sie hat es auch getan.[18]

Es ist wohl nicht nötig, noch andere Methoden aufzuzeigen. Die erwähnten geben deutlich die allgemeine Richtung an, die die nuthetische Seelsorge einschlägt, wenn sie auf biblischen Voraussetzungen aufbaut und mit diesen in Übereinstimmung sein will. Die Methode ist ebensowenig neutral wie die Grundsätze es sind. Die beiden hängen so direkt voneinander ab, daß sie nicht getrennt werden können. Ja, es gibt mehr Auseinandersetzungen verschiedenster Art über das *Wie* als über das *Was*.

In der Regel ist es nicht schwierig, sich auf edle Ziele zu einigen. Streit gibt es, wenn man sich fragt, wie man sie erreicht. Deshalb brauchen wir dringend neue Wege und Mittel, die von nuthetischen Grundsätzen her entwickelt sind. Dies ist eines der fruchtbarsten Gebiete zum Weiterforschen.

---

18 Manchmal hat die direkte Frage die stärkste Wirkung auf Ratsuchende: „Wozu hat denn Ihr jetziges sündiges Verhalten (oder Ihre sündige Haltung) geführt?"

10. Kommunikation und Gruppenseelsorge

Kommunikationsschwierigkeiten

Soziologen, Politiker, Eheberater und andere stimmen heute in einem überein: in ihrer Forderung nach echter Kommunikation. Nachrichtensatelliten umkreisen die Erde, Fernschreiber rattern, und selbst die ärmsten Familien nehmen durch Transistorempfänger und Fernsehapparate am Weltgeschehen teil. Auf jedem Gebiet werden heute mehr Bücher veröffentlicht als selbst der Spezialist lesen kann, und Experten diskutieren über das Problem der Kommunikationsübersättigung.[1]

Die wichtigste Kommunikation aber, nämlich die Begegnung von Mensch zu Mensch, war wohl noch nie so oberflächlich, so unecht und unbefriedigend. Inmitten von Überfluß scheint echte Kommunikation zu fehlen. Es gibt Wasser im Überfluß und dennoch keinen Tropfen zum Trinken. Warum können sich Menschen nicht echt begegnen? Ein Grund dafür ist, daß man nicht wahrhaftig ist. Die Vertrauens- und Glaubwürdigkeit steckt in einer Krise, nicht nur in der Politik und der Werbung, im Geschäft und in den persönlichen Beziehungen, es gibt auch eine Glaubwürdigkeitskrise in der Kirche Jesu Christi. Das Problem ist nicht neu, doch es mag größere Ausmaße angenommen haben.

Alle Kommunikationsschwierigkeiten begannen im Garten Eden. Gott gefiel es, mit dem Menschen in Beziehung zu treten, und so erschuf er ihn nach seinem Bild als ein kommunikationsfähiges Wesen. Täglich kam Gott in der Abendkühle und sprach mit Adam. Eines der großen Geschenke, die Gott dem Menschen gab, ist die Sprache. In diesem unschätzbaren Geschenk spiegelt sich die Person des sich mitteilenden Gottes wider. Das Geschenk der Sprache verpflichtet aber zur Kommunikation. Gott und Adam traten miteinander in Kontakt durch die Sprache.

---

[1] Kürzlich entdeckte ich in der Seminarbibliothek eine Bibliographie der Bibliographien über ein engeres Spezialgebiet.

Satan verstand es, diese Kommunikation zu stören, indem er das Wort Gottes anzweifelte. Der Vater der Lüge, d. h. der Vater aller Kommunikationsschwierigkeiten (Joh. 8, 44), stellte das Wort des Herrn in Frage: „Sollte Gott gesagt haben ...?“ Der Mensch schenkte ihm Gehör und stellte dann dieselbe Frage. Satan blieb aber nicht beim bloßen Anzweifeln, sondern entstellte und leugnete das, was Gott gesagt hatte.

Als Adam und Eva sündigten, brach die Kommunikation mit Gott und zueinander ab. Sie versteckten sich, als sie die Schritte Gottes im Garten vernahmen. Adam hätte sich Gott zuwenden, seine Sünde bekennen und Buße tun müssen. Wenn er auf das Erbarmen Gottes vertraut hätte, wäre ihm vergeben worden, und die Kommunikation hätte wiederhergestellt werden können.

Aber indem der Mensch die Sünde verbergen wollte, komplizierte er das Kommunikationsproblem. Seine Antwort bestand in Halbwahrheiten, Abschieben von Schuld, Verstecken und dem Versuch, seine Schuld und Scham zuzudecken. Der Mensch, ein soziales Wesen, zur Kommunikation erschaffen, merkte nun, wie schmerzhaft es ist, von den lebensnotwendigen Verbindungen getrennt zu sein. Weil die sozialen Beziehungen ruiniert sind, leidet er unter der Not der Entfremdung.[2]

Es sollte uns zu denken geben, daß jedes Problem schon im Garten Eden wenigstens keimhaft zu finden ist. Es gibt tatsächlich nichts Neues unter der Sonne. Viele dieser Probleme sind durch Kommunikationsschwierigkeiten verursacht. Die niederdrückende *(depressive)* Last eines schlechten Gewissens zum Beispiel, die jeder Seelsorger heute so oft antrifft, wurde auch von Adam erlebt. Die Fähigkeit der Selbstprüfung, die Gott in den Menschen hineingelegt hatte, rief schmerzhafte Gefühle hervor. Der Mensch wußte nun tatsächlich, was gut und böse war. Das Gewissen klagte ihn der Sünde an. Und Adam lief davon. Statt zu Gott zu gehen, lief er von Gott weg und versteckte sich.

Als Gottes Stimme ihn erreichte, hatte er sich einen Schurz aus Blättern gemacht. Er hatte versucht, selbst mit seinen Problemen fertig zu werden, anstatt sich Gott zuzuwenden und von ihm die Lösung zu erwarten. Das Problem wurde dadurch noch verschärft. Adam hatte

---

[2] Herman Ridderbos hat einige treffende Bemerkungen gemacht über den Zusammenhang zwischen Schuld und Elend in seinem Buch *The Coming of the Kingdom* (The Presbyterian and Reformed Publishing Co., Philadelphia 1962), Seiten 211, 213, 214 ff.

Gottes Gebot gebrochen; darauf hatte er versucht, sich davonzumachen, und jetzt suchte er die Schuld zu verstecken. Aber Gott ließ das nicht zu. Er stellte sich ihm in den Weg.

Gott sprach zu ihm in wahrhaft seelsorgerlicher Art und zwang ihn, sich mit dem Problem auseinanderzusetzen. Doch auch auf die direkte Frage des Herrn hin versuchte Adam, die Schuld abzuschieben: „Die *Frau,* die *du* mir zugesellt hast, die hat mir von dem Baum gegeben; da habe ich gegessen." Gott wandte sich zur Frau. Aber auch sie schob die Verantwortung von sich: „Die Schlange hat mich verführt."[3] Weder Adam noch Eva waren bereit, persönliche Verantwortung für ihre Auflehnung auf sich zu nehmen. Statt dessen versuchten beide, sich selber zu rechtfertigen und die Verantwortung abzuschieben.[4] Sie waren zuerst der Kommunikation ausgewichen, und

---

[3] Die Bibel bringt diese sündhafte Tendenz ans Licht. Man beachte Spr. 19, 3: „Den Menschen führt seine eigene Torheit in die Irre, und dann zürnt er im Herzen über den Herrn." Es ist wichtig zu sehen, daß Elend, Sorge, Enttäuschung, Kummer und Bitterkeit aus der eigenen Torheit erwachsen. Es sind nicht die anderen, die uns verbittern und elend machen. Sie mögen uns antun, was sie wollen, es ist *unser* Problem. Wir verletzen uns selbst dadurch, daß wir falsch reagieren.

Dennoch zürnt der Mensch in seiner Auflehnung und Sünde nicht nur anderen, indem er sie anklagt und die Schuld von sich schiebt, sondern seit dem Sündenfall zürnt er auch dem Herrn. Adams Worte sind ganz deutlich: Sie ziehen Gott in die Schwierigkeit hinein, die Adam über sich gebracht hatte: „Die Frau, die *du* mir zugesellt hast ..." (1. Mose 3, 12). Adam sieht seine Frau als die sekundäre, Gott aber als die primäre Ursache seiner Schwierigkeit an. Freuds Ansicht läuft am Ende genau darauf hinaus, daß Gott für das Elend und den Verfall der Menschheit verantwortlich sei. Das Abschieben der Schuld in der Freudschen Psychiatrie führt zur Auffassung, daß der Mensch nicht verantwortlich sei für das, was er ist oder tut; andere sind — als sekundäre Ursachen — dafür verantwortlich. Das heißt, daß letztlich Gott verantwortlich ist, da ja kein Mensch etwas dafür kann. Als Christen müssen wir eine derartige Anschauung verwerfen.

[4] Daß andere Menschen unser Leben mitbeeinflußt haben, kann niemand bestreiten. Wie und wie sehr wir hingegen unser Verhalten von anderen beeinflussen lassen, ist unsere Sache. Jeder Mensch muß selbst die Verantwortung dafür tragen. Niemand kann einen anderen für sein eigenes Verhalten verantwortlich machen, auch dann nicht, wenn uns dieses Verhalten von Kindheit an gelehrt wurde. Wenn man etwas gelernt hat, kann man auch wieder umlernen. Weil wir uns ändern können, sind wir verantwortlich dafür, wie wir sind. Christus lehrte uns, daß wir auch unter schwierigsten Umständen die Verantwortung tragen und auf alles Unrecht, das andere uns antun, biblisch reagieren sollen.

Nuthetische Seelsorger werden stets betonen: „Schließlich leben Sie in einer sündigen Welt. In Ihrem ganzen Leben wird Ihnen von anderen Unrecht

nun vergrößerten sie ihre Schuld noch durch weitere sündhafte Reaktionen.

Wenn also eine zerstörte Kommunikation (zwischen Gott und Mensch oder zwischen Menschen) wieder aufgebaut werden soll, hat man sich nicht nur mit der ursächlichen Sünde auseinanderzusetzen, sondern auch mit dem fortgesetzt verderblichen Einfluß der sündhaften Reaktionen. Eins ruft das andere hervor.

Halten wir uns als Beispiel eine Familie vor Augen, in der man nicht mehr miteinander spricht. Mann und Frau stehen sich seit einiger Zeit wie Hund und Katze gegenüber, und jede Bemühung, wieder miteinander ins Gespräch zu kommen, verschlimmert die Sache nur. Georg ist ziemlich durcheinander. Er, als Christ, ist unfähig, die Schwierigkeiten, die sie miteinander haben, zu überwinden. Den ganzen Tag über hat er sich bei der Arbeit die Sache durch den Kopf gehen lassen und darüber gebetet. Er hat sich nun entschlossen, am Abend endlich etwas dagegen zu unternehmen. Kaum heimgekommen, geht er zu seiner Frau und sagt: „Yvonne, diese Schwierigkeiten, die wir da in der letzten Zeit hatten . . ."

Bevor er ein weiteres Wort sagen kann, gibt sie zurück: „Jawohl! Ich will *dir* einmal etwas sagen über diese Schwierigkeiten, die wir in der letzten Zeit hatten! Wenn du so weitermachst, wie du es bisher getrieben hast, kann ich dir garantieren, daß diese Schwierigkeiten nichts sind verglichen mit denen, die wir noch haben werden!"

Verärgert verzieht er sich ins Wohnzimmer, dreht den Fernseher an, wirft sich in einen Polstersessel und versteckt sich hinter der Zeitung. Er sagt zu sich selbst: „Es hat doch keinen Zweck! Da versuche ich, anständig mit ihr darüber zu reden, und sie benimmt sich so unmöglich." In der Küche regt sich unterdessen bei Yvonne das Gewissen.

---

getan werden. Es ist nun entscheidend, wie *Sie* darauf reagieren." Die Menschen sind nicht Nußschalen, die der Wind und die Strömungen auf dem Meer herumtreiben. Wenn sich eine Frau über ihren Mann beklagt und sagt, daß er schuld sei an ihren Problemen und an ihrem Verhalten, wird ihr der Seelsorger sagen müssen: „Alles, was Sie über ihn berichten, mag wahr sein. Es kann sehr schwierig sein, mit einem solchen Menschen zusammenzuleben, aber das gibt Ihnen nicht das Recht, auf seine schlechte Behandlung so zu reagieren, wie Sie es getan haben. Nehmen wir doch einmal an, er sei noch viel schlimmer!" Darauf zeichnet er ein Bild eines noch viel schlechteren Ehemannes und fährt fort: „Auch wenn er so wäre, würde Gott Sie zur Verantwortung ziehen, wie Sie ihm antworten. Wenn Christus nicht für diejenigen, die ihn ans Kreuz schlugen, gebetet hätte, wäre es ihm als Sünde angerechnet worden."

Sie überdenkt ihre Worte noch einmal, die sie ihrem heimkommenden Mann entgegengeschleudert hat. Sie bereut ihre Schroffheit und geht ins Wohnzimmer, um sich zu entschuldigen.
„Georg", fängt sie an, „als du heute zur Tür hereinkamst . . ."
Georg wirft die Zeitung zu Boden, blickt sie scharf an und schreit „Ich sage dir, daß ich nicht noch einmal auf diese Weise daheim empfangen werden will, sonst komme ich überhaupt nicht mehr nach Hause!" Yvonne dreht sich auf dem Absatz um und sagt zu sich, während sie verbissen in der Pfanne rührt: „Es hat doch keinen Zweck!"
Unter solchen Umständen kann sogar der Versuch einer Versöhnung die Kluft vertiefen. In 1. Mose 3 finden wir zum erstenmal diesen komplizierenden Faktor. Dadurch, daß der Mensch sündigt, bricht er nicht nur die Kommunikation ab, sondern er verpfuscht häufig auch die Versuche, sie wieder herzustellen. Das ganze Problem muß also von diesen zwei Ebenen aus angegangen werden.

Der Zusammenbruch der Kommunikation ist ein sehr ernsthaftes Problem. Sein Wesensmerkmal ist die Trennung voneinander. Beim Turmbau von Babel (1. Mose 11) wurden die Menschen durch die Verwirrung ihrer Sprache, also aufgrund der Unmöglichkeit, miteinander zu reden, über die ganze Erde zerstreut. Kommunikation ist das Verbindungsmedium zwischen den Menschen. Probleme zwischen Menschen können nur durch Kommunikation gelöst werden. Bei zwischenmenschlichen Schwierigkeiten leidet immer auch die Kommunikation.
Hier muß der Seelsorger beginnen, das Verhältnis zwischen zwei Personen wiederherzustellen. Das Dilemma besteht aber darin, daß diejenigen, deren Kommunikation gestört ist, miteinander reden müssen, um ihr Kommunikationsproblem zu lösen. In der Regel ergibt sich eine Lösung nur, wenn eine Drittperson den Parteien hilft, das Gespräch wieder aufzunehmen.
Die Grundlage für jede Wiederherstellung der Kommunikation ist die Versöhnung mit Gott durch die erlösende Gnade in Jesus Christus. Darauf gründet sich jede echte, tiefe Kommunikation. Das Gespräch muß auf „Liebe in der Wahrheit" gegründet sein, wie Johannes in seinem dritten Brief sagt (V. 1). Diese Liebe gibt es nur im Bereich der Wahrheit Gottes. Nur Wahrheit, die miteinander geteilt, mitgeteilt und geglaubt wird von allen Beteiligten, kann Grundlage echter Kommunikation sein.

Wenn die Vertrauenskrise zwischen Gott und Mensch überwunden ist, kann die Krise zwischen Menschen ebenso überwunden werden. Als Gott seinen Sohn sandte, überbrückte er die Kluft (und ermöglichte damit eine Kommunikation mit ihm). Aufgrund des Todes und der Auferstehung Christi kann die Kommunikation wiederhergestellt werden. Eine andere Lösung gibt es nicht.

Wie Gott die Kommunikation in seiner Gemeinde wiederherstellt

Paulus beginnt das 4. Kapitel des Epheserbriefes mit den Worten: „Ich ermahne euch nun, ich, der Gefangene im Herrn, würdig der Berufung zu wandeln, durch die ihr berufen worden seid." Das Bild des „Wandels" geht durch das ganze Kapitel hindurch. In V. 17 sagt er zum Beispiel: „Dies nun sage und bezeuge ich im Herrn, daß ihr nicht mehr wandeln sollt, wie die Heiden wandeln in der Nichtigkeit ihres Sinnes."

Die Christen sind von Christus berufen, mit ihm zu gehen. Einst lebte Adam in ungebrochener Gemeinschaft (durch den Gehorsam) mit Gott. Das neue Leben (der neue „Wandel") mit Christus ist möglich, wenn Menschen sich im Gehorsam Gott unterstellen.

Ein Christ kann sein Leben nicht mehr so führen wie früher, als er keine Verbindung zu Christus hatte. Dieses frühere Leben nennt Paulus einen „Wandel in Nichtigkeit des Sinnes", wo „das Denken verfinstert ist" (V. 18) und sie „wegen der Unwissenheit, die wegen der Verstockung ihres Herzens in ihnen ist", vom Leben aus Gott ferngehalten waren. „Und sie haben alles Schamgefühl verloren und sich der Ausschweifung ergeben zur Verübung jeglicher Unkeuschheit aus Gewinnsucht" (V. 9).

Paulus beschreibt das Leben eines Ungläubigen, dessen Gewissen stumpf wurde, da er in der Sünde lebte. Paulus fährt fort: „Aber *ihr* habt Christus nicht auf diese Weise kennengelernt, wenn ihr überhaupt von ihm gehört habt und in ihm unterrichtet worden seid, wie es Wahrheit ist in Jesus" (V. 20—21). Die frühere Lebensweise muß geändert werden: „In Hinsicht auf den früheren Wandel sollt ihr den alten Menschen ablegen, der vermöge der betrügerischen Lüste zugrunde gerichtet wird, und dagegen erneuert werden durch den Geist in eurem inneren Wesen, und ihr sollt den neuen Menschen anziehen, der nach Gott geschaffen ist in wahrhafter Gerechtigkeit und Heiligkeit" (V. 22—24).

Das Bild Gottes im Menschen ist beim Sündenfall entstellt worden. Der Mensch, ein sich mitteilendes, heiliges, vernunftbegabtes und gerechtes Wesen, ein Abbild seines Schöpfers, wurde eher zu einem Abbild des Vaters der Lüge. Nur durch Christus kann der Mensch wieder Abbild Gottes werden.[5] Das innere Wesen des Menschen wird durch den Geist erneuert. Seine Gesinnung war durch die Sünde „nichtig" geworden, das Denken verfinstert und das Herz hart und verstockt.

Der Heilige Geist ist nun daran, all dies zu verändern. Er erneuert den Menschen so, daß die frühere Lebensweise mit all ihren verdorbenen Gewohnheiten und Reaktionsweisen („der alte Mensch") fortgeworfen werden kann wie ein altes, abgetragenes, fadenscheiniges, schmutziges Kleid. An seiner Stelle soll der Christ neue, biblische *Verhaltensweisen* „anziehen", neues Verhalten, das Gott den Schöpfer widerspiegelt.

Wenn Paulus über den neuen Menschen spricht (V. 25—32), spricht er zuerst davon, daß eine wahrhafte Kommunikation wiederhergestellt werden muß. „Darum legt die Lüge ab und redet die Wahrheit, ein jeder mit seinem Nächsten; denn wir sind untereinander Glieder."

Die Kommunikation brach ab, als die Wahrhaftigkeit Gottes angezweifelt und verneint wurde und der Mensch zu lügen begann. Seit Adam ist jeder Mensch (außer Christus) als Rebell geboren und lehnt sich gegen die Wahrheit des Wortes Gottes auf. Dadurch vertauscht er die Wahrheit mit der Lüge. Er kann nicht mehr glauben und vertrauen. Weil er von Natur aus sündigt, liebt er die Wahrheit nicht. Die Lüge steht ihm näher als die Wahrheit. So wie Adam sich aus der Schwierigkeit herauszulügen versuchte, so lügen sich die Menschen heute durchs Leben. Für den „natürlichen Menschen" ist es durchaus *natürlich,* in seinem Leben der Lüge Raum zu geben. Neue Gewohnheiten, die der neuen Schöpfung angemessen sind, müssen für ihn erst natürlich *werden.*

In der Gemeinschaft des Glaubens soll „jeder die Wahrheit mit seinem Nächsten reden; denn wir sind untereinander Glieder", sagt

---

[5] Der Begriff der „Erneuerung des Bildes Gottes" findet sich auch in Kol. 3, 10. Die Erneuerung hat eine neue Lebensart zur Folge, die sich — in beiden Kontexten — in der Wiederherstellung der Kommunikation mit Gott äußert. Die Erneuerung gewährt aber auch die Gelegenheit für echte Kommunikation zwischen Gläubigen.

Paulus. Er braucht hier das bekannte Bild des Körpers. Wenn die Verbindung zwischen dem Gehirn und den anderen Teilen des Körpers nicht in Ordnung ist, dann ist das Ergebnis Verwirrung und Chaos. Man stelle sich vor, das Gehirn sendet Reize für die Zusammenarbeit von Händen und Füßen aus, aber die Hände entscheiden sich, etwas ganz anderes zu tun als das Hirn befahl. Was die Hände tun, wird nicht mit dem, was die Füße tun, übereinstimmen. Das Ergebnis wird verheerend sein. Dasselbe gilt für die Gemeinde. Wo das gegenseitige Aufeinander-Abstimmen fehlt, gibt es Verwirrung und Chaos. Was das Haupt gebietet, muß von jedem Glied seines Leibes verstanden und befolgt werden. Dann ist auch sinnvolle Kommunikation unter den Gliedern möglich. Nur von der Wahrheit Gottes ausgehend, gibt es wahrhafte Kommunikation.

Wir sagen dann die Wahrheit, wenn unsere Worte im Einklang mit der Bibel stehen. Die Wahrheit dient und nützt unserem Nächsten. Christen sollen freimütig ihre ganze Persönlichkeit dem Nächsten gegenüber öffnen und Dinge von gegenseitiger Wichtigkeit miteinander teilen; denn sie wissen ja, daß der andere Information, Ermutigung, Tadel, Korrektur usw. nötig hat. Sie brauchen *einander,* so wie die Glieder des Leibes einander brauchen.

Wie in einem wohlgeordneten Organismus alle Teile des Leibes dem Haupt gehorchen, so muß die Gemeinschaft der Gläubigen wohlgeordnet sein durch den Gehorsam gegenüber Jesus Christus. Jedes Glied ist auf das Haupt und die anderen Glieder angewiesen. Wir gehören zusammen, arbeiten zusammen und dienen Christus zusammen, indem wir seine Wahrheit mit-teilen.

Zorn und Groll

Paulus sieht, daß es Probleme gibt, die eine wirkungsvolle Kommunikation unmöglich machen. „Wenn ihr zürnt, so sündigt nicht! Die Sonne soll nicht untergehen über eurem Zorn.“ (Eph. 4, 26.) Im Leben eines Christen gibt es vielerlei Schwierigkeiten, die Zorn heraufbeschwören können, da der Leib ja aus sündigen Gliedern besteht. Aber diese Schwierigkeiten können überwunden werden. Zorn soll nicht andauern, so daß keine neuen Gräben zwischen den Gläubigen enstehen oder alte vertieft werden. Es gibt eine Möglichkeit, mit Zorn fertig zu werden. Am selben Tag noch soll er überwunden werden: „Die Sonne soll nicht untergehen über eurem Zorn.“

Zorn ist nicht dasselbe wie Groll. Mark. 3, 5 macht das deutlich. Dort lesen wir, daß Christus zornig[6] und im Innern aufgewühlt war. Obschon Christus also emotional sehr erregt war, ließ er es nicht zu, daß sein Zorn zu Groll wurde. Er war zornig, sündigte aber nicht. In Joh. 2, 17 wird Psalm 69, 10 zitiert: „Der Eifer für dein Haus wird mich verzehren." Psalm 7, 12 sagt: „Ein gerechter Richter ist Gott. An jedem Tag kann entbrennen sein Zorn."

Als Unterstützung erzieherischer Maßnahmen hat auch Zorn durchaus seinen Platz darin. Zorn an sich ist nicht falsch, falsch ist aber, wenn man zum Beispiel beim Strafen eines Kindes seine Selbstbeherrschung verliert. Man entschuldigt sich also für unbeherrschten Zorn, in dem man Dinge sagt oder tut, die man später bereut. Spr. 14, 29 und 29, 11 beziehen sich auf unberechtigten und unbeherrschten Zorn: „Der Langmütige ist reich an Einsicht, aber der Jähzornige treibt die Torheit auf die Spitze." „Der Tor läßt all seinem Zorn den Lauf, aber der Weise beschwichtigt ihn zuletzt."

Es ist ganz falsch, den Zorn in unbeherrschter Art aus sich herausbrechen zu lassen, Dinge zu sagen oder zu tun, die einem gerade in den Sinn kommen, ohne daß man ihre Folgen überdenkt, ohne daß man zuerst „bis zehn zählt", ohne daß man sich vorerst zurückhält und alle Seiten einer Angelegenheit überprüft.

Gruppentherapie, die dem Prinzip huldigt, daß Zorn „abgelassen" werden müsse, damit man inneren Druck loswerde, kann mit den erwähnten Stellen nicht in Einklang gebracht werden und steht somit im Widerspruch zur biblischen Ethik. Die Worte „den Lauf lassen" (Spr. 29, 11) bedeuten wörtlich: „seinen Geist ganz ausschalten". Dagegen ist derjenige „reich an Einsicht" (Spr. 14, 29), der seine Gefühle unter Kontrolle hat.

Das Leben soll nicht durch Gefühle bestimmt und regiert werden. Diese können unter Kontrolle gebracht und beruhigt werden. Ratsuchende müssen lernen, ihren Zorn zurückzuhalten und ihm nicht einfach freien Lauf zu lassen. Zorn zurückzuhalten ist weder unmöglich noch etwa schädlich. Die Bibel gebietet es.[7]

Folgende Stellen sollten zum Gesagten noch beachtet werden: „Siehst du einen, der schnell ist mit dem Wort — ein Tor darf mehr hoffen

---

[6] *Orge.* Das nächste Wort, *syllypeo,* betont den emotionalen Faktor: Christus war "zutiefst betrübt" oder „aufgewühlt".

[7] S. I. McMillen zeigt, was für schreckliche Folgen es hat, wenn dem Zorn freier Lauf gelassen wird, in seinem Buch *None of These Diseases* (Spire Books, Revell Co., Westwood 1963), Kapitel 10 und 11.

als er" (Spr. 29, 20). „Der Zornmütige erregt Streit, und der Hitzige begeht viel Sünde" (V. 22).

In Spr. 22, 24 steht ein wichtiger Grundsatz: „Mache nicht Freundschaft mit dem Zornmütigen, mit dem Jähzornigen gehe nicht um, daß du dich nicht an seine Pfade gewöhnst und dir einen Fallstrick für dein Leben holst." Positiv ausgedrückt heißt das, sich eng an jene Freunde zu halten, deren Leben mit den biblischen Grundsätzen übereinstimmt. Über die Wichtigkeit der Vorbilder haben wir schon gesprochen.

In der Seelsorge sehen wir immer wieder Menschen, die nicht nur einen Tag lang, sondern während Wochen und Monaten ihren Zorn nicht ablegen. Der Fall von Leo Held, den wir in einem früheren Kapitel erwähnten (Seite 23 f.), veranschaulicht eindringlich, wie wichtig es ist, mit dem Zorn fertig zu werden, bevor er zu Groll wird. Held hegte einen inneren Groll gegen seine Nachbarn, der nach einiger Zeit offen hervorbrach. Nach Mark. 6, 19 hatte Herodias einen Groll gegen Johannes den Täufer. Schließlich brach ihr Groll hervor, und sie ließ Johannes hinrichten.[8]

Manchmal kommen Christen in die Seelsorge, die seit dreißig Jahren eine Bitterkeit gegen eine andere Person mit sich herumtragen. Das heißt also, daß jemand sein Leben gerade von der Person, die er doch haßt, sehr beeinflussen läßt. Alles, was er dieser Person gegenüber sagt oder tut, steht unter Zwang. Er ist nicht frei, sondern an die Person gebunden, die er haßt. Aber sein Groll ist so stark, daß er das nicht sieht.

Die Anweisungen des Paulus machen all dem ein Ende. Christen sollen keinen einzigen Tag vorübergehen lassen, ohne den im Innern angestauten Zorn verarbeitet zu haben: „Die Sonne soll nicht untergehen über eurem Zorn." Ein Christ soll täglich die auftauchenden Probleme klären. Das heißt nicht, daß man den Mitmenschen jede Sünde vorhalten muß, die sie begangen haben. Es gibt viele Dinge, die mit Liebe zugedeckt werden können. (1. Petr. 4, 8.)

Aber es gibt Dinge, die man nicht einfach zur Seite legen kann, indem man sie mit Liebe zudeckt. Sie nagen und fressen innerlich weiter. Solche Probleme müssen in der persönlichen Begegnung *täglich* gelöst

---

[8] Es ist interessant, daß das Verb *enecho* im biblischen Griechisch bedeutet: „gegen jemanden etwas drinhaben oder -halten". Im modernen Griechisch bedeutet der Ausdruck „enthalten". Darin ist die Idee des „Drinhalten" von Groll oder „innerlich enthalten" noch zu erkennen.

werden. Was man nicht mit Liebe zudecken kann, kann man auch mit Wolldecken nicht zudecken. Zeit allein heilt nicht. Viel eher bewirkt sie, daß die Wunde zu eitern anfängt.

Paulus schreibt im Sinne Christi, der sagte, daß Christen sich keine Sorgen machen sollten über die morgigen Probleme, weil „jeder Tag genug an seiner eigenen Plage hat" (Matth. 6, 34). Niemandes Schultern sind so breit, daß sie die Probleme des kommenden Tages tragen könnten. Genausowenig sind sie stark genug, um den Groll von gestern zu tragen. Gott will, daß die Probleme Tag für Tag gelöst werden, jedes Problem zu seiner Zeit. Unterschiedliche Ansichten müssen entweder mit Liebe zugedeckt oder aber bereinigt werden, so daß die Glieder des einen Leibes wirksam zusammenarbeiten können.

Wer Groll im Innern hegt, aber tut, als ob alles in Ordnung wäre, der lügt und redet nicht „die Wahrheit mit seinem Nächsten". Durch seinen Groll wird echte Kommunikation gestört[9], und auch die Zusammenarbeit im Leibe Christi ist gestört. Das Auge kann nicht dem Ohr, die Hand nicht dem Fuß zürnen, ohne daß die Zusammenarbeit gestört und damit dem Teufel Gelegenheit gegeben ist, im Leib des Herrn Unruhe zu stiften.

Alte Lebensgewohnheiten müssen durch neue, biblische ersetzt werden. Paulus zeigt, was Gott von einem erwartet, der den neuen Menschen angezogen hat: „Wer ein Dieb ist, der stehle nicht mehr, sondern mühe sich vielmehr und schaffe mit seinen Händen, was gut ist, damit er dem Bedürftigen etwas zu geben habe" (Eph. 4, 28). Gott verlangt eine vollständige Umkehr im Leben eines Diebes. Einst stahl er, jetzt soll er sich „mühen" (nicht nur „arbeiten", sondern „sich bemühen", „sich anstrengen", bei der Arbeit schwitzen), so daß der Ertrag seine Bedürfnisse übersteigt und er Notleidenden helfen kann. Diese Umkehr gilt auch für jene, die Groll in ihrem Innern haben aufstauen lassen. Sie sollen die Wahrheit sagen und die Schwierigkeiten täglich bereinigen, bevor sie sich anhäufen.

Jesus sagte zu diesem Thema: „Ihr habt gehört, daß zu den Alten gesagt ist: Du sollst nicht töten; wer aber tötet, der soll dem Gericht verfallen sein! Ich aber sage euch: Jeder, der seinem Bruder zürnt, soll dem Gericht verfallen sein. Wer aber zu seinem Bruder *Dumm-*

---

[9] Nach 3. Mose 19, 17 ist das Entscheidende in der Nächstenliebe, daß man keinen inneren Groll aufkommen läßt, sondern die Schwierigkeit sofort mit dem Betreffenden erledigt. Haß und Groll sind in der Bibel nicht leicht auseinanderzuhalten.

kopf sagt, soll dem Hohen Rat verfallen sein. Wer aber sagt: *Du Tor!*, soll der Hölle mit ihrem Feuer verfallen sein. Wenn du nun deine Opfergabe zum Altar bringst und dort eingedenk wirst, daß dein Bruder etwas gegen dich hat ..." (Matth. 5, 21— 23.)

Zwei Gläubige werden hier geschildert, die einander durch Zorn entfremdet sind. Vor dem Altar erinnert sich der eine, daß sein Bruder etwas gegen ihn hat und daß noch keine Versöhnung zustande gekommen ist. Jesus gebietet ihm: „... laß deine Gabe dort vor dem Altar und geh zuerst [man beachte die Priorität!] hin und versöhne dich mit deinem Bruder, und dann komm und bring deine Gabe dar."

Es wird deutlich, daß für den, der sich mit seinem Bruder nicht versöhnt hat, kein rechter Gottesdienst möglich ist. Deshalb betont Christus, daß die Versöhnung sogar den Vorrang vor dem Gottesdienst hat.

Man beachte, wer zu wem gehen soll. Christus sagt, daß derjenige, der sein Opfer zum Altar bringt und sich erinnert, daß sein Bruder etwas gegen ihn hat (vielleicht ist der Gottesdienst am ehesten der Ort, wo einem derartiges in den Sinn kommt), selbst hingehen solle. Wem es also bewußt ist, daß er einem andern Unrecht getan hat (oder daß sein Bruder es behauptet), der ist verpflichtet, selbst die Initiative zur Versöhnung zu ergreifen.

Matth. 5 beleuchtet die eine Seite; die andere finden wir in Matth. 18. Dort gebietet Christus: „Wenn aber dein Bruder sündigt, so geh hin und weise ihn zurecht unter vier Augen!" (V. 15.) Im Gegensatz zu Matth. 5 bin ich hier persönlich nicht an der Sünde beteiligt. Ich sehe vielmehr, daß ein anderer gesündigt hat. In diesem Fall muß der, der das sieht, die Initiative ergreifen.

Wenn wir nun beide Stellen berücksichtigen, kommen wir zu folgendem Schluß: Im Falle einer Entfremdung zwischen Gläubigen haben beide Parteien die Pflicht, den ersten Schritt zu einer Versöhnung zu tun. Die Frage, wer an der Entfremdung schuld sei, taucht gar nicht auf. Wenn einer seinem Bruder Unrecht tut, muß er zu ihm gehen. Aber auch wenn sein Bruder es ist, der ihm Unrecht getan hat, muß er zu ihm gehen. So oder so, derjenige, der besorgt ist über die Lage, der soll den ersten Schritt tun. Mit diesem Gebot sorgt Christus dafür, daß auf jeden Fall eine nuthetische Begegnung zustande kommt.[10]

---

[10] Henry Brandt sagt: „Ob nun du verletzt worden bist, oder ob du deinen Partner verletzt hast: Du bist dran, den ersten Schritt zur Versöhnung zu tun. Immer bist du an der Reihe." (*Happy Family Life*, Back to the Bible Broadcast, Lincoln, Nebraska, S. 16.)

Christus fährt fort: „Hört er auf dich, so hast du deinen Bruder gewonnen. Hört er dagegen nicht, so nimm noch einen oder zwei mit dir, damit jede Sache auf Aussage von zwei oder drei Zeugen beruhe." (Matth. 18, 15—16.) Das Ziel ist demnach, die Zahl der Beteiligten so klein wie möglich zu halten. Die erste Begegnung hat nuthetischen Charakter; sie will nicht etwa strafen, sondern versöhnen, „den Bruder gewinnen". Aber wenn dieser nicht hören will, muß ein zweiter Versuch gemacht werden, wobei noch andere dabeisein sollen. Man rechnet damit, daß man für eine eventuelle spätere Verhandlung Zeugen braucht. Nimm zwei oder drei mit dir, d. h. genug Leute, die bezeugen können, daß eine Versöhnung versucht wurde. V. 17a („Wenn er jedoch nicht auf *sie* hört") deutet darauf hin, daß diese Zeugen auch eine Art Schiedsrichter sein sollten. Sie bilden ein nuthetisches Seelsorge-Team.

Wenn sie nicht angehört werden, muß die Sache vor die Gemeinde gebracht werden. Wenn er auch dann nicht hört, wenn er also die Vermittlung der Gemeinde zurückweist, dann steht er unter der Gemeindezucht. Läßt er sich auch von der Gemeinde nicht umstimmen, soll er „wie der Heide und der Zöllner" behandelt, d. h. aus der Gemeinde ausgeschlossen werden.

Eine andere Auffassung von Versöhnung ist uns viel geläufiger. Selten denkt einer: „Hans hat mir Unrecht getan, ich sollte zu ihm gehen." Viel eher denkt er: „Hans hat etwas Unrechtes getan; er soll zu mir kommen." Aber Christus billigt diese Haltung nicht. Es kann ja sein, daß Hans sich gar nicht bewußt ist, daß er mir Unrecht getan hat. Nimmt man die übliche, unbiblische Haltung ein, kommt es kaum zu einer Versöhnung. Hans denkt nicht daran, daß er etwas falsch gemacht haben könnte, und vielleicht mit Recht.

Wenn man in jedem Fall der Weisung der Bibel folgt, kann es kein Mißverständnis geben. Wer die Schwierigkeit sieht, soll eifrig den ersten Schritt zu deren Überwindung tun. Im Idealfall sollten beide auf dem Weg zueinander zusammentreffen.

Was tut nun aber der, der zum anderen geht, weil etwas zwischen ihnen gewesen ist? Als erstes muß er sich dem anderen stellen und seine Schuld bekennen. Er muß zugeben, daß er seinem Bruder Unrecht getan und gegen Gott gesündigt hat, und er muß seinen Bruder um Vergebung bitten. In einem anderen Zusammenhang haben wir erwähnt, daß Leute oft meinen, es sei ihnen vergeben, ohne daß sie ausdrücklich um Vergebung bitten. Rechte Seelsorger betonen, daß es wichtig ist, ausdrücklich zu fragen: „Vergibst du mir?" Wenn eine

Versöhnung zustande kommen soll, ist eine klare Antwort nötig: „Ja, ich vergebe dir." Das Ziel ist eine auf Vergebung aufgebaute Versöhnung. Wenn die Vergebung unsicher ist, ist auch die Versöhnung nicht dauerhaft.

Wenn derjenige, der den ersten Schritt getan hat, keine Vergebung erlangt, dann hat er getan, was er unter diesen Umständen tun mußte. Es war seine Aufgabe, dem Gebot in Röm. 12, 18 nachzuleben: „Ist es möglich, *soviel an euch liegt,* haltet mit allen Menschen Frieden!" Der Autor des Hebräerbriefes schrieb sogar: „*Jaget* dem Frieden mit jedermann *nach!*" (Hebr. 12, 14a.) Was mich betrifft, bin ich verpflichtet, alles zu unternehmen, damit eine Versöhnung zustandekommt. Ich kann allerdings nicht im voraus wissen, wie der andere auf mein Versöhnungsangebot reagieren wird. Alles, was ich tun kann, alles, was Gott von mir verlangt, ist, jede mir bewußte Sünde zu bekennen, um Vergebung zu bitten und ernstlich wiedergutzumachen, wo dies nötig und möglich ist.[11]

Wie weiß man, ob man einen Bruder seelsorgerlich zurechtweisen soll oder nicht? Einen sehr wichtigen Grundsatz, der uns darin leiten kann, finden wir in Spr. 17, 9: „Wer Liebe sucht, deckt Verfehlungen zu; wer aber eine Sache immer wieder aufrührt, entzweit vertraute Freunde." Der Gedanke, daß Liebe eine Menge Sünden zudeckt (1. Petr. 4, 8), meint, daß die Liebe Kränkungen übersieht. Wenn Liebe Sünden zuzudecken vermag, braucht es keine nuthetische Ermahnung. Wenn wir jede auftauchende Schwierigkeit miteinander besprechen müßten (etwa in der Familie), hätten wir kaum mehr Zeit für etwas anderes. Wenn wir lieben lernen, lernen wir auch, viele Fehler bei anderen zuzudecken, zu vergessen und darüber hinwegzusehen.

Immer dann jedoch, wenn man etwas nicht übersehen kann, wenn etwas im Innern weiternagt und man es auch am nächsten Tag noch mit sich herumtragen wird, dann muß es besprochen und darf nicht zugedeckt werden. Nur Liebe deckt ganz zu; alles andere wird das Problem nur übertünchen. Aber „wer Liebe sucht, deckt Verfehlungen zu". Man muß sich immer wieder daran erinnern, daß vergebende Liebe auch vergißt. Wenn Sünden mit Liebe zugedeckt sind,

---

[11] Wenn der andere sich weigert zu vergeben, kann das heißen, daß man noch einmal zu ihm geht, indem man andere mitnimmt, wie wir es in Matth. 18 gesehen haben; denn jetzt tut der andere dem ersten Unrecht, weil er ihm die Vergebung verweigert. Das Ziel ist immer die Versöhnung, und alles ist daraufhin ausgerichtet.

wird die Sache „nicht wieder aufgerührt". Man kann vergeben und vergessen, wenn man liebt. Auch die nuthetische Unterredung versucht, Sünden durch Liebe zuzudecken.

Kampf den Problemen, nicht den Menschen!

In Eph. 4, 28 zeigt Paulus am Beispiel des Diebes, daß sündiges Verhalten im zwischenmenschlichen Bereich radikal verändert werden muß. Auch die Art des Sprechens wird nun beim neuen Menschen verändert: „Aus eurem Munde komme kein faules Wort" (V. 29). Scharfe, verurteilende Worte trennen und entzweien, verursachen Probleme und gehören zum alten Leben. Aber der Gläubige ist jetzt ein neuer Mensch und ist daran, das Alte auf die Seite zu legen. Sein Lebensstil verändert sich, er tut nun das Gegenteil von dem, was er früher tat. Dort, wo er früher schneidende, harte Worte gebrauchte, ist seine Rede nun „wohltuend", „erbauend, wo es not tut", „den Hörern Segen" bringend (V. 29).

Wenn ein Bruder einen Fehler macht, sollen wir ihm helfen. Unser Reden soll ihn nicht niederreißen, sondern aufbauen, es soll sich nicht in Zorn und Anklage *gegen den Menschen,* sondern *auf das Problem* richten. Echte Hilfe gibt, wer über das Problem spricht und dem Betroffenen dadurch hilft, es zu lösen. So können Worte helfen und aufbauen. Wir Christen müssen lernen, auf das Problem — und nicht aufeinander! — loszugehen. So führen die Fehler des einen nicht zu einem Abbruch der Kommunikation, sondern helfen mit, sie zu vertiefen.

Man kann die Bedeutsamkeit dieser Anweisungen kaum überschätzen. Der Heilige Geist wohnt in allen Gläubigen als Gottes Bestätigung und Zusicherung, als Gottes Siegel, das sie versiegelt bis zum Tag der Erlösung. Er ist eine Art Anzahlung, die dem Gläubigen versichert, daß er Gott gehört und daß er einst vollständig erlöst werden wird. Die Gläubigen sollten Gott für den Geist danken und ihn für dieses sein größtes Geschenk in dieser Zeit preisen.

Aber Paulus weist auch warnend daraufhin, daß Christen den Heiligen Geist betrüben können, wenn ihr Gespräch untereinander nicht so ist, wie es sein sollte. Lüge, Bitterkeit, Hader und scharfe Worte betrüben („schmerzen") den Heiligen Geist. Aus Liebe und Erbarmen wurde der Geist gegeben, zur Gewißheit und zum Trost. Sollen wir den betrüben, der uns Trost und Freude bringen will? Deshalb gebietet Paulus: „Alle Bitterkeit (Verbitterung, tiefliegender Groll, der mit jedem Tag zunimmt), Zorn und Groll, alles Schreien und Verleumden (kreischen, heulen, einander anbrüllen, zanken, streiten) sei von euch weggetan samt aller Bosheit."

Dann legt er die Haltung dar, die zum guten Gespräch führt: „Seid vielmehr gegeneinander gütig, barmherzig und vergebt einander, wie auch Gott durch Christus euch vergeben hat!" Nur in der Gemeinschaft der Glaubenden gibt es diese erlösende Vergebung, von der Paulus hier spricht. Sie spiegelt die Vergebung Gottes wider, und sie hat in der Vergebung Christi ihren Grund.

Die Liebe zu Gott, ja jede christliche Liebe ist Antwort auf Gottes Liebe: „Laßt uns lieben, denn er hat uns zuerst geliebt" (1. Joh. 4, 19). Wir lieben „*in* der Wahrheit" (3. Joh. 1), d. h. „im Zusammenhang mit" oder „im Bereich" der Wahrheit. Die Vergebung, die wir einem Bruder gewähren, beruht nicht auf den Qualitäten dieses Bruders, sondern vielmehr auf dem Erbarmen und der Freundlichkeit des Christus, der vergibt.

Weil Christus sich selbst für uns hingegeben und uns in Gnade und Wohlwollen vergeben hat, sollen auch wir unseren Mitmenschen auf gleiche Weise vergeben. Kein Christ hat das Recht, seinem Bruder Vergebung zu verweigern, wenn dieser sie in Buße sucht (Matth. 18, 22—35).

Der Familienrat

Wie erreicht man die Ziele, die in Eph. 4 geschildert sind? Für viele hat sich die Einrichtung eines Familienrates als hilfreich erwiesen. Die Familie soll sich wenn möglich allabendlich zusammen um einen Tisch setzen und ihre Probleme miteinander besprechen. Aus verschiedenen Gründen ist es wichtig, daß ein Tisch da ist. Tische verleihen ein Gefühl der Verbundenheit. Man kann außerdem jederzeit leicht etwas aufschreiben, wenn man am Tisch sitzt. Es braucht zunächst eine gewisse Zeit, bis sich alle um den Tisch gesetzt haben. Diese Zeit kann sehr nützlich sein zur Abkühlung der Gemüter („Das Herz des Frommen überdenkt, was es antworte ..." Spr. 15, 28; vgl. auch Spr. 14, 7. 29). Von einem Tisch läuft man auch nicht so schnell einfach weg.

Wie bei allen Neuerungen kommt es auch hier vor allem auf die Regelmäßigkeit an. Nur wenige Menschen, die zur Seelsorge kommen, waren gewohnt, ihre zwischenmenschlichen Probleme *täglich* zu lösen.[12] Das ist einer der Gründe, warum sie Schwierigkeiten haben Für Menschen, die während langer Zeit im Innern Groll und Bitterkeit genährt haben, ist eine feste Ordnung hilfreich, um alte Gewohnheiten und Verhaltensweisen durch neue zu ersetzen. Eine der aussichtsreichsten Methoden, dies zu tun, besteht darin, daß man eine bestimmte Zeit am Ende jedes Tages dafür freihält. Es ist auch gut, jeden Abend am gleichen Tisch zusammenzukommen. — Ein Student, der immer am gleichen Schreibtisch arbeitet, merkt mit der Zeit, daß schon das Sich-Hinsetzen ihn in Arbeitsstimmung versetzen kann. Studenten, die abwechselnd an einem Tisch und auf dem Bett liegend studieren, machen sich die Arbeit unnötigerweise schwer. Sie identifizieren nicht einen bestimmten Platz mit ihrer Arbeit und verpassen so den Vorteil der Einstimmung durch die vertraute Umgebung. Wenn man sich aufs Bett legt, wird man leicht schläfrig, was sicher nicht vorteilhaft ist für das Studium. Wenn ein Student an seinem Schreibtisch nur studiert und nichts anderes tut, kann er die Schreibtisch-Arbeitsstimmung verstärken, indem er sofort aufsteht, sobald seine Gedanken zu wandern oder sich in Tagträumen zu verlieren beginnen, damit der Arbeitsplatz mit nichts Derartigem in Zusammenhang gebracht wird.

Genauso sollte der Familienrat der Platz sein, wo die Familie miteinander auf christliche Art Probleme bespricht und löst. Etwas anderes soll bei dieser Gelegenheit nicht geduldet werden (vor allem nicht Streit oder scharfe Worte). Nach einiger Zeit (in der Regel nach drei bis vier Wochen) wird die Familie merken, daß sich schon beim Hinsetzen die rechte Gesprächsstimmung einstellt.

Die Regeln für den Familienrat müssen einfach sein. Normalerweise ist es der Vater, der das Gespräch eröffnet und beschließt und, als Haupt der Familie, das Gespräch leitet.[13] Oft amtiert die Mutter als „Sekretärin" und schreibt das Nötige auf. Das Gespräch wird mit Gebet eröffnet und geschlossen. Um herauszufinden, was Gottes Wille für die vorliegenden Probleme ist, wird während des Familienrates auch die Bibel studiert.

---

[12] Christus stellt das Wachstum eines Christen als ein tägliches Unternehmen dar: „... der nehme *täglich* sein Kreuz auf sich" (Luk. 9, 23).

[13] Ein Eheproblem, dem immer größere Bedeutung zukommt, ist die Verkehrung der Rollen von Mann und Frau. Seelsorger müssen dieses Problem direkt angehen und jede Gelegenheit benützen, um das rechte Verhältnis wiederherzustellen.

Zu *Anfang* sagt jeder, wie er den Schwierigkeiten des Tages begegnet ist. (Zuerst erwähnt er seine Fehler und nimmt damit oft Anklagen vorweg, die andere am Tisch gegen ihn richten wollten.) Er beginnt, indem er den andern sagt, wo er sich ihnen gegenüber falsch verhalten hat, daß er eifersüchtig oder verärgert war, daß er boshaft gehandelt hat usw. Auch Fehler, die er gegenüber Menschen außerhalb der Familie begangen hat, erwähnt er und bittet um Rat und Hilfe in solchen Angelegenheiten. Zuerst also gesteht jeder seine Sünden ein und bittet um Vergebung und Hilfe, damit ähnliche Probleme in Zukunft vermieden werden können. Die Familie macht Vorschläge, wie er einer derartigen Versuchung zur Sünde in Zukunft begegnen könnte. Häufig können ganz praktische Mittel gefunden werden, und einzelne können mit einer speziellen Aufgabe betraut werden.

Sobald man beginnt, von sich zu sprechen und die Aufmerksamkeit auf seine eigenen Fehler, Ängste und Sünden lenkt, kommt das Gespräch in Fluß. Wenn man damit anfangen würde, einem andern am Tisch vorzuhalten, was er falsch gemacht habe, geriete man leicht aneinander, und das Gespräch wäre blockiert. Wenn man aber zuerst seine eigenen Probleme ans Licht bringt, handeln die andern oft ebenso.[14] Die Atmosphäre sollte so sein, daß jeder es leicht hat, über seine Schwierigkeiten zu sprechen.

Wenn Menschen anfangen, einander im Familienkreis Sünden zu bekennen, werden sie Hilfe erfahren. Sie werden entdecken, daß Bekenntnis und Vergebung es möglich machen, nicht mehr über die Menschen, sondern über ihre Probleme zu sprechen. Wenn man so den personalen Aspekt eines Problems loswird, kann man wirklich Lösungen für die Sachprobleme finden.

Vergißt jemand während des Familienrats die Regeln, erhitzen sich die Gemüter und beginnt einer zu disputieren, dann muß etwas unternommen werden. Für solche Fälle sollte man vorher miteinander ein Signal vereinbaren. Sobald einer am Tisch merkt, daß etwas nicht läuft, wie es sollte, kann er sich zum Beispiel erheben und schweigend an seinem Platz stehenbleiben. Dieses vereinbarte Signal informiert alle, daß einer der Meinung ist, am Tisch würden die Regeln nicht mehr beachtet. Die andern merken, daß jemand die Regeln des christlichen Gesprächs, wie sie Eph. 4 lehrt, verletzt hat.

---

[14] John Bettler, ein nuthetischer Seelsorger in Hatboro, Pennsylvania, pflegt zu sagen: „Wenn du auf einen losgehen willst, der schon bereit ist, seine Sünde anzuerkennen, so ist es, wie wenn du auf ein weiches Kissen einhaust."

Wenn einer der Sitzenden sich selber als den Schuldigen erkennt, oder wenn er merkt, daß man ihn irrtümlicherweise als den Schuldigen ansieht, sollte er unverzüglich etwa sagen: „Jawohl. Ich weiß, was ihr meint. Bitte setz dich! Wir wollen in aller Ruhe über die Schwierigkeit reden, ohne zu disputieren oder uns aufzuregen." Wenn er den Eindruck hat, daß er selbst eine Regel verletzt hat, wird er um Verzeihung bitten.

All das kann zunächst unnatürlich und schwierig aussehen. Ja, man findet vielleicht die ganze Prozedur recht albern. Vieles, was uns jetzt ganz natürlich erscheint, war am Anfang genauso ungewöhnlich. Man erinnere sich nur daran, wie albern man sich vorkam, als man zum erstenmal versuchte, Schlittschuh zu laufen, Rad oder Auto zu fahren. Da war alles ganz „unnatürlich".

Es braucht aber nicht sehr lange, um eine neue Gewohnheit einzuführen, wenn man sie regelmäßig, Tag für Tag konsequent wiederholt. Dann wird auch der Eindruck, etwas sei unnatürlich, verschwinden. Wenn einer Autofahren lernt, kommt er sich zu Beginn linkisch vor, und er fragt sich, ob er wohl jemals lernen werde, seine Augen, Füße und Hände zu koordinieren. Jedoch nach wenigen Monaten kann er bei völliger Dunkelheit ins Auto einsteigen, und während er eine tiefsinnige theologische Frage diskutiert, steckt er den Zündschlüssel ins Schloß, ohne bewußt daran zu denken und ohne am Armaturenbrett einen Kratzer zu hinterlassen. Wenn man drei oder mehr Wochen regelmäßig zum Familienrat zusammengekommen ist, sollte das Gespräch einen ganz natürlichen Verlauf nehmen. Man braucht die Verschalung nur so lange, bis der Beton fest wird.[15]

Eheleute, denen z. B. die geschlechtliche Begegnung Schwierigkeiten macht, entdecken oft, daß viele Schwierigkeiten im Schlafzimmer von Problemen herrühren, die am Tag nicht gelöst wurden. Der tägliche Familienrat, bei dem Probleme gelöst werden, die ihnen tagsüber zu schaffen machten, bewirkt oft eine grundlegende positive Veränderung in ihrem sexuellen Verhältnis.[16] Ein junges Paar, das große Schwierig-

---

[15] Dieser Grundsatz gilt in vielen Bereichen. Ein erfolgreicher Oberschullehrer (davon gibt es nicht zu viele) drückt es so aus: „Am Anfang des Schuljahres bin ich äußerst streng, bis das rechte Verhalten zur Gewohnheit wird; dann kann ich langsam nachlassen. Man braucht nicht das ganze Jahr über denselben Druck auszuüben."

[16] Wir können hier weder auf die vielen sexuellen Schwierigkeiten eingehen, mit denen wir es in der Seelsorge zu tun haben, noch auf die finanziellen, sozialen und zwischenmenschlichen Aspekte des Familienlebens. Wir hoffen, in einem späteren Buch Ehe- und Familienprobleme grundsätzlicher behan-

keiten hatte in seinen sexuellen Beziehungen, schrieb: „Wir haben uns eine neue Gewohnheit zugelegt. Wir lassen die Sonne nicht mehr über unserem Zorn untergehen ... Der Familienrat hat uns das Gespräch wiedergeschenkt und uns immer näher zusammengebracht. Unser Geschlechtsleben wurde langsam immer besser und ist jetzt unglaublich gut."

Erst in der Seelsorge wird vielen bewußt, warum sie sich nichts mehr zu sagen hatten. Nuthetische Beratung, bei der in der Regel alle betroffenen Menschen miteinander arbeiten, ermöglicht es, gerade in der Seelsorgesitzung die Kommunikation (wieder) aufzunehmen.
Ein bemerkenswertes Beispiel sei hier angeführt. Ein Ehepaar hatte drei Kinder zwischen zehn und zwanzig Jahren, zwei Jungen und ein Mädchen. Die Eltern kamen mit dem ältesten Sohn zur Seelsorge, weil sie mit ihm überhaupt nicht mehr reden konnten. Die Seelsorger entdeckten bald, daß echte Kommunikation zwischen Eltern und Kindern nie bestanden hatte. Sie erklärten dem Ehepaar die Regeln des Familienrates. Die Eltern zweifelten jedoch an der Möglichkeit eines solchen Gesprächs und stellten dessen Wert überhaupt in Frage. Um zu zeigen, daß ein Familienrat möglich und hilfreich sei, eröffneten die Seelsorger in der Sitzung ein solches Gespräch und leiteten die Unterredung zwischen Eltern und Kindern.
Der Austausch in diesem Gespräch war so lebhaft, daß die Mutter sagte: „Ich hatte keine Ahnung, daß mein Junge solche Ansichten vertritt." Und der Vater bemerkte: „Ich bin sehr erstaunt über das, was er zu sagen hat." Das Gespräch nahm einen so guten Verlauf, daß die Seelsorger bald nur noch zuhörten. Nach einer Weile wurde die Familie nach Hause entlassen mit dem Auftrag, das Gespräch weiterzuführen. Nach einer Stunde rief die Mutter an und sagte: „Wir sitzen noch immer beisammen und haben ein gutes Gespräch. Die einzige Schwierigkeit ist, daß unsere Tochter auch mitmachen will. Sie kennt die Regeln aber noch nicht. Würden Sie ihr bitte alles erklä-

---

deln zu können. Dieses Buch will nur den Anstoß geben, das ganze Gebiet der Seelsorge einmal so anzugehen, daß man ausschließlich von den biblischen Voraussetzungen her denkt. Es mußte gleichzeitig auch so konkret sein, daß man sich die Methoden und Arbeitsweisen dieser Seelsorge vorstellen kann. Ich sehe, daß es bruchstückhaft ist und daß ich das rechte Maß an Ausführlichkeit nicht immer gefunden habe. Dieses Buch soll nur ein Anfang sein. Wir hoffen, daß später über einzelne Aspekte der Seelsorge in größerer Ausführlichkeit und dadurch verständlicher geschrieben werden kann.

ren?“ Der Tochter wurden am Telefon die Regeln erläutert. Seither ist in dieser Familie das Gespräch nicht mehr abgebrochen.

Gruppenseelsorge

Hier soll noch näher auf diese Form der Seelsorge mit mehreren Beteiligten eingegangen werden. Seelsorge unter vier Augen hat selbstverständlich auch ihren Platz. In vielen Fällen ist es gar nicht möglich, alle Leute, die in ein Problem verwickelt sind, zur Seelsorge hinzuzuziehen. Dennoch sollte Seelsorge, die alle betroffenen Menschen miteinbezieht, eher die Regel als die Ausnahme bilden. Die meisten Menschen geraten in Schwierigkeiten, weil sie gegen Gott *und* gegen ihre Mitmenschen sündigten. Die Seelsorge muß der grundlegenden Bedeutung, die zwischenmenschliche Probleme für die Schwierigkeiten des einzelnen haben, Rechnung tragen. Die Zahl der anwesenden Teilnehmer sollte so groß sein wie die Zahl der Personen, die direkt mit dem Problem zu tun haben.[17]
Schwierigkeiten werden oft viel wirkungsvoller überwunden, die Lösungen sind dauerhafter und kommen rascher zustande, wenn alle Parteien mitwirken. Wenn zum Beispiel eine Ehefrau zur Seelsorge kommt, versuchen die Seelsorger, auch ihren Mann hinzuzuziehen. Wenn die Kommunikation zusammenbricht (wie es oft geschieht), ungeachtet dessen, wie das zugrundeliegende Problem aussehen mag, bietet die Gruppenseelsorge die besten Bedingungen, um die Kommunikation wieder aufzubauen. Diese ist unerläßlich zur Lösung der Probleme, denn sobald die Kommunikation hergestellt ist, können die Beteiligten miteinander über Probleme sprechen, die sie vorher nicht lösen konnten.

---

[17] Das scheint gemeint zu sein mit „unter vier Augen“ in Matth. 18, 15. Dort liegt die Betonung darauf, daß das Problem auf jene beschränkt wird, die damit zu tun haben. Indem Jesus dies betont, schließt er doch wohl die Art Gruppenseelsorge aus, bei der ganz unbeteiligte Menschen zur Teilnahme ermuntert werden. *Sensitivity-Training*-Gruppen und ähnliche Veranstaltungen, wo Sünden verschiedensten Zuhörern offen bekannt werden und wo ganz Unbeteiligte zugegen sind, können viel Schaden anrichten. Christus geht es ums Bekennen, das zu einer Versöhnung führt. Bekennen gegenüber Unbeteiligten dient keinem berechtigten Zweck. Das Bekenntnis gehört immer in den Zusammenhang der Versöhnung, muß also denen gegenüber gemacht werden, denen Unrecht getan wurde (vgl. Matth. 5, 23 f.).

Ein zweiter Grund, daß Mann und Frau zusammen zur Beratung kommen sollen, liegt darin, daß so die Familie nicht getrennt wird. Seelsorge unter vier Augen kann dagegen leicht trennend wirken. Andere Familienglieder werden schnell argwöhnisch. Wenn man mit dem Seelsorger allein ist, wird man ermutigt, hinter dem Rücken eines anderen über ihn zu sprechen.

In der nuthetischen Seelsorge darf dies nicht geduldet werden. Wenn ein Mann nicht weiß, was in der Seelsorge vor sich geht, verdächtigt er bald den Berater, Partei für die Gattin ergriffen zu haben. Er befürchtet, es werden falsche Informationen weitergegeben und dann ohne sein Wissen Entscheidungen getroffen. Weil er nicht dabei ist, argwöhnt er (manchmal mit Recht), die Seelsorge laufe seinen eigenen Interessen zuwider. Mit Recht sieht er, daß die Seelsorge einseitig ist, weil er durch seinen Beitrag das Bild nicht vervollständigen konnte. Er weiß, daß der Berater sich kein vollständiges Bild der Geschehnisse machen kann, deshalb zweifelt er an dieser Seelsorge.

Dort, wo Menschen sich schon auseinandergelebt haben und die Kommunikation zusammengebrochen ist, verbreitert Seelsorge unter vier Augen in der Regel die Kluft. Wenn jedoch beide Parteien zugegen sind, kommen beide Seiten einer Streitfrage zum Zug. Wenn beide Parteien (oder alle, wenn noch mehr Menschen betroffen sind, z. B. Kinder, Eltern oder Großeltern) mitreden können, kann sich der Berater ein genaueres Bild der Situation machen. Die Gegenwart anderer verhindert, daß Tatsachen grob entstellt werden. Es kommt oft vor, daß jemand eine überzeugende, klare und scheinbar hieb- und stichfeste Geschichte präsentiert, die zu neunzig Prozent abgelehnt werden muß, nachdem man eine Widerlegung oder Erklärung der Gegenseite gehört hat. Jemand mag recht überzeugend argumentieren, wenn niemand dabei ist, der ergänzt.

Frau R. erzählte herzbewegend und mit Tränen, ihr Mann wolle ihr seit fünf Jahren kein Geld mehr geben. Ein eingehendes Gespräch mit ihrem Mann, der zugegen war, machte klar, daß er nur aufgehört hatte, ihr für Dauerwellen und ein paar andere Dinge Geld zu geben, und daß im Grunde sie die Schuld trug, daß ihr Mann diese Maßnahme ergriffen hatte.

Jeder Seelsorger sollte sich Spr. 18, 17 und 14, 15 zu Herzen nehmen: „Wer vor Gericht zuerst auftritt, hat recht; kommt aber die Gegenseite (zu Wort), widerlegt sie ihn“ und: „Der Einfältige glaubt jedem Wort, aber der Kluge achtet auf seine Schritte.“

Seelsorge darf nicht um ihrer selbst willen getrieben werden. Ihre Form muß dem Ziel angepaßt werden und zum Erreichen des Zieles mithelfen. Das Ziel aber ist Liebe zur Ehre Gottes (vgl. oben S. 47 f.). Bekennen allein schafft nicht Liebe, sondern Bekennen, das Versöhnung will (vgl. Matth. 5 und 18). Ein Bekenntnis, das nicht eine Versöhnung anstrebt, ist nicht biblisch. Es ist ein egozentrisches Aussprechen, mit dem man seinem Herzen zu seinem eigenen Vorteil Luft macht. Gruppenseelsorge führt eher zur Versöhnung, während Seelsorge unter vier Augen eher Entspannung zur Folge hat. Die Betonung, die die Bibel auf Liebe durch Versöhnung legt, sollte uns dazu bringen, die Bedingungen zur Versöhnung zu schaffen, indem wir die Seelsorge auf Versöhnung ausrichten.

Oft sind Ratsuchende erstaunt über das, was sie im Gespräch der Gruppenseelsorge zu hören bekommen. Frau D. klagte ihren Mann des Diebstahls an. Sie behauptete, er habe von jedem Monatslohn Geld auf die Seite geschafft, sie könne es auch beweisen. Der Berater fragte: „Was sagen Sie dazu, Herr D.? Haben Sie das Geld genommen?“ Er gestand es ein, zog seine Brieftasche hervor und legte das Geld auf den Tisch. Er erklärte dann, daß er das Geld gespart (nicht gestohlen) habe, um seiner Frau ein größeres Geschenk zu ihrem zehnten Hochzeitstag zu kaufen.
Ein christliches Ehepaar war länger als ein Jahr bei einem Psychiater (der ebenfalls Christ war) in Behandlung. Der Psychiater behandelte die beiden getrennt. Der Mann hatte ernsthafte Depressionen und wollte seine Arbeit aufgeben. Weil während der ganzen Zeit keine Fortschritte erzielt wurden, sondern die Situation noch schlimmer wurde, kamen sie in ein nuthetisches Seelsorge-Zentrum, wo sie zum erstenmal zusammen beraten wurden. Zu Beginn der ersten Unterredung sagte der Mann: „Wir haben gehört, daß Sie hier Dinge rasch erledigen; darum kamen wir hierher. Wir brauchen sofort Hilfe.“
Während der Unterredung nahm der Seelsorger sie ganz ernst, wenn sie über ihre Sünden sprachen. Er ging jeder derartigen Andeutung sorgfältig nach und gab darauf eine Antwort, die aus seiner Überzeugung als Christ kam. Der Mann war offensichtlich erstaunt darüber und zeigte sich ermutigt, und als er überzeugt war, daß es hier um wahrhaft christliche Seelsorge ging, wandte er sich plötzlich zu seiner Frau: „Ich will dir etwas sagen, das ich bisher noch keinem Menschen anvertraut habe: Ich liebe dich nicht. Ja, ich weiß nicht, ob ich dich in all den Jahren unserer Ehe jemals geliebt habe.“

Zweifellos haben viele Faktoren dazu beigetragen, daß er sich entschied, seine lange verborgengehaltene Schuld seiner Frau in der ersten Unterredung zu gestehen. Ein Hauptfaktor war jedoch ihre Gegenwart. Mehr als ein Jahr war er in der Beratung gewesen, doch hier hatte er zum erstenmal die Gelegenheit, sein Herz in der Gegenwart eines Menschen auszuschütten, der helfen konnte, das Problem zu lösen. Er hatte während vieler Jahre schwer unter seinem Geheimnis gelitten; Jahre, die noch unnötigerweise verlängert wurden durch diese psychiatrische Beratung, in der es ihm leicht gemacht wurde, sein Geheimnis weiterhin für sich zu behalten. Gruppenseelsorge dagegen, die nicht auf den Prinzipien von Rogers aufgebaut war, ermutigte ihn, seiner Frau sein Herz auszuschütten.
Es zeigte sich dann, daß er unter Liebe etwas Falsches verstand. Dieses Mißverständnis konnte berichtigt werden, und viele Probleme wurden gelöst. Die Familie wurde wieder zusammengebracht und eine gänzlich neue Liebesbeziehung aufgebaut.
Daß in der nuthetischen Seelsorge alle Betroffenen einbezogen werden, ist einer der Gründe dafür, daß „Dinge rasch erledigt werden".

Hilfe empfangen und weitergeben

Gruppenseelsorge erlaubt es dem Berater auch, Dritte zur Unterstützung heranzuziehen. Oft tragen gerade sie viel zum Erfolg bei. Wenn andere Menschen (z. B. Familienglieder) wissen, was in der Seelsorge geschieht, besteht die Möglichkeit, daß sie Mitberater werden, die die Seelsorge zwischen den Beratungen weiterführen können. Der Einfluß der Seelsorge verblaßt so nicht nach einer halben Woche. Der Ratsuchende braucht auch nicht wöchentlich zur Unterredung zu kommen, um wieder eine „Spritze" zu erhalten. Er ist weniger vom Seelsorger abhängig. Ein anderer ist an seiner Stelle täglich zugegen, um ihn an die Verpflichtungen, die er in der Unterredung eingegangen ist, zu erinnern und ihm zu helfen, sie einzuhalten.
Dieser „Beraterassistent" kann auch dafür sorgen, daß die Atmosphäre für die Erledigung der Hausaufgaben förderlich ist. Er weiß, worauf die Seelsorge ausgerichtet ist. Und so kommt es auch nicht vor, daß er unwissentlich gegen die Absichten des Seelsorgers arbeitet. Hinzu kommt, daß ja alle ihre Schwierigkeiten haben, auch wenn der Ratsuchende zu Beginn glaubt, nur er habe Seelsorge nötig. Die Hilfe ist selten nur einseitig: Die anderen, die zur Mithilfe heran-

gezogen wurden, wachsen auch, und so wachsen alle zusammen. Sie lernen, gemeinsam etwas zu unternehmen, und sie arbeiten zusammen, so daß in der gesamten Umgebung eine Veränderung eintritt.

Gruppenseelsorge bietet auch Gelegenheiten, wichtige Entscheidungen miteinander zu treffen. Herr und Frau M. führten ein recht jämmerliches Leben. Beide hatten außereheliche sexuelle Beziehungen. Zur Zeit ihrer Heirat waren sie noch nicht Christen. Bis vor kurzem hatten sie keine Ahnung vom christlichen Glauben. Jetzt, im achtzehnten Jahr ihrer Ehe, wurden sie Christen. Herr M. hatte sich während des letzten Jahres mit einer anderen Frau getroffen. Er wollte sie nicht aufgeben. Maja aber kam ihm auf die Spur und brachte ihn dazu, ihr zu versprechen, dieses Verhältnis zu lösen. Er hielt das Versprechen nicht. Während annähernd eines Jahres lastete die Schuld des Doppellebens und des gebrochenen Versprechens auf ihm, und je mehr sein christlicher Glaube eine Realität wurde, desto schwerer bedrückte es ihn.

Was sollte er tun? Er kam zur Seelsorge. Er gab vor, über seinen Sohn reden zu wollen, aber schon in der ersten Unterredung dauerte es nicht lange, bis das eigentliche Problem zur Sprache kam. Sein Seelsorger sagte zu ihm: „Sie müssen dieses Verhältnis aufgeben. Wenn Sie Ihre Ehe wieder in Ordnung bringen wollen, werden Sie Ihrer Frau davon erzählen müssen. Sagen Sie ihr, daß Sie gelogen haben; daß Sie sich immer noch mit dieser Frau getroffen haben. Sie müssen sie um Vergebung bitten und ihr versichern, daß Sie es jetzt ernst meinen mit dem Versprechen und sie bitten, Ihnen zu helfen, es zu halten." „Das kann ich nicht", war seine Antwort. „Dann können wir Ihnen nicht helfen." Nachdem über Gottes Gebote und seine Gnade gesprochen worden war, sagte Herr M.: „Gut. Ich tu's." Er bat Gott um Vergebung und Hilfe, und der Seelsorger betete mit ihm. Am Nachmittag sollte Herr M. mit seiner Frau zu einer zweiten Unterredung erscheinen.

In dieser Unterredung gestand er seiner Frau die Wahrheit. Er bekannte, daß er gelogen hatte und noch in diesem Augenblick die Schlüssel zur Wohnung der anderen Frau in der Tasche trage. Frau M. war erschüttert, aber sie war doch froh, daß er es ihr gesagt hatte, und sie nahm es mit Fassung auf. (Wahrscheinlich ertrug sie es besser, weil ein Seelsorger zugegen war, der ihnen helfen konnte, den nächsten Schritt zu tun.)

„Was können wir tun?" fragte sie. „Ich bitte dich, mir zu vergeben und mir zu helfen, mich meinem Glauben gemäß zu verhalten", sagte

Herr M. Seine Frau erwiderte: „Ich vergebe dir, wenn du es ernst meinst. Willst du wirklich unsere Ehe retten?“ „Ja“, sagte er (es klang fast so, als ob er noch einmal vor dem Traualtar stünde). Vor dem Ende der Unterredung hatte auch sie ihn für ihre Seitensprünge um Vergebung gebeten und sie auch empfangen. „Was sollen wir als nächstes tun?“ fragte Herr M. Man besprach den nächsten Schritt und beschloß, er soll die andere Frau anrufen und ihr sagen, er werde sich nicht mehr mit ihr treffen.

In der nächsten Woche kamen beide zu einer weiteren Unterredung. Während der Woche hatten sie sich wegen der Schlüssel zur Wohnung jener anderen Frau gezankt. Beide waren sich einig, daß er sie nicht behalten konnte. Aber wie sollte er sie loswerden? Konnte er sie der Frau zurückbringen? Oder sollte er sie fortwerfen? Beide fanden es wichtig, daß unverzüglich etwas unternommen wurde. Die Sache hatte Frau M. ziemlich durcheinandergebracht. Der Seelsorger sagte: „Geben Sie mir diese Schlüssel!“ Fast feierlich legte Herr M. einen nach dem anderen auf den Tisch. Seine Frau merkte, daß es ihm ernst war. Nachher war sie ein ganz anderer Mensch. Dieses endgültige Abbrechen der Brücken bedeutete ihr sehr viel. Die Schlüssel blieben bei den Unterlagen des Seelsorgers, als Zeichen dafür, daß Herr M. es ernst meinte. Wenn es jemals nötig sein sollte, könnte er sie in Zukunft Herrn M. oder seiner Frau vorzeigen, um sie an das Versprechen zu erinnern. Das wird aber kaum nötig sein. Diese Schlüssel sind wie ein Denkmal in ihrem Leben; wie die Steinhügel, die die Patriarchen aufrichteten, eine Art Meilenstein auf dem Weg der Heiligung.[18]

In unseren Akten befinden sich noch andere Symbole verschiedenster Art. Da stößt man auf den Umschlag einer Zigarettenpackung, die eines Abends jemand aushändigte, der die Sucht schon lange bekämpft hatte und sie an jenem Abend aufgeben wollte. Ein anderer Umschlag enthält das Bild eines Mannes, das eine Frau hätte fortwerfen sollen, als sie schließlich einen anderen heiratete. Das Bild bezeugte, daß sie sich vorgenommen hatte, die Gewohnheit aufzugeben, auf sündige Art an diesen Mann zurückzudenken. Wieder ein anderes Bündel enthält eine Rasierklinge, die ein Pfarrer in der ersten Unterredung aus sei-

[18] Vgl. den Gebrauch, den Gott von „Zeichen“ macht in 4. Mose 15, 37—41. Sein Volk sollte Quasten an den Kleidern tragen, die sie daran erinnern sollten, seinen Geboten Folge zu leisten. Jemandem war ein großes A aus Isolierband, das er an die Haustür geklebt hatte, eine Hilfe, um daran erinnert zu werden, daß er den Abfall hinaustragen sollte.

nem Geldbeutel nahm und sagte: „Wäre mir heute nicht geholfen worden, hätte ich mir damit das Leben genommen."
Oft kann ein konkretes Zeichen eine Hilfe zu der Entscheidung werden, mit der Vergangenheit zu brechen. In den drei erwähnten Fällen war der ausgehändigte Gegenstand selbst eine Versuchung zur Sünde.
Der Gedanke der Gruppenseelsorge ist nicht neu. Der Wert und die Bedeutung der Familienseelsorge sollte für Bibelleser keine Überraschung sein. Die Bibel zeigt deutlich, daß es der Wille Gottes ist, in seinen Bund ganze Familien aufzunehmen und sie zu heiligen.
Die Gruppenseelsorge wurde uns zu einem besonderen Anliegen, und wir hoffen, eines Tages Freizeiten für Familien zu veranstalten, damit ganze Familien eine radikale Änderung durch Christus erfahren und als neue, zusammenarbeitende Einheiten nach Hause zurückkehren können. Freizeiten für einzelne Familienglieder haben den Nachteil, daß die anderen der Familie, die nicht mit auf die Berge geklettert und beim Gipfelerlebnis dabei gewesen sind, dem Enthusiasmus des Heimkehrenden oft einen Dämpfer aufsetzen. Seelsorge an ganzen Familien während einer Woche des Zusammenlebens scheint eine der besten Gelegenheiten zu sein, um die Vorteile der Gruppenseelsorge in vollem Ausmaß auszunützen.

Und wenn nur einer kommt ...?

Manchmal wird nur einer von denen, die mit einem Problem zu tun haben, bereit sein, in die Seelsorge zu kommen. Dies war der Fall bei Herrn und Frau A. Herr A. kam und erzählte, daß seine Frau ihm zum zweitenmal mit der Scheidung gedroht habe, und daß sie nun damit Ernst machen wolle. Seit zwanzig Jahren waren sie verheiratet, die Kinder waren erwachsen, einige von ihnen hatten das Elternhaus verlassen und waren selber dabei, Familien zu gründen. Frau A. sagte nun zu ihrem Mann: „Ich habe mit dir zusammengelebt, bis die Kinder groß waren; jetzt will ich aber frei sein. Ich halte es nicht mehr länger aus. Du liebst mich nicht, und ich liebe dich nicht." Herr A. wollte seine Ehe nicht scheitern lassen. Denn er liebte seine Frau wirklich, und, wie sich später herausstellte, liebte auch sie ihn. Aber sie hatte es aufgegeben, mit ihm ins Gespräch zu kommen, zu ihm durchzudringen.
Er kam also allein zur ersten Unterredung und sagte, er wolle seine Ehe retten, habe aber keine Ahnung, wie er das fertigbringen solle.

Die Seelsorger baten ihn, das nächste Mal seine Frau mitzubringen, denn eine Ehe sei eine Angelegenheit von zwei Personen. Er antwortete: „Sie wird nie kommen. Ich bat sie, aber sie lehnte es ab und bestand auf einer Scheidung. Es ist zu spät, es gibt keine Hoffnung mehr."
Wie kann eine Ehe gerettet werden, wenn nur der Mann zugegen ist? Die Seelsorger erklärten: „Wir können für nichts garantieren. Aber Sie sollten einmal versuchen, Ihrer Frau ganz anders zu begegnen, als Sie es in der Vergangenheit gewohnt waren." Miteinander durchforschten sie sein Leben und fanden heraus, daß er ihr gegenüber Groll und Bitterkeit gehegt hatte und daß einige bestimmte Dinge ihm besonders zu schaffen machten. Die Seelsorger sagten ihm, daß Bitterkeit Sünde ist, und daß er sie seiner Frau bekennen sollte, ob sie nun positiv oder negativ darauf reagiere.
Nach einem Gebet legte Herr A. vor Gott ein volles Geständnis seines Grolls ab und ging nach Hause, um diese Angelegenheit mit seiner Frau in Ordnung zu bringen. Er erhielt folgende Anweisungen: „Wir wissen nicht, wie Ihre Frau reagieren wird, wir kennen sie ja nicht einmal. Aber eines wissen wir. Ihnen wird es besser gehen, wenn Sie tun, was Gott Ihnen gebietet. Sie haben den Frieden gesucht. Sie haben dann alles getan, um die Sache in Ordnung zu bringen und eine Versöhnung herbeizuführen. Wenn Sie mit Ihrer Frau über Ihre Fehler, Sünden und Versagen sprechen werden, wird sie wahrscheinlich interessiert sein; denn dies ist der Anfang echter Kommunikation. Wenn Leute über ihre eigene Sünde zu sprechen beginnen, wird das Gegenüber aufhorchen. Ihre Frau hat schon seit längerer Zeit ihren Blick auf Ihre Fehler gerichtet. Jetzt werden Sie beide die gleiche Sprache sprechen. Sie werden sie nicht mehr vor den Kopf stoßen — was immer geschieht, wenn Sie über Ihre Frau sprechen, anstatt über sich selbst —, sondern Sie werden wahrscheinlich sehen, daß sich Ihre Frau auf diese Weise mit Ihnen versöhnen wird."
Herr A. ging mit gemischten Gefühlen nach Hause. Einige Zeit später rief er uns an und sagte triumphierend: „Meine Frau kommt das nächstemal auch in die Seelsorge! Erinnern Sie sich, Sie sagten mir, daß sich meine Frau mit mir versöhnen werde, wenn ich zuerst über meine Schwierigkeiten spreche, meine Sünde bekenne und um Vergebung bitte. Sie hatten recht. Genauso war es. Als ich nach Hause kam, stand sie in der Küche. Ich ging zu ihr und sagte: ‚Liebling, es tut mir wirklich leid, daß ich ein so schlechter Ehemann war. Ich habe so viele Fehler gemacht.' Ich bekannte ihr dann noch genauer, was ich

damit meinte, und sagte: ‚Es ist mein Fehler. Ich möchte, daß du mir vergibst. Vergib mir bitte und hilf mir, ein besserer Ehemann zu werden.‘ Sie drehte sich um und fiel mir so ungestüm um den Hals, daß ich aufpassen mußte, nicht hinzufallen ...“ Beide flickten nicht bloß ihre Ehe wieder zusammen, sondern begannen ein ganz neues Leben. Auf viele Fragen konnte Antwort gefunden werden, und sie freuten sich auf jene Zeit, wenn die Kinder fort sein würden und sie das Leben neu miteinander genießen konnten.

Ein anderer Ehemann, der nur in die Seelsorge kam, weil seine Frau sich entschuldigt und um Vergebung gebeten hatte, bemerkte: „Ich hätte mir nie träumen lassen, daß ich jemals aus ihrem Munde vernehmen würde: ‚Es tut mir leid.‘ Deshalb bin ich nun gekommen ...“ Viele ähnliche Beispiele könnten angefügt werden, die alle nur illustrieren, was Petrus in seinem ersten Brief (3, 1. 2) schreibt, daß man andere, die nicht auf Worte hören wollen, durch das Verhalten (den „Wandel“) beeinflussen kann.

Die tägliche Andacht

Wir versuchen, in der Familie jedes Ratsuchenden regelmäßiges Bibelstudium und Gebet einzuführen. Die Lösung von Problemen ist ein Mittel, um in der Liebe zu Gott zu wachsen. Bibelstudium und Gebet dürfen nie nur als Mittel betrachtet werden, die beim Überwinden von Schwierigkeiten helfen und das Leben ein wenig angenehmer machen. Wenn man nicht in einer lebendigen Gemeinschaft mit Gott steht, kann man nicht zum Bild seines Sohnes heranwachsen (vgl. 2. Kor. 3, 18). Die tägliche Andacht hilft, die Gemeinschaft mit Gott durch sein Wort und das Gebet aufrechtzuerhalten.

Der Morgen ist wohl die beste Zeit für eine Andacht. Meistens kann dann die ganze Familie zusammenkommen. Die Familienglieder müssen sich natürlich die Zucht auferlegen, früh genug aufzustehen, um genügend Zeit zu haben. Das Lesen eines kleineren Abschnittes, der einen Grundsatz klarmacht, ist wohl überall dort die beste Methode, wo man mit Bibellesen neu anfängt. Es ist besser, einen Vers zu lesen und zu verstehen, als ein Kapitel oder ein ganzes Buch, ohne es zu verstehen.

Sobald eine Aussage klar genug erscheint, soll man dort aufhören und über den betreffenden Grundsatz nachdenken. Man kann sich fragen,

ob dieser Grundsatz eine Verheißung, ein Gebot, eine Pflicht, eine Warnung enthält.
Dann soll der Bibelleser für den kommenden Tag beten und Gott bitten, ihm zu helfen, diesem Grundsatz nachzuleben. Wenn er z. B. den Vers gelesen hat: „Tut Gutes denen, die euch hassen" (Matth. 5, 44), soll er sich überlegen, wie das sein Verhältnis zu seinem Mitarbeiter in der Fabrik bestimmt. Er soll seiner Frau Gutes tun, obschon sie an ihm herumzunörgeln begann, kaum daß er zu Hause war. Er soll seinem Nachbarn Gutes tun, obwohl der seine Kinder nicht in Zucht genommen hat, nachdem man ihn wiederholt darauf aufmerksam gemacht hatte, daß sie Steine in den Benzintank seines Autos getan hatten.
Wie das Problem auch aussehen mag, der biblische Grundsatz muß überall, wo es möglich ist, angewandt werden. Das Bibellesen darf nicht bloß theoretisch bleiben. Es verliert seine Bedeutung, wo man die Bibel als ein vom Leben getrenntes Buch ansieht. Die Bibel ist voll von Grundsätzen (meist sind sie mit konkreten Situationen verbunden oder darin eingebettet), die wirklich in die Tat umgesetzt werden können. Die Verse werden lebendig, wenn sie Teil des Lebens werden.

„Zusammenpassen" in der Ehe

In diesem Kapitel wurde etwas über die Ehe und Eheschwierigkeiten angedeutet. Ein Letztes sei hier noch angefügt. Nur Ehebruch oder böswilliges Verlassen können den Ehebund auflösen.[19] Von diesen Ausnahmen abgesehen, scheidet nur der Tod. Nicht-Zusammenpassen, heute ein oft angegebener Grund für die Scheidung, ist kein berechtigter Scheidungsgrund vor Gott. Die Diskussion um das Zusammenpassen hat jedoch solche Ausmaße angenommen, daß man wohl fragen sollte, was überhaupt damit gemeint ist. Ist es wirklich wichtig? Wie kann man feststellen, ob zwei Menschen zusammenpassen? Ist es etwas Festes und Unveränderliches? Was können Christen tun, um zusammenzupassen?
Daß romantische Liebe zur Eheschließung führt, ist etwas relativ Neues. Seit den Tagen der Bibel bis erst vor kurzem wurden die Ehepartner von den Eltern bestimmt. So enthält die Bibel recht wenig

[19] Vgl. John Murray, *Divorce* (Presbyterian and Reformed Publishing Co. Philadelphia 1961). Er gibt die exegetische Grundlage für diese Aussage. Murrays Arbeit an 1. Kor. 7 ist außerordentlich wertvoll.

Romantik, es gibt jedoch auch im Alten Testament Hinweise darauf, daß romantische Liebe zwischen zwei Menschen zur Heirat führte (vgl. die Geschichte Jakobs in 1. Mose 29 und das Hohelied).
Ist es wichtig, daß zwei Menschen „zusammenpassen"? Selbstverständlich ist dies wichtig für eine Ehe. Aber dieses Zusammenpassen ist nicht von vornherein gegeben. Alle Untersuchungen bestätigen, daß Menschen gleicher sozialer Herkunft und gleicher Bildung besser miteinander auszukommen scheinen. Dennoch ist ein derartig äußerliches Zusammenpassen nicht grundlegend und deshalb nicht unbedingt entscheidend für eine gute Ehe. Diese Untersuchungen erwähnen auch die Religion als einen wesentlichen Faktor. Der Glaube ist ein entscheidender Faktor des Zusammenpassens: Christen sollten „nur im Herrn" heiraten (1. Kor. 7, 39). Gläubige verweigern Gott den Gehorsam, wenn sie Ungläubige heiraten, und sie können nicht erwarten, daß ihre Ehe gutgeht. Gleiches Alter, gleiche Rasse, gleicher sozialer Status mögen erwünscht sein, sind aber sekundär.
Die Bibel selbst macht keine solchen Voraussetzungen. Die Herkunft zweier Menschen, die sich heiraten, kann sehr unterschiedlich sein, und dadurch können sie sehr verschieden geprägt sein. Wenn Mann und Frau aber gelernt haben, den Schwierigkeiten auf biblische Art zu begegnen, dann passen sie, *ungeachtet ihrer Herkunft,* besser zusammen als zwei Menschen mit kulturell praktisch gleicher Herkunft, die nicht Christen sind. Denn sie wissen, wie die Unterschiede zu überbrücken sind, und die Verschiedenheit ihrer Herkunft wird zur gegenseitigen Bereicherung.
Darum werden nuthetische Seelsorger nie zu einem Ehepaar sagen: „Sie werden's nicht schaffen, weil Sie nicht zusammenpassen. Es wäre besser für Sie, wenn Sie getrennt lebten."
Wenn beide Christen sind, oder wenn beide es werden, wird ihre Ehe ein Erfolg werden, wenn sie bereit sind, nach biblischen Grundsätzen daran zu arbeiten und die Mittel zu gebrauchen, die Gott uns dazu gegeben hat. Oft passen Menschen nur scheinbar nicht zusammen, weil sie sich nicht miteinander abgeben. Eine Frau klagte: „Mein Mann kennt und versteht die Leute, mit denen er arbeitet, besser als mich, seine eigene Frau, obwohl wir schon vierzehn Jahre verheiratet sind." In der Seelsorge kam zutage, daß er mehr dafür einsetzte, seine Leute im Büro kennenzulernen, als er für seine Ehe tat.

Wenn man über das Zusammenpassen spricht, darf man das Wichtigste nicht vergessen: daß die Persönlichkeit verändert werden kann. Persönlichkeit ist die Gesamtsumme dessen, was wir zu einem bestimmten Zeitpunkt sind. Es gibt eine fast unendlich große Zahl von Möglichkeiten, die genetischen Anlagen zu gebrauchen. Menschen sind eine Kombination ihrer genetisch bestimmten *physis* (Natur) und dessen, was sie mit dieser *physis* gemacht haben. Ein Ungläubiger wird von Natur aus sündhaft reagieren. Der Christ dagegen weiß, daß er durch die Kraft des Heiligen Geistes so leben kann, wie Gottes Gebote es fordern. Er wird durch den Heiligen Geist mehr als ein „natürlicher" Mensch (vgl. 1. Kor. 2). Er wurde verändert und kann weiterhin seine Persönlichkeit durch das Wirken des Heiligen Geistes verändern.

Schlechte Gewohnheiten können zur „zweiten Natur" werden. Ratsuchende, denen Rücksicht und Besorgtheit um andere abgehen, haben schlechte Gewohnheiten entwickelt, die in einer Ehe zu Störfaktoren werden, denn jede Gewohnheit wird mit in die Ehe hineingenommen. Aber Gewohnheiten können geändert werden. Zu Hause lernt man eine Sprache, aber man kann in ein anderes Land ziehen und eine neue Sprache erlernen. Ein Mensch kann seine Gewohnheiten hinter sich lassen, wenn er bereit ist, daran zu arbeiten; er kann sich Höflichkeit, Zärtlichkeit und Rücksichtnahme zur Gewohnheit machen. Wenn zwei Christen in der rechten Art alles besprechen, was sie stört, wenn sie Gottes Willen tun wollen, wenn sie unter Gebet miteinander daran arbeiten, dann können sie ihre Probleme lösen.

Auch lächerlich kleine Dinge können auf die Dauer ernste Konflikte erzeugen. Vielleicht hat der Mann die Gewohnheit, die Suppe genießerisch zu schlürfen, was seine Frau als ekelerregend empfindet. Wenn es echte Kommunikation in diesem Haus gibt, kann liebevolle, christliche Rücksicht die Schwierigkeit überwinden. Sie wird ihm sagen, daß diese Gewohnheit auf sie abstoßend wirkt. Er wird ihr danken, daß sie es ihm gesagt hat. Und die beiden werden in Liebe eine Lösung suchen, die beiden entspricht.

Mit anderen Worten: Wenn zwei Menschen eine neue Einheit bilden und also auch gemeinsam Entscheidungen fällen, können sie nicht alle Sitten und Lebensgewohnheiten aufrechterhalten, die sie vorher pflegten. Keiner soll erwarten, daß stets der andere sich ändert, sondern beide sollten zusammen durchdenken, wie ihre neue Einheit aussehen kann.[20] Dabei sollten sie bewußt das Beste (die christlichen Elemente)

---

[20] Es ist wichtig für den Mann, Vater und Mutter zu „verlassen" und seiner Frau „anzuhangen" (1. Mose 2, 24), sonst kann er nie das Haupt dieser neuen Einheit werden, wie es im ersten Buch Mose und in Epheser 5 beschrieben ist. Viel müßte zum Verhältnis von Mann und Frau gesagt werden,

aus ihren Familien übernehmen. Auf diese Weise wird ihre Ehe etwas anderes, vollkommen Neues werden, das besser ist als das, was beide hinter sich gelassen haben.

Probleme der Kommunikation sind Folge der Sünde im Garten Eden, deshalb können sie nie mit Methoden nach Rogers oder Freud oder mit denjenigen der Verhaltensforschung gelöst werden. Nur Gott, der den Menschen erschaffen hat, kann ihm den Weg zurück zur verlorenen Harmonie und vollkommenen Gemeinschaft weisen.

---

das hier nicht erwähnt werden kann. Weil die Forderung, daß der Mann das liebende Haupt der Frau sein soll, nicht recht verstanden wurde, haben Christen oft eine erdrückende, tyrannische Herrschaft über ihre Frauen ausgeübt, die gar nicht mehr im Einklang steht mit dem Geist von Epheser 5 und Sprüche 31 (wo beschrieben wird, wie die Gaben der Frau in vollem Ausmaß zum Nutzen der ganzen Familie ausgeübt werden).

11. Der Lehrer als Seelsorger

Was wir bisher über Seelsorge gesagt haben, ist überall da, wo Christen zusammenkommen, von Bedeutung. Dies ist auch die Aussage von Kol. 3, 16, wo Paulus alle Christen dazu auffordert, einander nuthetisch zurechtzuweisen.[1] Wenn aber Christen in jeder Situation mit Erfolg nuthetische Prinzipien anwenden können, dann hat in besonderem Maße ein Lehrer eine ausgezeichnete Möglichkeit dazu. Der einzige Unterschied zwischen Klassenzimmer und Studierzimmer ist darin zu sehen, daß das Klassenzimmer eines christlichen Lehrers viel mehr Gelegenheiten zur Seelsorge bietet. Deshalb finden wir es wichtig, uns in einem Kapitel zu überlegen, wie dieses bisher fast ungebrauchte Potential erschlossen werden könnte.[2]

Der christliche Lehrer (nicht ein „zuständiger Spezialist“) hat die Schlüsselposition zur Seelsorge in der Schule. Ein qualifizierter Lehrer, der die nötige Überzeugung und ein Minimum an Ausbildung und Erfahrung besitzt, kann wirkungsvoller beraten als ein außenstehender „Fachmann“. Die Seelsorge, die in diesem Buch in Grundsätzen beschrieben wurde, kann in der Schule angewandt werden. Ja, sie zeigt dort oft noch tiefgreifendere Veränderungen und raschere Resultate als in Seelsorgesprechzimmern.

Wie andere Christen hat auch der christliche Lehrer alle Hilfsmittel, die Gott uns gegeben hat, zu seiner Verfügung: die Führung des Heiligen Geistes durch Bibel, Gebet und die Gemeinde. Dazu kommt, daß

---

[1] Vgl. zu diesem Punkt auch Hebr. 3, 13; 10, 24—25 und Gal. 6, 1—2.

[2] In den USA bestehen neben den öffentlichen Schulen zahlreiche Schulen, die von den verschiedensten Gruppen und Kirchen getragen werden und die z. T. einen ausgezeichneten Ruf genießen. Im folgenden hat der Verfasser den Lehrer an einer *christlichen* Schule im Auge. Nicht alles in diesem Kapitel Gesagte läßt sich direkt auf die europäischen Verhältnisse anwenden. Wir haben dieses Kapitel unverändert aus der Originalausgabe übernommen, weil sich darin u. E. sehr viele Anregungen finden, die auch für den christlichen Lehrer an einer europäischen Staatsschule bedenkenswert sind (Anm. d. Übers.).

die Schüler, mit denen der Lehrer arbeitet, meistens jünger sind als die Menschen, die in die Seelsorge kommen. Ihre Gewohnheiten sind noch nicht erstarrt; viele werden erst angenommen. Die Anpassungsfähigkeit der Kinder und Jugendlichen ist ein bedeutender Vorteil.

Das Leben im Klassenzimmer bietet ideale Seelsorgebedingungen. Es eignet sich vortrefflich zur Einführung oder Änderung von Lebensgewohnheiten. Zunächst einmal bietet das Klassenzimmer eine Umwelt und eine Atmosphäre im Sinne von 5. Mose 6, 7 und 11, 19. Zweitens ermöglicht es ein täglich fortgesetztes Einflußnehmen, das nötig ist zur Einführung oder Änderung von Verhaltensweisen. Drittens gewährt das dem Lehrvorgang eigene Lohn-und-Strafe-System genügend Motivation für die meisten Schüler. Schließlich: Die Schule erreicht den Schüler in seinen produktivsten Stunden am Tag, wenn die größte Energie und Kraft vorhanden sind. Dies sind nur einige der vielen Gründe, die zeigen, daß man nicht übertreibt, wenn man sagt, daß nur wenige Situationen für die Beratung geeigneter sind als der Schulalltag.

Der christliche Lehrer hat die Möglichkeit, einen bedeutenden Einfluß auszuüben. Man wird kaum bestreiten, daß er in den meisten Fällen seinen Schülern viel mehr Hilfe geben kann, als er denkt. Die Frage der Überweisung an einen „Fachmann" ist sicher für ihn geradeso ernst wie für einen Pfarrer. Warum sollte ein Lehrer einen Schüler aus *der* Umgebung fortweisen, die ihm am ehesten Hilfe bringen könnte? Die einzige Antwort darauf ist, daß christliche Lehrer selten dazu ausgebildet werden, dieses Potential zu erkennen, so daß sie meinen, sie könnten nicht helfen. Ich hoffe, daß einige durch dieses Buch so informiert und ermutigt werden, daß sie beginnen, diese Möglichkeiten zu nutzen.

Voraussetzungen

Wo soll ein Lehrer anfangen? Vielleicht ist es am besten, zwei Voraussetzungen im Lehrer-Schüler-Verhältnis, die oben schon erwähnt wurden, noch einmal zu formulieren.

1. Jedes Kind (und jeder Lehrer) hat ungelöste Probleme, wird jeden Tag neu schuldig und braucht Gottes Gnade, um gerettet zu werden und um Probleme so zu lösen, wie Gott es will. Jeder Schüler sollte sich zu Gottes Ehre dahin verändern, daß er im Schulalltag lernt, Probleme biblisch zu lösen.

2. Die Schwierigkeiten „schwieriger" Schüler sind nicht wesentlich verschieden von denjenigen anderer Schüler oder von denjenigen ihrer Lehrer. Natürlich sind nicht alle Schwierigkeiten gleich, jedes Problem unterscheidet sich in den Einzelheiten von den anderen. Alter und Erfahrung bestimmen die Komplexität der Probleme. Aber im Grunde ist kein Fall einzigartig; die Probleme sind qualitativ nicht verschieden. Wir stützen uns hier auf 1. Kor. 10, 13 (vgl. auch S. 111 ff.). Folglich ist klar, daß es echte Hoffnung gibt. Da Gott seinen Kindern nicht größere Prüfungen auferlegt, als sie zu tragen imstande sind,[3] besteht begründete Hoffnung, daß der Lehrer etwas unternehmen kann, um seinen Schülern zu helfen, ihre Probleme auf biblische Art zu lösen. So kann er demütig, aber vertrauensvoll an seine Aufgabe herangehen.

Wenn die Probleme des Lehrers nicht wesentlich anders sind als die seiner Schüler und wenn er für seine Aufgabe als christlicher Lehrer qualifiziert ist (d. h. vor allem einmal, daß er seine eigenen Probleme mit Erfolg lösen kann), dann kennt er bereits die grundlegenden christlichen Prinzipien und Wege zur Problemlösung. Er kann seine Schüler lehren, die Hilfsmittel, die Gott uns gegeben hat, zu gebrauchen, wie er sie für sein eigenes Leben gebraucht hat. Er weiß schon, was er tun muß; er braucht sich nicht erst noch ein esoterisches Fachwissen anzueignen.

Wenn er aber die Fähigkeiten hat, muß er sie auch gebrauchen. Jede Gabe bringt die entsprechende Aufgabe mit sich. Er ist verpflichtet, seinen Schülern zu helfen und darf sich dieser Verantwortung nicht entziehen oder sie an einen anderen abschieben.

Seelsorge heißt Hilfe beim Lösen von Problemen

Unsere vorläufige Arbeitsdefinition für Seelsorge in der Schule lautet: Seelsorge in einer Schule will den Schülern helfen,[4] ihre Probleme so zu lösen, wie Gott es uns gelehrt hat. Zu den Problemen gehören:

---

[3] Gemeint ist natürlich, sie so zu tragen, wie die Bibel es gebietet.

[4] Allen Schülern, nicht nur den störenden „Problemschülern". Ruhige, unterwürfige, gelehrige Schüler *können* ernstere Probleme haben als ihre lebhafteren Klassenkameraden. Vielleicht gewöhnen sie sich schon jetzt an, den Problemen auszuweichen, statt sich ihnen zu stellen. Abgesehen von dieser Möglichkeit ist unsere erste Voraussetzung, die wir annahmen, daß alle Menschen sündigen und deshalb Hilfe brauchen (vgl. S. 221).

1. die Probleme, die sie in die Schule mitbringen, 2. die Probleme, die während der Schulzeit auftauchen, und 3. (wenn sie lernen, biblische Gewohnheiten weiterhin beizubehalten) Probleme, die entstehen, wenn sie die Schule verlassen haben.

Die Schüler werden im allgemeinen neue Probleme mit den alten Gewohnheiten zu lösen versuchen. Wenn sie in der Schule neuen Schwierigkeiten gegenüberstehen (und neue Schwierigkeiten tauchen für Kinder vor allem in der Schule auf), werden sie natürlicherweise diese Schwierigkeiten so angehen, wie sie es sich schon außerhalb der Schule angewöhnt hatten. Diese alten Gewohnheiten der Problemlösung können biblisch sein, aber der Lehrer muß sich bewußt sein, daß viele — wenn nicht die meisten — es nicht sind. Der Lehrer kann sich den zwischenmenschlichen Auswirkungen dieser Gewohnheiten nicht entziehen, denn sie beeinflussen nicht nur das Verhältnis des Schülers zu seinen Klassenkameraden, sondern auch sein Verhältnis zu seinem Lehrer.

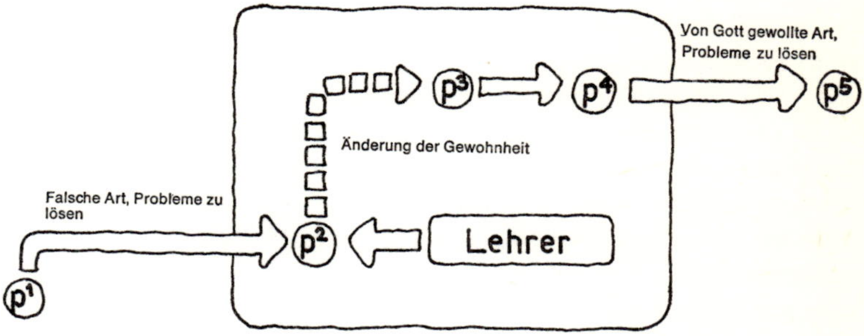

Erklärung zum Schema:

Außerhalb der Schule wurde eine falsche Art, Probleme zu lösen, entwickelt (1). Der Schüler reagiert auf ein Schulproblem, wie er es sich vorher angewöhnt hat (2), aber der Lehrer kann das verhindern mit den Hilfsmitteln, die Gott ihm gegeben hat, so daß eine Veränderung stattfindet und eine neue Gewohnheit aufgebaut werden kann. Diese neue Gewohnheit bestimmt nicht nur das Verhalten gegenüber Problemen in der Schule (3 und 4), sonder später auch gegenüber Problemen, die sich außerhalb der Schule stellen (5).

Wenn der Lehrer dem Schüler nicht hilft, neue Gewohnheiten zu entwickeln und falsche zu ändern, wenn er also das Leben des Kindes in und außerhalb der Schule nicht beeinflußt, dann werden die falschen Gewohnheiten, die das Kind ins Klassenzimmer mitbringt, den Schulbetrieb nachteilig beeinflussen. Für den Lehrer gibt es kein Ausweichen: Entweder setzt sich seine Verhaltensnorm durch, oder die Schüler zwingen ihm ihre auf. Der christliche Lehrer soll die Macht der Gewohnheit, die den Schulalltag prägt, positiv einsetzen, so daß sich die Schüler aus Gewöhnung nach biblischen Verhaltensnormen richten.

Macht der Gewohnheit — ein wichtiger Faktor

Eine Hauptaufgabe des Lehrers ist es, seinen Schülern zu helfen, ihre Probleme recht zu lösen und falsche Methoden zu ändern. Das heißt mit anderen Worten, daß er seine Aufgabe als Werkzeug des Heiligen Geistes in der Heiligung wahrnimmt, indem er den Schülern hilft, den alten Menschen abzulegen und den neuen Menschen anzuziehen.
Ist der christliche Lehrer berechtigt, so etwas zu tun? Diese Frage muß entschieden bejaht werden. Alle Gebote an die Eltern, ihre Kinder zu lehren, Gottes Gebote zu halten (z. B. 5. Mose 6), sind hier direkt anwendbar, denn der Lehrer erhält den Auftrag, *an Stelle der Eltern* zu lehren. Wenn er wirklich an der Stelle der Eltern steht, die ihm für diese Stunden ihre Rechte und Pflichten abgetreten haben, dann hat er damit die Verantwortung zu übernehmen, das Kind in der Lebensweise zu unterrichten, die Gott uns gelehrt hat, und das *in der wirklichen Lebenssituation, die das Kind in der Schule durchlebt* (vgl. 5. Mose 6, 6—7). Daß sich der Lehrer um das Wohl des Schülers kümmert, ist nicht nur sein Recht, sondern seine Pflicht.
All das zeigt, daß die Anweisung zu christlicher Problemlösung ein notwendiger Teil der Arbeit des Lehrers ist. Man muß auch beachten, daß die Stelle im 5. Buch Mose den Eltern (und damit auch dem Lehrer) die doppelte Pflicht auferlegt, Gottes Gebote formal durch Belehrung und in den praktischen Lebenssituationen zu lehren.

Beim Lehrer fängt es an

Die Seelsorge muß damit anfangen (oft tut sie es nicht!), daß die Grundsätze im Leben des Lehrers Gestalt annehmen. Rechte Grundsätze können auf überaus kraftvolle Art durch das lebendige Beispiel des Lehrers vermittelt werden. Wilmer R. Witte schreibt mit Recht: „Kinder sind ausgezeichnete Nachahmer. Einen großen Teil ihrer Bildung eignen sie sich durch Nachahmung an."[5]

[5] Wilmer R. Witte, „Imitators and Examples" (*The Banner,* 3. Oktober 1969, S. 10).

Der Lehrer wird ganz von selber zum Vorbild, sei es zum Guten oder Bösen. Deshalb muß er alles daransetzen, ein Vorbild für jene Lebensweise zu sein, die er weitergeben will. Es ist wichtig, daß er auch ein Vorbild darin ist, wie er mit seinen eigenen Fehlern und Sünden fertig wird. Dann können sich biblische Verhaltensweisen aus dem Lehrer-Schüler-Verhältnis entwickeln. Und schließlich können christliche Problemlösungsmuster durch entsprechende Eingliederung in den Kanon der Verhaltensregeln der Schule offiziell eingeführt werden.
Das Wort *nouthesia* hat für den Lehrer, der *an der Stelle der Eltern* steht, nicht nur Bedeutung, weil es besonders im Kontext der Familie gebraucht wird, sondern auch, weil es so eng mit *didasko* (lehren) verbunden ist. Beide Aspekte gehören zusammen und ergänzen sich gegenseitig (vgl. Kol. 1, 28; 3, 16).
Es stellt sich die Frage, ob es erfolgreiches Lehren ohne nuthetische Zurechtweisung überhaupt gibt. Zum Zusammenleben von Christen gehört nach Röm. 15, 14 und Kol. 3, 16 dieses nuthetische Element, und deshalb erfordert das Verhältnis Schüler—Lehrer, Lehrer—Lehrer und Schüler—Schüler nuthetisches Zurechtweisen.

Jüngerschaft

Jedem Lehrer wird einleuchten, was schon über Jüngerschaft gesagt wurde, da ja seine Schüler in Wirklichkeit seine Jünger sind (das so übersetzte griechische Wort bezeichnet nichts anderes als „Schüler").
Obschon das Klassenzimmer und die gesamte Schulatmosphäre ideal sind, fragen sich viele junge Lehrer, wie sie ihre Schüler erreichen, wie sie ein enges, persönliches Verhältnis zu ihnen aufbauen können. Der Schlüssel dazu liegt im Begriff des Vorbildes.[6]
Christus wählte sich eine Jüngerschaft, um zu lehren. In Mark. 3, 14 lesen wir, wie Jesus die Zwölf auswählte, „damit sie um ihn seien", d. h. seine Jünger würden. In Luk. 6, 40 sagt er über das Lehren: „Jeder aber, wenn er ganz vollendet ist, wird wie sein Meister sein."[7] Man beachte, daß er nicht sagte: „... wird glauben, was sein Meister glaubt", sondern: „Er wird *wie* sein Meister *sein.*" Für Christus war Lehren viel mehr als nur eine Vermittlung von Wissen. Offenbar war seine Methode erfolgreich, denn die Feinde der Jünger merkten aus ihrem Wissen und Verhalten, daß sie „mit Jesus" gewesen waren (Apg. 4, 13).

---

[6] Für eine ausführlichere Besprechung siehe S. 148—153.
[7] Man beachte dieselbe Betonung in Matth. 10, 24—25.

Wie wirkt sich das im heutigen Schulalltag praktisch aus? Indem man diese Grundsätze wörtlich anwendet. Schüler und Lehrer verbringen einen großen Teil ihres Lebens zusammen. Sie sind ja nicht nur Lehrer und Schüler, sondern Menschen, die miteinander ihren persönlichen Problemen zu begegnen haben. Die Schüler haben wirklich *mit* ihren Lehrern zu leben. Der Lehrer ist für den Schüler Vorbild, und häufig ahmt ihn dieser nach und wird „wie sein Meister“. Das geschieht auch dort, wo es einem nicht bewußt wird.

Lehrer und Schüler kommen nicht nur zu Vorlesungen zusammen, sondern zu einem höheren Zweck. Lehrer und Schüler brauchen einander. Einer bildet zu einem großen Teil den Inhalt des Lebens für den anderen, in all den Stunden, Tagen und Jahren, die sie miteinander verbringen. Verhältnisse bahnen sich an, wachsen, ändern, entwickeln sich oder brechen auseinander. Die Verhaltensweisen, die diese Verhältnisse formen und verändern, haben entweder eine biblische Grundlage oder nicht. Entweder spiegeln sie die liebende (d. h. verantwortliche) Beziehung wider, die Gott zu seinen Kindern hat und die sie durch die Befolgung seines Gesetzes ihm und sich untereinander schulden, oder sie tun es nicht. Kein Lehrer kann es sich leisten, diese Fragen zu ignorieren.

Lehren und Tun dürfen nicht getrennt werden. Ob wir es wollen oder nicht, Theorie und Praxis — das liegt in der Natur des Menschenlebens — bilden schon eine Einheit in der Person des Lehrers. Ein Lehrer gibt durch das, was er tut, dauernd Theorie weiter (vielleicht nicht immer die, die er bewußt lehren möchte). Was ein Lehrer tut und sagt, sein Benehmen und seine Launen: all das wirkt als beispielhaftes Vormachen wie Anschauungsunterricht.

Wie verhält sich also ein Lehrer in seinen zwischenmenschlichen Beziehungen mit Kollegen und Schülern? Wie wird er mit seiner Sünde fertig? Hat er seine Schüler gelehrt, ihre Sünden zu verdecken und Entschuldigungen für sie zu suchen, indem er es selbst auch tut? Oder haben sie die biblischen Grundsätze von Umkehr und Versöhnung gelernt, wenn sie gehört haben, wie ihr Lehrer um Verzeihung bittet, nachdem er seinen Fehler eingesehen hat? Haben sie am Beispiel ihres Lehrers gelernt, wie dringend Versöhnung ist, da dieser Schwierigkeiten prompt in Ordnung bringt, bevor die Glocke läutet? Oder sind sie in ihren sündigen Gewohnheiten der Unversöhnlichkeit bestärkt worden, weil sie mitansehen müssen, wie ihr Lehrer jahrelang gegen einen anderen Lehrer im selben Schulhaus einen Groll nährt?

Wenn Fragen besprochen werden, die sich im Schulalltag ergeben, kann der Lehrer diese Diskussion auch zu einer Unterrichtsstunde machen. So kann der Lehrer, wie Jesus es tat, die Grundsätze anhand von Beispielen aus dem Alltag lehren (Mark. 9, 28 f.). Immer aber muß er auf Christus und seine Vergebung hinweisen, um nicht in einen Moralismus abzugleiten. Christus lehrte seine Jünger, indem er gewissermaßen „Seminare" mit ihnen hielt.[8] Diese Art des Lehrens scheint auch in 5. Mose 6 angedeutet zu sein.

Wenn man sieht, welchen Einfluß ein Lehrer auf die Schüler ausüben kann, stellt sich von selbst die Frage nach der Qualifikation des Lehrers. Eltern sollten sehr sorgfältig prüfen, unter wessen Einfluß ihre Kinder in der Schule kommen. Wir haben gesehen (Seite 52—54), daß drei Elemente die grundlegenden biblischen Qualifikationen zu erfolgreicher Seelsorge bilden: Güte, Wissen und Weisheit. Die Leiter einer christlichen Schule dürfen sich mit nichts weniger zufriedengeben, trotz dem Druck, unter dem sie etwa stehen, „vor September noch einen Lehrer zu finden". Man darf diese Anforderungen an einen Lehrer nicht übersehen. Die Frage nach der fachlichen Qualifikation darf nicht allein ausschlaggebend sein.

Wir haben nun viel darüber gesagt, wie Gott einen christlichen Lehrer als Vorbild für seine Schüler gebrauchen kann. Jetzt wäre es jedoch angebracht, noch einige andere praktische Hinweise der Seelsorge zu geben, die ein christlicher Lehrer im Klassenzimmer verwirklichen kann.

Erziehen durch Ordnung

Über die Disziplin, die die Eltern ausüben sollen, ist schon genug gesagt worden. Wir wollen nochmals darauf hinweisen, daß *die Ordnung, die das gewünschte Verhalten regeln soll, früh eingeführt werden muß*. Dies gilt im besonderen auch für die Schule.

Bevor das Volk Israel das verheißene Land betrat, erhielt es die Zehn Gebote. In diesem Zusammenhang zeigte Gott auch die Folgen auf: Strafe oder Belohnung, Segen oder Fluch (5. Mose 11, 26—32; 26, 16—28, 68). *Zu Beginn* der neutestamentlichen Gemeinde stellte Jesus

[8] Vgl. Mark. 6, 7—13. 30; Luk. 9, 10. Dies sind Beispiele dafür, wie Christus nicht nur durch Beispiel und Lehrgespräch lehrte, sondern auch durch Diskussion, praktische Übung und Kritik.

die Regeln des Königreichs Gottes in der Bergpredigt auf. In beiden Fällen bestätigte Gott seine Worte dadurch, daß er sich streng an sie hielt: Er nahm das Leben der Sabbatbrecher und des Ehepaares Ananias und Saphira, die die Regeln gebrochen hatten (vgl. 4. Mose 15, 32 ff. und Apg. 5). Gottes rasches, strenges Handeln sollte zeigen, daß er das, was er gesagt hatte, ernst meinte.
Es leuchtet ein, daß man die Vorteile ausnutzen sollte, die der Anfang eines Schuljahrs mit seiner neuen Situation bietet. Die Kinder haben sich auf eine Veränderung eingestellt. Gibt es eine bessere Zeit, um Änderungen einzuführen? Die Schüler werden den Lehrer daraufhin prüfen, ob er ernst meint, was er sagt, und wo die Grenzen liegen. Die Klasse wird sich den Regeln des Lehrers anpassen, sobald die Schüler sie klar verstehen und an der Haltung des Lehrers merken, daß er jede Regel, die er aufgestellt hat, auch durchsetzen will.

Wenige Regeln genügen

Wie viele Regeln sollte man aufstellen? Oft bricht die Disziplin zusammen, weil ein gutmeinender Lehrer so viele (und oft so unrealistische) Regeln aufgestellt hat, daß er außerstande ist, sie auch durchzusetzen. Das Ergebnis ist Anarchie, weil das Durchsetzen notwendigerweise nur sporadisch erfolgt und willkürlich erscheint. Gott faßte das, was er vom Menschen wollte, in nur zehn Geboten zusammen. Keine Regel sollte aufgestellt werden, die man nicht wirklich durchsetzen kann. Dies ist oberster Grundsatz. Jede Regel muß überwacht und durchgesetzt werden. Wenn sie nicht überwacht werden kann, ist es eine schlechte Regel, die die Schüler nur verwirrt.
Um also zu verhindern, daß der Lehrer inkonsequent handelt oder daß er nur noch zu einem Polizeibeamten wird, soll er sich auf möglichst wenige Regeln beschränken. Mein Kollege Dr. John Miller sagte dazu: „Wenn Sie sich wie ein Gefängniswärter benehmen, benehmen sich Ihre Schüler wie die Insassen eines Gefängnisses.“[9] Wenn nur wenige Regeln aufgestellt, diese aber streng durchgesetzt werden, spart man sich die Mühe, die Schüler wie ein Polizist zu überwachen, und vermeidet den Eindruck des Aufsehers. Strenge Beachtung möglichst weniger Regeln führt am wirkungsvollsten zu der Lektion, die

---

[9] In einem Vortrag vor der Generalversammlung 1969 der *National Union of Christian Schools* in Ambler, Pennsylvania.

der Lehrer vor allem weitergeben will: Gehorsam und Achtung gegenüber Gottes Autorität.[10]

Statt die Regeln ins Unübersehbare wuchern zu lassen, kann man eher allgemeine Grundsätze aufstellen, die sich von den Regeln dadurch unterscheiden, daß ihre Übertretung keine Strafe nach sich zieht. Zu Beginn des Schuljahres kann sie der Lehrer erklären, sie von den wenigen unerläßlichen Regeln abgrenzen und versuchen, die Klasse dazu zu bringen, daß sie sich auf diese Grundsätze verpflichtet. Die Tatsache, daß es außer den Regeln (die von außen überwacht und durchgesetzt werden) auch noch Grundsätze gibt, die nicht von anderen durchgesetzt werden, die vielmehr jeder einzelne selbst in Kraft setzt, bietet eine Gelegenheit, der Klasse zu zeigen, daß auch sie — in Selbstzucht — persönliche Verantwortung zu übernehmen hat.

Eine solche Verpflichtung auf Grundsätze legt dem Lehrer eine leichtere, dem Schüler dagegen eine schwerere disziplinarische Verantwortung auf. Kinder in unteren Klassen brauchen natürlich mehr Regeln als Schüler der oberen Klassen.[11] Für die Schüler ist es wichtig, daß die Verantwortung zuerst klein ist und dann wächst, damit sie nicht unter der schweren Last, die sie noch nicht zu tragen gelernt haben, zusammenbrechen, wenn sie die Schule verlassen. Der Prozeß des Reifens besteht darin, daß man lernt, sich selbst in Zucht zu halten und persönliche Verantwortung zu tragen.

Wenn Verantwortung vom Lehrer auf den Schüler übertragen wird, muß dieser auch dazu angeleitet werden (durch Vorbild und Instruktion), die neuen Pflichten auf biblische Art zu erfüllen. In solchen Übergangsstadien braucht er Ratschläge, biblische Weisungen und Erklärungen, wie die Konsequenzen verschiedener Handlungsweisen sein können. In einigen Fällen, beonders in den unteren Stufen, ist es vielleicht ratsam, eine längere Zeitspanne für den Übergang vorzusehen und manchmal sogar vom Schüler zu verlangen, daß er schriftlich darlegt, wie er seine neue Pflicht so ausüben kann, daß es Gott gefällt.

Zwischenmenschliche Beziehungen im Klassenzimmer

Auch in diesem Abschnitt können wir keine detaillierten Anweisungen für alle Situationen geben. Dagegen sollen einige wichtige Grundsätze

[10] Das Aufstellen von Regeln wurde schon besprochen (S. 158—161).

[11] Dies entspricht auch der Art, wie Gott mit der Gemeinde umging, die

erwähnt werden, die sich auf verschiedenartige Situationen anwenden lassen.

Wir haben schon oft betont, wie entscheidend es ist, Bitterkeit und Groll zu vermeiden, indem man die zwischenmenschlichen Probleme täglich zu lösen versucht. Ein Lehrer könnte sich einiges von dem aneignen, was wir oben über den Familienrat gesagt haben (S. 192 ff.). Vielleicht besteht die Möglichkeit, daß der Lehrer täglich eine bestimmte Zeit festsetzt (während oder außerhalb der Unterrichtszeit), in der Streitfragen, die aufgetaucht sind, besprochen werden. Wie dies im einzelnen gehandhabt wird, bleibt der Phantasie des Lehrers überlassen. Natürlich spielt das Alter der Schüler eine Rolle.

Jeder Lehrer muß für sich selbst den besten Weg finden. Schüler und Lehrer sollten jedoch auf keinen Fall mit ungelösten Schwierigkeiten oder aufgebracht aus der Schule nach Hause kommen. Dabei kann der Lehrer *nicht* die unzähligen *persönlichen* Probleme lösen, die zwischen den Schülern entstehen. Am besten ist es wohl, sich auf zwei Hauptarten von Problemen zu beschränken und zu hoffen, daß die dabei gelernten Grundsätze sich auch auf die Probleme auswirken, die der Schüler mit seinen Kameraden hat.

Zunächst sollten alle jene Probleme, die zwischen dem Lehrer und der Klasse entstanden sind, *immer* besprochen werden, bevor die Klasse nach Hause geht. Dann sollte jede private Angelegenheit zwischen dem Lehrer und einem Kind (oder mehreren) auch privat erledigt werden, bevor der Tag zu Ende ist. Darunter fallen auch Privatangelegenheiten, die zwar nur die Schüler angehen, aber dem Lehrer zur Kenntnis gebracht werden, etwa: „Herr L., Hans hat meinen Ball gestohlen!" Auch diese Dinge betreffen nicht die ganze Klasse und sollten deshalb nicht vor der Klasse, sondern „privat" mit den Beteiligten behandelt werden.

Die Grundsätze, die an anderer Stelle in diesem Buch erwähnt sind, gelten auch für all diese zwischenmenschlichen Beziehungen. Auf folgende Dinge sollte der Lehrer besonderen Nachdruck legen: daß eine Versöhnung nicht aufgeschoben werden soll, daß man Vergebung und Hilfe braucht, daß zuerst der Balken aus dem eigenen Auge entfernt wird und daß die Probleme (und nicht die Menschen) angepackt werden müssen.

---

noch am Anfang stand (Altes Testament), und mit der reiferen Gemeinde (Neues Testament).

Kommunikation

Nicht nur bei Ehepaaren gibt es Kommunikationsprobleme. Der Lehrer sollte merken, wenn seine Schüler anfangen, schlechte Gesprächsgewohnheiten zu übernehmen, und er muß lernen, ihnen beim Reden der „Wahrheit in Liebe“ zu helfen. In der Besprechung von 1. Mose 3 sahen wir, daß eine liebevolle Beziehung von echter Kommunikation abhängt.

Das sogenannte „Problemkind“ verdient die besondere Beachtung des Lehrers. Nicht immer ist es das eigensinnige, großmäulige Kind, das dem Lehrer Schwierigkeiten bereitet. Es löst natürlich seine Lebensprobleme auch nicht auf biblische Weise und hat Hilfe nötig, um sich zu ändern. Aber einige scheinbar gelehrige, ruhige und fügsame Kinder, die dem Lehrer nie Schwierigkeiten bereiten, sind vielleicht sich selbst die größte Schwierigkeit. Möglicherweise haben einige von ihnen sich schon daran gewöhnt, Bitterkeit im Inneren aufzustauen (wie etwa Leo Held, S. 23 f.). Solche Kinder brauchen ebensoviel Hilfe wie diejenigen, denen man es viel deutlicher anmerkt.

Es besteht natürlich die Gefahr, daß man dort Probleme sucht, wo es gar keine gibt. Als allgemeine Regel kann man sagen, daß jedes Kind (zum mindesten dem Lehrer gegenüber) wahrscheinlich ein Kommunikationsproblem hat und Hilfe braucht, wenn der Lehrer während des ersten Halbjahres nicht ein aufrichtiges, herzliches Gespräch mit ihm führen konnte (vorausgesetzt, daß er es auch ernsthaft und auf rechte Art versucht hat). Wie solche Kommunikationsprobleme angegangen werden können, haben wir in diesem Buch schon besprochen.

Eltern-Lehrer-Schüler-Zusammenkünfte

Als wir die Gruppenseelsorge besprachen, betonten wir, daß alle Betroffenen herangezogen werden sollten und daß nichts hinter deren Rücken besprochen werden sollte. Ist die Elternversammlung, die in der Regel die Schüler ausschließt, wirklich das Richtige? Bringt eine solche Zusammenkunft die Parteien zusammen, oder führt sie dazu, daß sie sich noch mehr entfremden? Erzeugt sie Mißtrauen, wo gar keins nötig wäre?

Wenn sowohl Kinder als auch Eltern wissen, was der Lehrer sagt, und sich alle Seiten bewußt sind, daß die anderen von allem Kenntnis haben, was besprochen wurde, ist es viel leichter, allgemeine Zustimmung zu erhalten. Weder Eltern noch Lehrer können dann die Tat-

sachen so leicht falsch wiedergeben (gewollt oder ungewollt). Kurz: Wäre es nicht einen Versuch wert, auch die Schüler bei der Zusammenkunft dabeizuhaben?
Viel mehr könnte hier darüber gesagt werden, wie man die Kinder arbeiten lehrt, was man mit denen tun sollte, die in ihrer Arbeit zurückfallen usw. Aber solche Themen sollten von Lehrern publiziert werden als ein Ergebnis ihrer nuthetischen Erfahrung im Klassenzimmer. Es gibt zahllose Möglichkeiten, die hier formulierten Grundsätze anzuwenden. Unsere Hauptaussage hier ist, daß der christliche Lehrer die Verpflichtung zu einer seelsorgerlichen Beziehung zu seinen Schülern wahrnehmen sollte.

Schlußwort

Ich habe in diesem Buch zu zeigen versucht, daß der Pfarrer, ja jeder Christ sich bewußt sein sollte, daß er zumindest potentiell die Fähigkeit hat, Seelsorge zu treiben, andere zu beraten. Ich gebe zu, daß einige vollmächtigere Seelsorger sind als andere,[1] und ich bin mir bewußt, daß viele Pfarrer keine Ausbildung in biblischer Seelsorge erhalten haben.
Wenn Christen aus diesem oder jenem Grund (falsche oder mangelnde Ausbildung usw.) *zur Zeit* noch nicht vollmächtige Seelsorger sind, heißt das nicht, daß sie es nicht *werden* können. Wenn einer die Voraussetzungen, die in Röm. 15, 14 und Kol. 3, 16 aufgeführt sind,[2] und die rechte Einstellung zur Seelsorge hat, kann jeder Christ ein vollmächtiger Berater werden an dem Platz, an den Gott ihn zum Dienst berufen hat.

---

[1] Seelsorge ist eine Kunst, die Fertigkeit verlangt. Einige Seelsorger werden deshalb immer geschickter arbeiten als andere. Wir lehren andere diese Kunst in unserem Seelsorgezentrum, indem wir sie als Beobachter an Seelsorgegesprächen teilnehmen lassen, wo sie unter Aufsicht und Kritik auch mitarbeiten.
[2] Vgl. die Diskussion auf S. 52 ff.

Daß Seelsorge hauptsächlich die Arbeit von Pfarrern und solchen Christen ist, deren Berufung, Ausbildung und Gaben sie besonders dazu ausrüsten und zu dieser Arbeit verpflichten, will ich nicht bestreiten. Auch wird jeder Seelsorger sich in seiner Arbeit einmal besonderen Fällen und speziellen Problemen gegenübersehen, die seine momentanen Möglichkeiten übersteigen und die er deshalb an einen anderen überweisen muß.[3] Medizinische Probleme erfordern eine enge Zusammenarbeit mit einem Arzt (wenn möglich einem Christen).[4]
Aber dies alles tut der Tatsache keinen Abbruch, daß jeder Christ zur Seelsorge berufen ist, soweit es ihm *seine Fähigkeiten und seine Ausbildung* erlauben. Für ihn gibt es keinen Grund, Menschen an eine Kaste von Spezialisten zu überweisen, die sich unter dem Etikett „Psychiater“ selbst dazu ernannt haben, und die selbstherrlich erklären, daß ihr Kompetenzbereich größer sei als der seine.[5]

Ich bin mir der weitreichenden Konsequenzen und Veränderungen, für die ich eintrete, bewußt. Ich bin bereit, meine Ansichten zu korrigieren, wenn ich zu weit gegangen bin. Ich will einen Teil oder alles ändern, was ich geschrieben habe, wenn man mir *von der Bibel her* zeigen kann, daß es falsch ist. An einer Debatte, die sich nicht auf christliche Voraussetzungen stützt, bin ich nicht interessiert, auch nicht an einem Gespräch, in dem man sich auf angeblich neutrale, objektive, empirische Fakten beruft. Alle diese Fakten sind im Grunde interpretierte Fakten. Rohe, nicht interpretierte Tatsachen gibt es nicht. Die Tatsachen werden immer von *Menschen* beobachtet, miteinander in Verbindung gebracht und dargestellt, und wir alle sind Sünder, und unser Aufnahmevermögen und unser Verstand sind von unserer Sünde beeinträchtigt.
Diese Welt ist Gottes Welt, und alle Menschen stehen entweder als Bundesbrecher oder als solche, die den Bund (in Christus) gehalten

---

[3] Die meisten Seelsorger können zum Beispiel nicht Fachleute auf dem Gebiet der Tests sein. Gewisse Ehe- und Familienprobleme erfordern besondere Informationen, so daß ein Lehrer etwa einen Pfarrer heranzieht usw.
[4] In der Regel sollten sich Ratsuchende vor der Beratung einer ärztlichen Untersuchung unterziehen.
[5] Wenn Christen, die vollzeitlich mit Seelsorge beschäftigt sind und eine entsprechende Ausbildung haben, sich „Psychiater“ nennen wollen, will ich nicht mit ihnen streiten, solange sie nicht anderen, deren Ausbildung anders als ihre eigene war, das Recht zur Seelsorge absprechen und für sich allein beanspruchen. Die Bezeichnung ist jedoch, wie mir scheint, verwirrend.

haben, vor ihm. Ein Ungläubiger ist auf der Flucht vor Gott. Auf dieser Grundlage kommt er zu seinen Urteilen, und von diesem Gesichtspunkt her stellt er sie auch dar. In diesem Licht müssen solche Urteile auch verstanden und geprüft werden.
Ich habe versucht, das Problem der Seelsorge von der Bibel her neu zu durchdenken (nicht erschöpfend, nur andeutungsweise), und ich bitte deshalb, daß meine Arbeit auch von der Bibel her kritisiert wird.

Jesus Christus ist die Mitte aller Seelsorge. Dieses Buch will in der Seelsorge Christus seinen Platz geben, ihn anerkennen und ehren; doch gerade auch darin enthält es viele Unvollkommenheiten und Unzulänglichkeiten. Ich würde jede Kritik begrüßen, die mir zeigt, wie nuthetische Seelsorge in Theorie oder Praxis sich noch treuer nach der Bibel ausrichten könnte.

Sind Christen nun zuständig, wenn es darum geht, Menschen bei der Lösung ihrer Lebensprobleme beizustehen? Ohne Zweifel! Aber es sind viel zu wenige, die diese Aufgabe wahrnehmen, und manche tun es nicht in der nötigen Vollmacht. Diese Zeit der Unsicherheit, der Verwirrung und der ständigen Wandlung unter vielen Psychologen und Seelsorgern bietet eine vorher nie dagewesene Gelegenheit für Christen, die Führung auf diesem entscheidenden Gebiet des Lebens zu übernehmen, anstatt immer nachzuhinken. Die Gelegenheit darf nicht verpaßt werden. Aber es braucht Mut und Offenheit, sie beim Schopf zu packen. Mögen Christen durch Gottes Gnade zu Menschen werden, die ihren Zeitgenossen die beste Lebenshilfe geben können!

Personalblatt

Vorbemerkungen für den Seelsorger:
Dem Ratsuchenden soll gesagt werden, daß dieser Fragebogen vertraulich und nur für den Seelsorger bestimmt ist. Die Fragen sollen so sorgfältig wie möglich beantwortet werden. Wenn ein Ehepaar in die Seelsorge kommt, sollen Mann und Frau je einen Fragebogen ausfüllen. Wenn Informationen über einen Minderjährigen gebraucht werden, werden die Eltern die meisten Fragen beantworten müssen.

Personalien:

Name: ....

Adresse: ....

Telephonnummer privat: .... Arbeitsstelle: ....

Beruf: .... Geburtsdatum: ....

Größe: .... Nationalität: ....

Familienstand: ledig — verlobt — verheiratet — getrennt lebend — geschieden — verwitwet
(Zutreffendes unterstreichen)

Ausbildung (jeweils Abschlußjahr bezeichnen):

Elementarschule: 1 2 3 4 5 6 7 8 9 10

Höhere Schule(n): ....

Lehrausbildung: (Fachrichtung) ....

Ausbildungsdauer: .... Abschlußprüfung: Ja / nein

Anderweitige Ausbildung (Art und Dauer): ....

....

Wer hat Sie hierher verwiesen?

Name: ....

Adresse: ....

Gesundheitszustand

Wie bezeichnen Sie Ihren Gesundheitszustand?
Sehr gesund – gute Gesundheit – durchschnittliche Gesundheit – der Zustand verschlechtert sich – sonst: ....

Ihr Gewicht: .... Hat sich Ihr Gewicht in letzter Zeit bemerkenswert verändert? Ja / nein

Zugenommen: .... kg; abgenommen: .... kg

Welche ernsthaften Krankheiten, Verletzungen und Behinderungen haben oder hatten Sie? ....

....

Letzte ärztliche Untersuchung am: ....

Damaliger Gesundheitszustand: ....

....

Name und Adresse Ihres Arztes: ....

....

Nehmen Sie gegenwärtig Medikamente? Ja / nein Wenn ja, welche?

....

Von wem verschrieben? ....

Adresse: ....

Haben Sie schon Rauschgift genommen? Ja / nein

Hatten Sie jemals eine ernsthafte psychische Störung? Ja / nein

Waren Sie jemals in seelsorgerlicher oder psychiatrischer Beratung? Ja/nein

Wenn ja, bei wem? .... Wann? ....

Wären Sie bereit, diese Personen zugunsten Ihres jetzigen Beraters von ihrer Schweigepflicht zu entbinden? Ja / nein

Waren Sie schon einmal in polizeilicher Haft? Ja / nein

Sind Sie vorbestraft? Ja / nein

Religiöse Herkunft

Zu welcher Kirche (Gemeinde) gehören Sie? ....

Wie oft nehmen Sie pro Monat an kirchlichen Veranstaltungen teil?
0 1 2 3 4 5 und mehr

Welcher Konfession gehörten Sie in Ihrer Kindheit an? ....

Sind Sie getauft? Ja / nein

Zu welcher Kirche gehört ihr(e) Gatte(in)? ....

Würden Sie sich als „religiös" bezeichnen? Ja / nein / unsicher

Glauben Sie an Gott? Ja / nein / unsicher

Beten Sie? Nie / manchmal / oft

Sind Sie ein gläubiger Christ? Ja / nein / bin nicht sicher, was Sie meinen

Lesen Sie in der Bibel? Nie / manchmal / oft

Gab es in letzter Zeit größere Veränderungen in Ihrem religiösen Leben?

Beschreiben Sie diese: ....

....

Fragen zur Persönlichkeit

Kreisen Sie die Wörter ein, die Sie jetzt am besten kennzeichnen:
Aktiv – ehrgeizig – selbstsicher – beständig – ausdauernd – nervös – arbeitsam – ungeduldig – impulsiv – launisch – schwermütig – reizbar – phantasievoll – ruhig – ernst – umgänglich – scheu – gutmütig – introvertiert – extravertiert – liebenswürdig – still – hartgesotten – unterwürfig – selbstbewußt – einsam – feinfühlig; andere Kennzeichen:

....

Hatten Sie jemals den Eindruck, andere Menschen würden Sie ständig beobachten? Ja / nein

Erschienen Ihnen jemals die Gesichter von Menschen entstellt?
Ja / nein

Scheinen Ihnen die Farben zu grell? zu stumpf?

Können Sie Entfernungen schätzen? Ja / nein

Hatten Sie jemals Halluzinationen? Ja / nein

Fürchten Sie sich vor dem Autofahren? Ja / nein

Haben Sie ein Gehörleiden? Ja / nein

Information über die Ehe

Wenn Sie nie verheiratet waren, machen Sie hier ein Kreuz und lassen Sie diesen Teil aus ○

Name des Partners: ....

Adresse: ....

Telephon: .... Alter: ....

Beruf: .... Ausbildung: ....

Ist Ihr Partner bereit, zur Seelsorge zu kommen? Ja / nein / unsicher

Haben Sie jemals getrennt gelebt? Ja / nein

Haben Sie (oder Ihr Partner) jemals auf Scheidung geklagt? Ja / nein

Wann?

Datum der Eheschließung: ....

Wie alt waren Sie bei der Heirat? .... Ihr Partner: ....

Wie lange kannten Sie sich vor der Ehe? ....

Wie lange waren Sie vor der Ehe näher befreundet? ....

Wie lange verlobt? ....

Kurze Information über frühere Ehen: ....

Aufgelöst durch Scheidung / Tod

Kinder:

Name	Alter	Ausbildung	Familienstand	*)

* Machen Sie hier ein Kreuz, wenn das Kind aus einer früheren Ehe stammt.

Eltern- und Familiengeschichte

Wurden Sie von anderen Personen als Ihren Eltern erzogen? ....

....

Beschreiben Sie im folgenden Ihre Erzieher:

Noch am Leben? Vater: Ja / nein – Mutter: Ja / nein

Kirchenzugehörigkeit: Vater: .... Mutter: ....

Teilnahme am Gemeindeleben: Vater: 1 2 3 4 – öfter

Mutter: 1 2 3 4 – öfter

Beruf: Vater: .... Mutter: ....

Leben Ihre Eltern noch zusammen? Ja / nein

Wenn nein, Grund der Trennung: ....

....

Jahr der Trennung: ....

Wie würden Sie die Ehe Ihrer Eltern beschreiben? Unglücklich – durchschnittlich – glücklich – sehr glücklich

Wem fühlten Sie sich in Ihrer Kindheit am nächsten? Vater / Mutter / andere Person.

Wie beschreiben Sie Ihre Kindheit? Sehr glücklich – glücklich – durchschnittlich – unglücklich.

Wieviele Brüder und Schwestern haben Sie? ....

Wieviele davon sind älter als Sie? ....

Beantworten Sie kurz folgende Fragen:

1. Was ist Ihrer Meinung nach das Hauptproblem? (Warum sind Sie hier?)

....

2. Was haben Sie dagegen unternommen?

....

3. Was können wir Ihres Erachtens tun?

....

4. Beschreiben Sie Ihren Partner mit wenigen Worten:

....

5. Was sind Sie für ein Mensch? Beschreiben Sie sich:

....

6. Gibt es noch andere Informationen, die für uns wichtig sind?

....

Fremdwörterverzeichnis

Adrenochrom	im menschlichen Körper gebildeter Wirkstoff, der das Wahrnehmungsvermögen beeinflußt
Affekt	starke Erregung, die zu unüberlegtem und unbeherrschtem Handeln führen kann
Ambivalenz	in der Psychologie: das Zusammentreffen von entgegengesetzten Gefühlen (z. B. gleichzeitige Zu- und Abneigung, Haßliebe)
Analogie	Gleichartigkeit; Übereinstimmung in wesentlichen Merkmalen
Anarchie	Gesetzlosigkeit; Herrschaftslosigkeit
Aorist	Aktionsform („Zeitform") im Griechischen, die ausdrückt, daß eine Handlung abgeschlossen ist
asozial	gemeinschaftsunfähig; gesellschaftsfeindlich
Autonomie	sittliche und politische Selbstbestimmung
autoritativ	auf rechtmäßiger Vollmacht beruhend (im Unterschied zu *autoritär:* auf unrechtmäßige, angemaßte Vollmacht gestützt)
Bibliographie	Bücher-, Literaturverzeichnis
christologisch	die Lehre über die Person Christi betreffend
Denomination	Religionsgemeinschaft (Kirche oder Sekte)
Desintegration	Auflösung; Auseinanderbrechen
Determinismus	die Lehre, daß das Tun des Menschen durch vorgegebene Ursachen, die er nicht beeinflussen kann, bestimmt ist (Gegensatz: Lehre vom freien Willen)
direktiv	Weisung erteilend
Dogma	festgelegte Lehrmeinung; verpflichtender Glaubenssatz
Dualismus	Lehre, die mit zwei gegensätzlichen Prinzipien rechnet (Leib—Seele; Materie—Geist)
egozentrisch	auf sich selbst ausgerichtet; ich-befangen
Eklektizismus	unschöpferisches Auswählen und Zusammenstellen von Gedanken aus verschiedenen Systemen
emotional	das Gefühl betreffend; gefühlsmäßig
empirisch	aus der Erfahrung stammend
Enthymen	unvollständiger Schluß, bei dem eine Voraussetzung fehlt, die in Gedanken zu ergänzen ist
esoterisch	nur für Eingeweihte bestimmt
Ethik	Lehre vom sittlichen Wollen und Handeln
etymologisch	in bezug auf den Ursprung und die Grundbedeutung von Wörtern
Euphorie, euphorisch	Zustand übersteigerter Heiterkeit (z. B. nach Genuß von Rauschmitteln)
evangelikal	bezeichnet die protestantischen kirchlichen Gruppen, Freikirchen bzw. Theologen, die an der Bibel als an dem geistgegebenen Wort Gottes festhalten (In ähnlicher Bedeutung wird das Wort *bibeltreu* verwendet.)
exegetisch	die Bibel auslegend

Existentialist	Anhänger des Existentialismus, einer Hauptrichtung unter den heutigen Philosophien (begründet durch Sartre, Heidegger und Jaspers)
extravertiert	auf Äußeres ausgerichtet; nach außen gewandt; kontaktfreudig (Gegensatz: *introvertiert,* nach innen gewandt)
Halluzination	Sinnestäuschung; Wahrnehmung ohne äußeren Reiz („Visionen“ und „Stimmen“)
Halluzinogen	Droge, die Halluzinationen hervorruft
Heiligung	Wachstumsprozeß des Christen, der mehr und mehr lernt, das Gute (= das, was Gott will) zu wollen und zu tun
Heilmagnetismus	vom deutschen Arzt Mesmer (1734—1815) begründete Anwendung von „tierischem Magnetismus“ auf menschliche Krankheiten (heute umstritten und größtenteils abgelehnt)
Humanismus	hier: jene Richtungen des Denkens, in denen nicht Gott, sondern der Mensch am Ausgangspunkt aller Wertsetzungen steht
iatrogen	durch ärztliche Behandlung hervorgerufen
Implikation	Einbeziehen einer Sache in eine andere
Inspiration	Einwirkung des Heiligen Geistes bei der Abfassung der Bibel
institutionalisieren	eine sich ursprünglich frei entwickelnde Idee oder Lehre an feste Einrichtungen binden
Integrity Therapy	(Mowrer) ganzheitliche Behandlung
Introspektion	Beobachtung seines eigenen seelischen Innern
introviertiert	siehe *extravertiert*
Intuition	ganzheitliches, ahnendes Erfassen (ohne Beobachten von Einzelheiten)
irrational	der Vernunft nicht zugänglich
irrelevant	unbedeutend, belanglos
Kasuist	Sittenlehrer, der für mögliche Fälle des praktischen Lebens die rechte Verhaltensweise bestimmt
katatonische Schizophrenie	Störung des inneren Zusammenhanges der Persönlichkeit, verbunden mit Krämpfen der Muskulatur
Kommunikation	Gedankenaustausch, Mitteilung
Komplexität	Gesamtheit aller Möglichkeiten oder Merkmale
Kontext	Textzusammenhang
legalistisch	hauptsächlich auf das Halten von Gesetzen bedacht
liberale Theologie	theologische Strömung, die aus der Aufklärung hervorgegangen ist und die frei sein will von der Bindung an die Bibel und die Bekenntnisse
manisch-depressiv	abwechselnd in gehobener Stimmung (heiter—zornig) und schwermütig
Mental Health Association	„Gesellschaft für Psychohygiene“
Meskalin	aus einem mexikanischen Kaktus gewonnenes Rauschgift

nuthetisch	(siehe S. 37 ff.) beschreibt die Art des Sich-Kümmerns, die zum Besten des Nächsten eine Änderung seines Verhaltens und Charakters durch das biblische Wort anstrebt (Ermunterung, Trost, Ermahnung)
Neurose	durch nicht bewältigte Lebenskonflikte verursachte Funktionsstörung des Nervensystems (ohne organische Ursachen)
Parallelismus	hier: inhaltliche Entsprechung zweier Sätze in der hebräischen Poesie
paranoid	von Wahnvorstellungen befallen
Phrenologie	die Lehre, die aus der Schädelform eines Menschen dessen Charakter erkennen wollte (heute praktisch allgemein verworfen)
Physis	das Wesen; die Natur
Placebopillen	unwirksame Scheinmedikamente, die echten Medikamenten äußerlich nachgebildet sind
Potential	Leistungsfähigkeit
potentiell	der Möglichkeit nach
praktische Theologie	Gebiet der Theologie, das sich mit Predigt, Seelsorge und Unterweisung befaßt
Priorität	Vorrang
pseudowissenschaftlich	in wissenschaftlicher Verkleidung, im Grunde aber unwissenschaftlich
Psychiater	Facharzt für Psychiatrie
Psychiatrie	Lehre von den seelischen Störungen
Psychoanalyse	von S. Freud eingeführte Methode zur Untersuchung und Behandlung von seelischen Störungen im Unbewußten
Psychohygiene	Lehre von der Gesunderhaltung der Seele
Psychopath	seelisch gestörter Mensch
Psychopharmakon	die Seele beeinflussendes Medikament
Psychose	seelische Störung
psychosomatisch	die Wechselwirkung zwischen Körper und Seele betreffend
Reality Therapy	(Glasser) auf der Verantwortlichkeit des Menschen beruhende Behandlung, die den Ratsuchenden mit der „Realität" konfrontieren will
Rehabilitation	Wiedereinfügung in die Gesellschaft
Repression	Unterdrückung von Trieben
Schizophrenie, schizophren	Störung des inneren Zusammenhanges der Persönlichkeit; Bewußtseinsspaltung
Schocktherapie	Behandlung von „Geistesgestörten" durch (z. B. elektrischen) Schock
Septuaginta	die etwa im 3. Jh. v. Chr. entstandene griechische Übersetzung des Alten Testamentes
Syllogismus	aus drei Teilen bestehender logischer Schluß vom Allgemeinen auf das Besondere
Systematische Theologie	Gebiet der Theologie, das sich mit den einzelnen Lehraussagen und deren Verhältnis zueinander befaßt
traumatisch	hier: seelisch verletzt
verifizieren	Erweisen der Wahrheit einer Aussage durch Nachprüfen

Stichwortverzeichnis

Aktuelle Paperbacks für Mitarbeiter

Harold Brown
Evangelium und Gewalt
176 Seiten. ABCteam-Band
Die zunehmende Anwendung von Gewalt zur Durchsetzung politischer Ziele schockiert. Was steckt dahinter? Sind Revolution und Gewalt der Weg in eine bessere Welt? Brennende Fragen der Gegenwart werden vom Verfasser aus der Perspektive des Evangeliums und mit Sachkenntnis beantwortet.

Harold Brown
Kirche im Ausverkauf?
216 Seiten. Paperback
Browns Protest ist kein Schulgezänk weltfremder Theologie. Informativ, sachlich und energisch engagiert sich der theologische Sekretär der internationalen Studentenmission für eine Botschaft, deren sich so viele in der Kirche schämen.

Garth Lean, Arnold Lunn
Christen offensiv
136 Seiten. Paperback
Weshalb schweigen die Christen? Der Atheismus und seine Anwendung scheinen überall mühelos das Feld zu beherrschen. In dieser Situation nehmen Sir Arnold Lunn und Garth Lean die Herausforderung der neuen atheistischen Kultur an.

H. F. R. Catherwood
Der Christ in Staat und Gesellschaft
Flucht oder Verpflichtung
144 Seiten. Paperback
Christen, die sich nicht um Zeitprobleme kümmern, erwecken den Eindruck, daß die Kirche Teil des Establishments ist. Aber darf der Christ dem Auftrag der Evangelisation die Zeit stehlen, um sich in Zeitprobleme zu verstricken? Flucht oder Verpflichtung: eine Orientierung zur Bewältigung der Gegenwart.

Paul Sheetz
Die Sache mit dem Feigenblatt
Ein biblisch-psychologischer Test: Wer bin ich — wer möchte ich sein?
144 Seiten. ABCteam-Band
Hier wird das Thema der Heuchelei und Verstellung aufgegriffen mit der Möglichkeit, sich selbst zu testen. Obwohl jeder sich zunächst dagegen verwahren wird, Heuchler genannt zu werden, stöbert Sheetz uns in unseren Verstecken auf: Lebensstandard, Mode, Image, Hobbies. Masken enthüllen und machen uns zu Sklaven. Das Buch zeigt den biblischen Weg zur Befreiung.

BRUNNEN-VERLAG GMBH · GIESSEN/BASEL